SEVILLA
& ANDALUSIEN

INHALT

SEVILLA & ANDALUSIEN ENTDECKEN 6

Willkommen in Sevilla
& Andalusien **8**

Liebenswertes Sevilla
& Andalusien **10**

Sevilla & Andalusien auf der Karte **14**

Erkundungstouren **16**

Andalusische Themen **26**

Das Jahr in Sevilla & Andalusien **46**

Kurze Geschichte **48**

SEVILLA ERLEBEN 54

El Arenal **62**

Santa Cruz **72**

La Macarena **94**

Parque de María Luisa **106**

Triana **118**

ANDALUSIEN ERLEBEN 126

Huelva und Sevilla **132**

Córdoba und Jaén **148**

Cádiz und Málaga **174**

Granada und Almería **210**

REISE-INFOS 236

Reiseplanung **238**

In Andalusien unterwegs **240**

Praktische Hinweise **244**

Register **246**

Sprachführer **252**

Bildnachweis und Impressum **254**

Links: *Orangenbaum in Sevilla*
Vorhergehende Doppelseite: *Ruderboot auf dem Guadalquivir
in Triana* (siehe S. 118–125)
Umschlag: *Hof im Generalife, Granada* (siehe S. 218f)

SEVILLA & ANDALUSIEN
ENTDECKEN

Blick von der Alhambra

Willkommen in Sevilla & Andalusien **8**

Liebenswertes Sevilla & Andalusien **10**

Sevilla & Andalusien auf der Karte **14**

Erkundungstouren **16**

Andalusische Themen **26**

Das Jahr in Sevilla & Andalusien **46**

Kurze Geschichte **48**

WILLKOMMEN IN SEVILLA & ANDALUSIEN

Rhythmisches Klatschen und mitreißende Gitarrenmusik? Maurische Bauwerke, die wunderschöne *azulejos* zieren? Sherry, den man in schattigen Innenhöfen unter duftenden Orangenbäumen genießt? Was auch immer Sie auf Ihrer Reise erleben wollen, unser Vis-à-Vis Sevilla & Andalusien ist Ihr idealer Begleiter.

1

2

3

1 *Olivenernte*

2 *Typisch für Sevilla: vor einer jahrhundertealten Kirche geparkter Motorroller*

3 *Weiß getünchte Häuser in Mijas an der Costa del Sol*

4 *Die imposante Mezquita-Catedral in Córdoba*

Andalusien muss man nicht mit den für den Massentourismus erbauten Hotelburgen an der Costa del Sol assoziieren. In der Region findet man unberührte Strände am Atlantik, Weinberge und Olivenhaine sowie schroffe, pinienbestandene Bergketten vor. Die abwechslungsreiche Landschaft lädt zu sportlichen Aktivitäten ein – von Kitesurfen bis Skifahren, von Golfspielen bis Reiten.

Auch die Städte und *pueblos blancos* in Südspanien sind überaus reizvoll. Das romantische Sevilla – die Hauptstadt der *comunidad autónoma* – bezaubert mit verwinkelten Straßen, blumengeschmückten Häusern und Plätzen, auf denen duftende Orangenbäume stehen. Als Ursprungsort der Tapas ist Sevilla ein Paradies für Foodies, die maurische Vergangenheit Andalusiens zeigt sich in der Stadt besonders deutlich am Real Alcázar, der muslimische und christliche Architekturstile auf beeindruckende Weise vereint. Auch in Córdoba mit der imposanten Mezquita-Catedral und in Granada, das von der Alhambra überragt wird, lebt das historische al-Andalus fort.

Es gibt also viel zu sehen! Der Vis-à-Vis Sevilla & Andalusien unterteilt die Stadt und die Region in gut überschaubare Kapitel. Tipps, Tourenvorschläge und detaillierte Karten ermöglichen es Ihnen, Ihre Reise ganz nach Ihrem Geschmack zu planen. Viel Spaß bei Ihrem Aufenthalt in Andalusien!

LIEBENSWERTES SEVILLA & ANDALUSIEN

Ausgelassene Feste, atemberaubende Architektur, leidenschaftlicher Flamenco, unwiderstehliche Tapas und köstliche Drinks: Man kann wirklich nicht sagen, was an Sevilla und Andalusien am meisten begeistert. Wir haben für Sie einige Favoriten zusammengestellt.

1 Duftende Orangen
Der Duft von Orangenblüten durchzieht im Frühling ganz Andalusien. Was gibt es Schöneres als ein Glas Sherry im Schatten der Bäume an einem lauschigen Platz?

Überwältigende Mezquita-Catedral 2
Córdobas Moschee ist ein Paradebeispiel maurischer Architektur *(siehe S. 154f)*. Stehen Sie staunend zwischen den 856 Säulen und den rot-weißen Bogen.

3 Feinschmeckertouren durch die Tapas-Bars
Andalusien ist die Heimat der Tapas. Probieren Sie die zahllosen Varianten, vom traditionellen *jamón ibérico* bis zu modernen Kreationen, bei einem *tapeo* (einem Bummel von Bar zu Bar) in Granada *(siehe S. 32)*.

Lebhafte Festivals 4

Für Feierlustige gibt es in Andalusien viele Gelegenheiten. Das ganze Jahr über finden Fiestas statt, seien sie historischen, regionalen oder religiösen Ursprungs *(siehe S. 46f)*.

Malerische *pueblos blancos* 5

In den auf Hügeln gelegenen »weißen Dörfern« kann man authentisches andalusisches Alltagsleben kennenlernen. Eine Tour ist ein tolles Erlebnis *(siehe S. 208f)*.

Fantastische Strände 6

Von einsamen Dünen bis zu trubeligen Strandbars, von langen Stränden am Atlantik bis zu herrlichen Buchten am Mittelmeer – Andalusien hat viel zu bieten *(siehe S. 40f)*.

Atemberaubende Alhambra 7

Lope de Vega fragte: »Wenn das zu meinen Füßen das Paradies ist, was ist dann die Alhambra? Der Himmel?« Machen Sie sich selbst ein Bild *(siehe S. 216f)*.

Prunkvoller Real Alcázar 8

Kunstvolle Stuckarbeiten, hufeisenförmige Bogen, vergoldete Deckenbalken und *azulejos*, die wie Edelsteine glänzen – so prächtig war al-Andalus *(siehe S. 78f)*.

9 Parque Nacional de Doñana

Die Landschaft des Nationalparks wechselt von Marschland über Dünen zu Pinienwäldern – entsprechend variiert auch die Fauna. Vielleicht sehen Sie sogar einen Luchs *(siehe S. 136f)*.

10 Feuriger Flamenco

Die Seele Andalusiens findet ihren Ausdruck im Flamenco *(siehe S. 44f)*. Besuchen Sie eine *peña*, um den leidenschaftlichen Tanz zu erleben, oder machen Sie einen Kurs.

Zerklüftete Sierras 11

Wanderungen durch Pinienwälder und nach Adlern Ausschau halten – in den Gebirgszügen der Region sind Outdoor-Freunden kaum Grenzen gesetzt *(siehe S. 42f)*.

Andalusiens Sherry 12

Machen Sie sich in einer Bodega oder bei einer Tour durch die Sherry-Region Cádiz mit den Varianten – von Fino bis Oloroso – vertraut *(siehe S. 35)*.

SEVILLA & ANDALUSIEN
AUF DER KARTE

Der Vis-à-Vis Sevilla & Andalusien unterteilt die Stadt und die Region in neun Bereiche. Jedes Kapitel weist eine Farbcodierung auf, die mit den Farben in dieser Übersichtskarte korrespondiert.

←

1 Spaziergang auf dem Mirador des Metropol Parasol

2 Catedral de Sevilla und Giralda

3 Jardines del Real Alcázar

4 Restaurant Mariatrifulca

Andalusien lässt sich auf vielfältigste Weise erkunden – von einem Wochenende in Sevilla bis zu Rundfahrten durch mehrere Städte und die herrliche Landschaft. Wie viel Zeit Sie auch haben und wie weit Sie auch fahren wollen – mit den Erkundungstouren auf den folgenden Seiten machen Sie das Beste aus Ihrer Reise nach Sevilla und Andalusien.

24 STUNDEN
in Sevilla

Vormittags

Stärken Sie sich im Crème de la Crème (Calle Regina 1) mit *jamón ibérico* auf Toast und frisch gepresstem Orangensaft für den Tag. Erkunden Sie dann den Metropol Parasol *(siehe S. 103)*: Bummeln Sie durch den Markt im Erdgeschoss und bestaunen Sie die Relikte aus der Römerzeit im Antiquarium. Fahren Sie anschließend zum begehbaren Dach (Mirador) der riesigen Holzkonstruktion hinauf und genießen Sie den herrlichen Blick über die Stadt. Im Eintrittspreis ist ein Getränk an der Café-Bar inbegriffen. Danach lockt ein Schaufensterbummel an der Calle Sierpes *(siehe S. 81)*. Gehen Sie am Ayuntamiento de Sevilla *(siehe S. 80)*, dem Rathaus der Stadt an der Plaza de San Francisco, vorbei zur größten gotischen Kathedrale der Welt mit der Giralda *(siehe S. 76f)*. Kaufen Sie Ihre Eintrittskarten vorab online, da sich vor der Kathedrale oft lange Warteschlangen bilden. Mit dem Audioführer erfahren Sie viel über das hohe Kirchenschiff und die 80 Seitenkapellen. Erklimmen Sie die Giralda und blicken Sie auf die Orangenbäume im Patio de los Naranjos hinab.

Nachmittags

Donaire Azabache *(siehe S. 86)* bietet traditionelle andalusische Küche. Wer à la carte essen möchte, kann nur an den Tischen im Freien Platz nehmen. Spazieren Sie nach dem Mittagessen zum Real Alcázar *(siehe S. 78f)*, dem Palast im prächtigen Mudéjar-Stil. Auch hier empfiehlt es sich, Tickets im Voraus online zu erwerben. Bestaunen Sie die kunstvollen Stuckarbeiten, die herrlichen Fliesen und die wunderbar verzierten Holzdecken – der Salón de Embajadores ist besonders eindrucksvoll – und schlendern Sie durch die hübschen Gärten. Verlassen Sie die Palastanlage über den sandigen Patio de Banderas. Steuern Sie auf dem Weg nach Santa Cruz die Plaza de los Venerables an, um in der Casa Roman (www.casaroman sevilla.com) einen Sherry zu genießen.

Abends

Nach einer Ruhepause im Hotel bummeln Sie am Guadalquivir entlang und gehen über den Puente de Isabel II nach Triana *(siehe S. 120f)*. Auf der Dachterrasse des Restaurants Mariatrifulca *(siehe S. 123)* am Ende der Brücke können Sie bei tollem Blick auf die beleuchtete Kathedrale köstliches Seafood genießen. Triana ist für den Flamenco bekannt. Vielleicht möchten Sie nach dem Essen eine Darbietung sehen? Casa Anselma (Calle Pagés del Corro 49; +34 606 16 25 02) ist eines der authentischsten Flamenco-Lokale der Stadt – das Publikum sitzt ganz nah an den Tänzern. Das Lokal öffnet allerdings erst um 23:45 Uhr und ist nicht leicht zu finden. Schauen Sie nach den gefliesten Schildern »Cafe Refrescos Vinos« über dem Rundbogen-Eingang – die Suche lohnt sich.

←

1 *Die Silhouette der Stadt im Abendlicht*

2 *Der von Arkaden umgebene Patio de las Doncellas im Real Alcázar*

3 *Flamenco-Tänzerinnen auf der Plaza de España*

4 *Café an der stets gut besuchten Calle Sierpes*

2 TAGE
in Sevilla

Tag 1
Vormittags Starten Sie früh, um die Warteschlangen vor der Giralda zu vermeiden. Der Glockenturm der Catedral de Sevilla *(siehe S. 76f)* war ursprünglich ein Minarett. Die Kathedrale birgt das Grab von Christoph Kolumbus und herrliche Kunstwerke, Highlight der Besichtigung ist aber der Ausblick vom Glockenturm. Im nahe gelegenen Donaire Azabache *(siehe S. 86)* können Sie Tapas kosten – zum Beispiel saftigen *jamón ibérico*, eine andalusische Spezialität.
Nachmittags Schlendern Sie durch die Jardines de Murillo *(siehe S. 87)* und den Parque de María Luisa *(siehe S. 110–113)* und lauschen Sie auf einer der bunten Bänke dem Plätschern des Springbrunnens. Gehen Sie weiter zur Real Fábrica de Tabacos, der ehemaligen Königlichen Zigarrenfabrik, die heute zur Universidad de Sevilla *(siehe S. 114)* gehört. Die Figur der Carmen in Bizets Oper hatte ihr Vorbild in den Fabrikarbeiterinnen. Auch die Handlung vieler weiterer Opern ist in Sevilla angesiedelt. Besichtigen Sie bei einer Führung, bei der Sopranistinnen Arien anstimmen, die Orte, die Komponisten inspirierten *(siehe S. 114)*.
Abends Beenden Sie den musikalischen Rundgang im Tablao El Arenal (www.tablaoelarenal.com) und genießen Sie bei einem Glas Rotwein die leckeren Speisen, während Flamenco-Tänzerinnen zu leidenschaftlicher Gitarrenmusik ihre Röcke wirbeln lassen.

Tag 2
Vormittags Besichtigen Sie die außergewöhnliche Kunstsammlung im Museo de Bellas Artes *(siehe S. 66f)*. Sehen Sie sich dabei unbedingt *La Virgen de la Servilleta* an – das Bild der Jungfrau mit Kind wurde angeblich auf eine Serviette *(servilleta)* gemalt. Bestaunen Sie beim Bummel entlang der Calle Sierpes *(siehe S. 81)* die Flamenco-Kleider und *mantillas* in den Schaufenstern der Läden. Überqueren Sie den Fluss, um das Viertel Triana zu erreichen *(siehe S. 120–125)*. Suchen Sie den lebhaften Markt auf und nehmen Sie um 12:30 Uhr an einer Führung (www.azahar-sevilla.com) teil, bei der Sie die besten Tapas-Bars kennenlernen.
Nachmittags Schlendern Sie durch das Viertel Santa Cruz *(siehe S. 72–93)* mit den schmalen Gassen und den weißen Häusern, deren Balkone mit Blumen geschmückt sind. Werfen Sie durch die schmiedeeisernen Tore einen Blick in die schattigen Innenhöfe und Gärten, die für Santa Cruz typisch sind. Besichtigen Sie die Casa de Pilatos *(siehe S. 89)* – der Palast ist Residenz der Herzöge von Medinaceli.
Abends Ein abendlicher Rundgang durch den Palast Real Alcázar *(siehe S. 78f)*, den als Fernando III, Isabel la Católica oder Lope de Vega verkleidete Schauspieler leiten, ist ein unvergessliches Erlebnis. Lassen Sie den Tag in der Vinería San Telmo *(siehe S. 86)* bei kreativ zubereiteten Tapas ausklingen.

←

1 *Radfahrer am Guadalquivir, im Hintergrund Triana (Sevilla)*

2 *Der Puente Nuevo verbindet die beiden Stadtteile Rondas*

3 *Typisches Haus in Albaicín, Granada*

4 *Kunstinstallation im Zentrum von Málaga*

5 TAGE
in Andalusien

Tag 1
In Granada *(siehe S. 214f)* erinnert vieles an die Zeit des maurischen Reichs al-Andalus. Besuchen Sie zuerst Albaicín *(siehe S. 220f)*. Die Gassen des Viertels säumen Läden, Badehäuser und Cafés. Essen Sie im Mirador de Morayma *(siehe S. 215)* und genießen Sie den schönen Ausblick. Besichtigen Sie anschließend die Säle und Höfe der Alhambra *(siehe S. 216f)* und die Gärten des Generalife *(siehe S. 218f)*. Besuchen Sie abends eine Show in einer der Flamenco-Höhlen von Sacromonte. Das nach der berühmten Tänzerin benannte Zambra María la Canastera ist besonders empfehlenswert (www.marialacanastera.com).

Tag 2
Die Fahrt nach Córdoba *(siehe S. 152–157)* dauert zwei Stunden. Stärken Sie sich auf dem Mercado Victoria *(siehe S. 153)*, einem Delikatessenmarkt. Besichtigen Sie dann die Mezquita-Catedral *(siehe S. 154f)* mit den beeindruckenden Säulen und Bogen. Spazieren Sie durch das alte jüdische Viertel zur Sinagoga *(siehe S. 152)*, die Stuckarbeiten zieren. Vor der Synagoge steht ein Denkmal des jüdischen Gelehrten Maimonides. In den Bodegas Campos können Sie abends in der einstigen Bibliothek, dem Büro oder der Sala los Célebres des historischen Hauses speisen (www.bodegascampos.com).

Tag 3
Treten Sie die 90-minütige Fahrt nach Sevilla frühzeitig an. Bummeln Sie durch das Viertel Santa Cruz *(siehe S. 72–93)* und erklimmen Sie die Giralda *(siehe S. 76f)*. In der Casa Plácido (www.casaplacido.es) können Sie köstliche Tapas genießen, ehe Sie ausgiebig den Real Alcázar *(siehe S. 78f)* besichtigen, der zu den eindrucksvollsten Bauwerken Spaniens zählt. Abends können Sie in Triana *(siehe S. 120f)* am gegenüberliegenden Flussufer eine Flamenco-Darbietung sehen.

Tag 4
Treffen Sie frühzeitig in Ronda *(siehe S. 184f)* ein, ehe der Ansturm der Busreisenden einsetzt. Die auf einem hohen Felsen gelegene Stadt ist äußerst sehenswert. Auch die Stierkampfarena mit dem von Arkaden umgebenen Sandplatz beeindruckt. Überqueren Sie den Puente Nuevo und kehren Sie im Bardal (www.restaurantebardal.com) in der Altstadt ein, ehe Sie die 90-minütige Fahrt nach Málaga *(siehe S. 186–189)* antreten. Besichtigen Sie das Museo Picasso Málaga *(siehe S. 188)* und besuchen Sie anschließend eine der traditionellen Seafood-Bars. Besonders empfehlenswert ist El Tintero II – in dem Lokal reichen die Kellner Tabletts mit Speisen, die man probieren kann (Avenida Salvador Allende 340; +34 52 20 68 26).

Tag 5
Besichtigen Sie die imposante Festung Alcazaba *(siehe S. 189)*. Nach einem Schaufensterbummel in der nahen Calle Marqués de Larios ist es Zeit für den Strand. Essen Sie in El Pedregalejo gemütlich in einem der Seafood-Restaurants und machen Sie anschließend im Schatten Siesta. Da das Centre Pompidou Málaga *(siehe S. 188)* bis 20 Uhr geöffnet hat, können Sie später noch in Ruhe die modernen Kunstwerke bewundern. Beschließen Sie den Tag mit einem traditionellen knusprigen Lammbraten im Restaurante Miguel (www.restaurantemiguel.es).

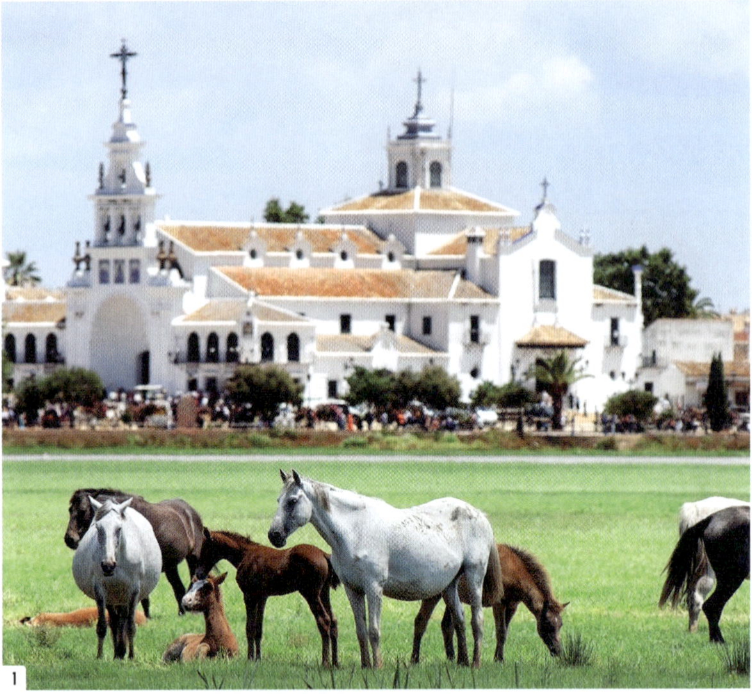

1

2

3

4

→

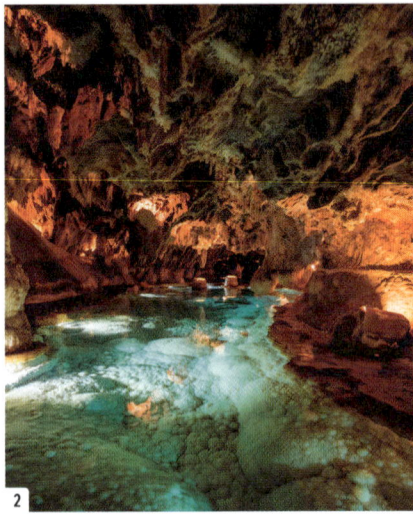

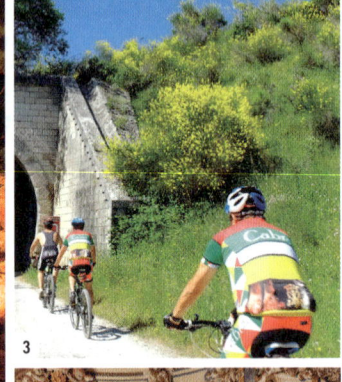

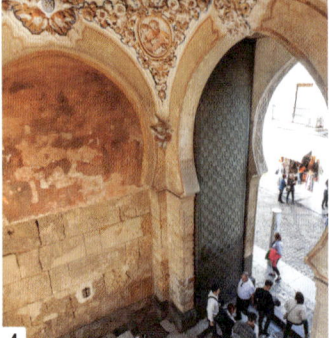

1 *Die Wallfahrtskirche in El Rocío*

2 *Die Gruta de las Maravillas*

3 *Radfahren auf einer Vía Verde, einer ehemaligen Bahnlinie*

4 *Tor der Mezquita-Catedral in Córdoba*

Bei dieser Rundfahrt durch die herrliche andalusische Landschaft haben Sie die Gelegenheit, viel im Freien zu unternehmen. Alle vorgeschlagenen Routen sind auch für Ungeübte geeignet und können, falls Sie mit Kindern reisen, angepasst werden.

10 TAGE
in Andalusien

Tag 1
Frühstücken Sie außerhalb von Sevilla im La Mundana in Camas (https://lamundana-cafe.negocio.site). Fahren Sie dann 70 Kilometer bis El Rocío *(siehe S. 144)*. Das Dorf liegt am Rand des Parque Nacional de Doñana *(siehe S. 136f)*, in dem Flamingos und viele andere Vögel leben. Genießen Sie im Aires de Doñana *(siehe S. 147)* regionale Küche, zum Beispiel köstliche Garnelen. Machen Sie am Nachmittag eine Rundfahrt durch den Nationalpark. Halten Sie Ausschau nach den scheuen Luchsen. Übernachten Sie im Complejo Pequeño Rocío *(siehe S. 141)*.

Tag 2
Fahren Sie an der Küste entlang Richtung Huelva, mit einem Abstecher (45 Minuten) zum wunderschönen Sandstrand von Mazagón *(siehe S. 140)*. Die Fahrt geht weiter Richtung Norden nach Aracena, der größten Stadt in der Sierra de Aracena *(siehe S. 138)*. Genießen Sie im Jesús Carrión Restaurante *(siehe S. 138)* jamón ibérico und andere regionale Spezialitäten. Besichtigen Sie anschließend die Gruta de las Maravillas *(siehe S. 138)*. Die Höhle weist faszinierende Tropfsteinformationen auf. Bummeln Sie abends durch die hübsche Stadt mit den Kastanienbäumen. Übernachten Sie im Hotel Convento Aracena & Spa, einem Kloster aus dem 17. Jahrhundert (www.hotelconvento aracena.es).

Tag 3
Decken Sie sich bei Embutidos y Quesos Corral *(siehe S. 145)* mit Proviant ein. Fahren Sie auf den gewundenen Straßen bis Cazalla de la Sierra in der Sierra Norte *(siehe S. 145)*. Mieten Sie Räder bei Bicicletas Verde Vía (www.bicicletasverdevia.com) und radeln Sie, unterbrochen von einem Picknick, am plätschernden Hueznar entlang 19,5 Kilometer zum Cerro de Hierro. Gönnen Sie sich vor der Rückfahrt nach Cazalla de la Sierra in der Bar La Plaza (Plaza de España s/n, San Nicolás del Puerto) Tapas. Die Sierra Norte ist ein UNESCO-Sternenlicht-Reservat – genießen Sie also den funkelnden Nachthimmel, ehe Sie zum Übernachten das familienbetriebene Las Navezuelas aufsuchen (www.lasnavezuelas.com).

Tag 4
Nach zwei Stunden Fahrt erreichen Sie Córdoba *(siehe S. 152–157)*. Schlendern Sie am Fluss entlang, bevor Sie in der Casa Pepe de la Judería *(siehe S. 153)* im historischen Stadtzentrum einkehren. Besuchen Sie danach den Hammam Al Ándalus (www.cordoba.hammamalandalus.com). Herrlich erholt beschließen Sie den Tag auf der Terrasse des Horno San Luís (www.hornosan luis.com) bei einem Sundowner und kreativer Küche. Übernachten Sie im historischen Hospedería del Atalia (www.hospederiadel atalia.com).

Tag 5

Córdobas Markt erkunden Sie am besten mit Foodie & Experiences: Die Stadtführer wählen gemeinsam mit Ihnen die frischesten Zutaten aus und zeigen Ihnen, wie man daraus typisch spanische Gerichte zubereitet (www.foodieandexperiences.com). Zum Abschluss genießen Sie ein viergängiges Menü mit andalusischem Weißwein. Spazieren Sie nachmittags gemütlich die kopfsteingepflasterten Straßen der Altstadt entlang und bewundern Sie die mit Blumen geschmückten Innenhöfe. Fahren Sie dann nach Benamejí. Essen Sie im Mesón Puerta del Convento, wo ab und zu auch Live-Unterhaltung geboten ist (www.mesonpuertadelconvento.com). Übernachten können Sie im Posada de Momo (www.laposadademomo.es).

Tag 6

Ein Tag voller Abenteuer wartet – frühstücken Sie also ausgiebig in der Bar Puerta del Sol (https://puerta-del-sol-bar-and-grill.negocio.site). In Cuevas Bajas bietet Ocio-Aventura Cerro Gordo Attraktionen für Adrenalin-Junkies (www.ocioaventuracerrogordo.co.uk): Seilen Sie sich durch eine steile Schlucht ab zu einem Fluss, essen Sie mittags frisch Gegrilltes und stürzen Sie sich dann beim Wildwasserrafting in die Fluten. Wenn Sie wieder trocken sind, treten Sie die 30-minütige Fahrt nach Antequera *(siehe S. 200)* an. Decken Sie sich in der Jamonería Fuentes (Calle San Agustín 8) für ein Picknick am nächsten Tag ein. Nach all den Aktivitäten werden Sie im Hotel Infante Antequera (www.hotelinfanteantequera.com) hervorragend schlafen.

Tag 7

Das Ticket für den Caminito del Rey *(siehe S. 197)* sollten Sie im Voraus buchen. Nach der einstündigen Anfahrt geht es auf dem Plankenweg in 100 Metern Höhe oberhalb des Flusses Guadalhorce an den Wänden einer Schlucht entlang. Dann mieten Sie ein Kajak und paddeln auf dem nahen Stausee Embalse Conde de Guadalhorce (www.zonarecreativalaisla.com). Zum Abendessen genießen Sie in der Casa Abilio in Álora *(siehe S. 200)* saisonale Küche (www.restaurantecasaabilio.com). Übernachten Sie in der

1 *Foodie & Experiences in Córdoba*
2 *Rafting in den Cuevas Bajas*
3 *Embalse Conde de Guadalhorce*
4 *Puerto Deportivo El Candado*
5 *Playa Burriana in Nerja*
6 *Mountainbiken in Las Alpujarras*

Pension Casa Arroyo de la Montaña (Partido de Sabinal 5; +34 952 11 21 72).

Tag 8
Nach einem herzhaften Frühstück in der Pension machen Sie sich auf den Weg zum Real Golf Club El Candado. Die Fahrt dauert eine Stunde. Bei wunderbaren Ausblicken aufs Mittelmeer arbeiten Sie dort an Ihrem Abschlag (www.clubelcandado.com). Nach neun Löchern und einer Stärkung im Club-Restaurant brechen Sie auf ans Meer. Vom Puerto Deportivo El Candado am Stadtrand von Málaga *(siehe S. 186–189)* aus unternehmen Sie eine vierstündige Bootsfahrt (www.malagacharter.com). Die Fahrt an der Küste entlang ist wunderschön, weiter draußen auf dem Meer können Sie schwimmen gehen und mit etwas Glück Delfine sehen. Im Mulse Bar & Restaurante in Rincón de la Victoria (www.mulse.es) erwarten Sie modern interpretierte traditionelle Gerichte. Zum Übernachten fahren Sie nach La Cala del Moral, wo die Pension Balcón de La Cala schönen Meerblick bietet (Calle Salvador Dalí 45; +34 674 73 77 75).

Tag 9
Fahren Sie nach Nerja *(siehe S. 202)*. Spazieren Sie zur Playa Burriana, wo Sie mit einem gemieteten Kajak zu den hübschen Buchten paddeln können (www.nerjadiving.com). Probieren Sie im Merendero Moreno *(siehe S. 202) espetos* (am Spieß gegrillte Sardinen). Genießen Sie vom Balcón de Europa aus den Sonnenuntergang, bevor Sie das exquisite Restaurant Jacky (Calle el Chaparil 7; +34 952 52 11 38) aufsuchen und im schicken Boutiquehotel Carabeo (www.hotelcarabeo.com) übernachten.

Tag 10
Das im Herzen der Gebirgsregion Alpujarras gelegene Bubión *(siehe S. 234)* erreichen Sie nach 75 Minuten Autofahrt. Das Gebiet lädt zu einem Ausritt ein – galoppieren Sie auf alten Reitwegen durch die wunderschöne Landschaft. Sierra Trails gibt Ihnen sogar ein Picknick mit (www.spain-horse-riding.com). Später genießen Sie im Teide (Calle Carretera 1; +34 958 76 30 37) in Bubión regionale Küche. Übernachten Sie im Hotel Villa de Bubión (www.villasdeandalucia.com).

Das Goldene Zeitalter

Das 16. Jahrhundert wird in Spanien als *Siglo de Oro* (»Goldenes Jahrhundert«) bezeichnet. Künstler der Schule von Sevilla *(siehe S. 50)* brachten wunderbare Werke hervor. Das Museo de Bellas Artes *(siehe S. 66f)* beherbergt eine beeindruckende Sammlung dieser Arbeiten. Sonntagvormittags findet vor dem Museum ein Kunstmarkt statt.

→

Das Museo de Bellas Artes in Sevilla besitzt eine eindrucksvolle Sammlung

SEVILLA UND ANDALUSIEN FÜR KUNSTFREUNDE

Das intensive Licht, die abwechslungsreiche Landschaft und die lebendigen Traditionen Andalusiens haben im Lauf der Jahrhunderte zahlreiche Künstler inspiriert – von Diego Velázquez bis Pablo Picasso. Es gibt großartige Museen und Galerien zu entdecken, aber auch kleine Kunsthandwerksmärkte.

TOP 4 Andalusiens Künstler

Diego Velázquez (1599–1660)
Der führende Maler des 17. Jahrhunderts.

Bartolomé Esteban Murillo (1617–1682)
Der Meister des spanischen Barock ist berühmt für seine religiösen Werke.

Luisa Roldán (1652–1706)
»La Roldana« ist die erste bekannte Bildhauerin Spaniens.

Pablo Picasso (1881–1973)
Der einflussreichste moderne Künstler des 20. Jahrhunderts.

Kunst im Freien

In Andalusien findet man im öffentlichen Raum vielfältige Stilrichtungen vor – von den romantischen Skulpturen der Glorieta de Bécquer *(siehe S. 110)* in Sevillas Parque de María Luisa bis zu Street-Art und OBEYs 25 Meter hohem *Paz y Libertad* (2013) in Málaga *(siehe S. 186–189)*.

→

Die Glorieta de Bécquer (1911) im Stil der Romantik

> **Expertentipp**
> **Greifen Sie zum Pinsel**
>
> In Torrox bietet Paint Andalucía (www.paint-andalucia.com) Besuchern die Gelegenheit, unter Anleitung selbst mit Pinsel und Stift zum Künstler zu werden.

Modernes Málaga

Künstler wie Pablo Picasso bescherten Andalusien im 20. Jahrhundert ein zweites »Goldenes Zeitalter«. Das Museo Casa Natal de Picasso *(siehe S. 188)* zeigt frühe Werke, das Museo Picasso Málaga *(siehe S. 188)* den Übergang vom Realismus zum Kubismus. Das Centre Pompidou Málaga *(siehe S. 188)* präsentiert zeitgenössische Kunst.

↑ *Das Museo Picasso in Málaga präsentiert kubistische Werke*

Keramiken

Andalusien ist bekannt für Keramiken und Triana ein Paradies für Töpfer. Die im Centro Cerámica Triana *(siehe S. 120)* ausgestellten Keramiken reichen bis in die Zeit der Mauren zurück. Wunderschöne Souvenirs können Sie bei Ceramica Ruíz (www.ceramicaruiz.es) erstehen, bei Barro Azul *(siehe S. 120)* Fliesen selbst bemalen.

←

Bei Barro Azul in Triana kann man in Kursen das Bemalen von Fliesen erlernen

Kunstmärkte

In der gesamten Region – von Córdoba bis Cádiz – eröffnen ständig neue Kunst- und Kunsthandwerksmärkte. Das Angebot reicht von Malerei bis Keramik. In Triana findet jedes Wochenende der Mercado Paseo de Arte statt, in Granada einmal monatlich der Markt We Love Granada.

→

Schmuckangebot auf dem Markt We Love Granada

Gotik
Deckengewölbe, Glasfenster und spitze Türme prägen die Architektur des 15. Jahrhunderts. In der Catedral de Sevilla *(siehe S. 76f)*, der größten gotischen Kathedrale der Welt, kann man diesen Baustil am besten bewundern. Entdecken Sie die Feinheiten bei einer Tour über das Dach der Kathedrale.

Steinerne Balustrade auf dem Dach der Catedral de Sevilla

SEVILLAS UND ANDALUSIENS
ARCHITEKTUR

Riesige gotische Kathedralen, prächtige maurische Bauwerke *(siehe S. 30f)* und kontrovers diskutierte moderne Bauten – die Region bietet ein breites Spektrum architektonischer Stilrichtungen. Bestaunen Sie die Fassaden, klettern Sie auf Türme und genießen Sie die bauliche Vielfalt.

TOP 3 Andalusiens Architekten

Hernán Ruiz d. J. (1514–1569)
Zusammen mit seinem Vater und seinem Sohn entwarf Ruiz einen Teil von Córdobas Mezquita-Catedral *(siehe S. 154f)*.

Eufrasio López de Rojas (1628–1684)
Der Baumeister des Barock schuf im 17. Jahrhundert die Catedral de Jaén *(siehe S. 158)*.

Aníbal González (1876–1929)
Erbaute unter anderem die Plaza de España *(siehe S. 112f)*.

Renaissance
Im 16. Jahrhundert wiesen Bauwerke harmonische, fein gearbeitete Verzierungen auf. Das Archivo General de Indias *(siehe S. 86)* in Sevilla ist ein Musterbeispiel für diesen Stil. Gehen Sie die imposante Marmortreppe hinauf und sehen Sie sich in den eleganten Lesesälen historische Karten an. Die Catedral de Jaén *(siehe S. 158)* ist mit ihrer reich verzierten Fassade ein weiteres Meisterwerk der Renaissance. In der Sakristei sind religiöse Gemälde, Skulpturen und Silberarbeiten zu sehen.

Eindrucksvoll: die Hauptorgel der Kathedrale in Jaén

↑ *Abendlicht über Sevilla und dem Metropol Parasol*

Moderne Architektur

Andalusien ist reich an historischen Bauwerken, doch man findet auch beeindruckende moderne Konstruktionen vor. Beim Anblick des Metropol Parasol *(siehe S. 103)* in Sevilla wird sofort klar, warum die Einheimischen das Bauwerk *Las Setas* (»Die Pilze«) nennen. Die sechs Pavillons, die einen Markt, ein Museum und ein Restaurant umfassen, entwarf der deutsche Architekt Jürgen Mayer. Genießen Sie bei Sonnenuntergang an der Bar einen Drink und die fantastische Aussicht, die sich vom begehbaren Dach des Metropol Parasol eröffnet.

> Schöne Aussicht
> **Torre Sevilla**
>
> Die Torre Sevilla ist mit 180 Metern das höchste Bauwerk der Stadt *(siehe S. 125)*. Den besten Blick auf das moderne Gebäude genießt man vom Dach des benachbarten Shoppingcenters aus.

Etwas Altes und etwas Neues

Andalusien brachte als Schmelztiegel der Kulturen völlig neue Baustile hervor. Im 19. Jahrhundert lebte der Mudéjar-Stil wieder auf – eine Fusion europäischer und maurischer Vorlieben und Techniken. Bei einer Bootsfahrt im Parque de María Luisa in Sevilla kann man die Plaza de España *(siehe S. 112f)* bewundern, die im Neomudejár-Stil gestaltet wurde und prächtige Arkaden und *azulejos* aufweist.

Bootstour an der Plaza de España mit den prächtigen azulejos (Detail) ↑

Imposante Festungen

Nirgendwo wird die Macht der Mauren offensichtlicher als in ihren wehrhaften Festungen. Die Alcazaba in Málaga, die an einem baumbestandenen Hang auf den Ruinen einer römischen Stadt erbaut wurde, zählt zu den beeindruckendsten Anlagen. Besuchen Sie ein Schauspiel oder Konzert im Amphitheater unterhalb der Festung *(siehe S. 189)*. Die Alcazaba in Almería, hinter deren Mauern sich gepflegte Gärten mit duftenden Pflanzen erstrecken *(siehe S. 222f)*, eignet sich hervorragend für einen Spaziergang.

MAURISCHE WUNDERWERKE
IN SEVILLA UND ANDALUSIEN

Sevilla und Andalusien werden besonders stark mit dem maurischen Baustil assoziiert. Bei der Besichtigung der herrlichen Bauwerke, die die muslimischen Herrscher in der Region hinterließen, fühlt man sich unmittelbar in die Zeit von al-Andalus zurückversetzt.

Entdeckertipp
Medina Azahara

Die meisten maurischen Bauwerke in Andalusien stehen noch stolz in den Zentren der Städte, einige haben die Zeit jedoch nicht unbeschadet überdauert. In Medina Azahara, westlich von Córdoba, zeugen nur noch Ruinen von der einst prachtvollen Moschee, den Gärten und Palästen *(siehe S. 164)*.

Orte der Verehrung

Viele Moscheen wurden nach der *reconquista* zu Kirchen. Die Mezquita-Catedral in Córdoba *(siehe S. 154f)* verdeutlicht diesen religiösen Synkretismus am besten: Die Moschee mit den vielen Säulenreihen und Rundbogen wurde im 16. Jahrhundert zur Kathedrale umgebaut.

→

Die rot-weißen Bogen in der Mezquita-Catedral de Córdoba

> Schöne Aussicht
> **Imposante Alhambra**
>
> Vom Mirador de San Nicolás in Granada aus genießt man die beste Aussicht auf die Alhambra. Die maurische Stadtburg ragt in einem dunklen Ulmenwald empor, der 1812 vom Herzog von Wellington angelegt wurde.

←

Málagas Alcazaba wurde auf römischen Ruinen erbaut

Hohe Türme

Ob mit hohen Minaretten an den Moscheen oder mit mächtigen Festungstürmen – die maurischen Architekten strebten stets gen Himmel. Zu den Stadtmauern von Sevilla am Ufer des Guadalquivir gehört die Torre del Oro *(siehe S. 69)*. Von dem zwölfseitigen Turm eröffnet sich eine herrliche Aussicht über Triana und die ganze Stadt.

Die Torre del Oro in Sevilla ist von Palmen umgeben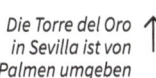

Opulente Paläste

Die Baumeister der Alhambra wollten ein Paradies auf Erden schaffen – das ist ihnen gelungen *(siehe S. 216f)*. Bei einer Führung durch die Nasridenpaläste im Herzen der Anlage erfährt man viel über die Bauweise. Unvergesslich ist ein Besuch am Abend, wenn die Höfe wunderbar beleuchtet sind.

↑ *Mit Stuck verzierter Bogen in einem Nasridenpalast in der Alhambra*

Tapeo

Die *sevillanos* behaupten, die Tapas seien in ihrer Region erfunden worden. Zum Glück sind die köstlichen Häppchen in ganz Andalusien erhältlich. Córdoba *(siehe S. 152–157)* ist für Schafskäse berühmt, *tortillitas de camarones* (Krabbenküchlein) sind eine Spezialität in Cádiz *(siehe S. 180–183)*. Bei einem *tapeo* (abendlicher Bummel durch mehrere Tapas-Bars) kann man vieles kosten. In Granada *(siehe S. 214f)* bekommt man noch heute, wie es früher überall üblich war, Gratis-Tapas zu jedem Getränk.

→

Tapas-Bar im Zentrum von Granada

SEVILLA UND ANDALUSIEN FÜR
FOODIES

Viele der traditionellen spanischen Gerichte schmecken in Andalusien besonders köstlich. Den Einheimischen zufolge ist die Region Ursprungsort der Tapas – der verlockenden kleinen Appetithappen, bei denen man ein bisschen von allem probieren kann.

Meeresfrüchte

Seafood ist in Andalusien, das ans Mittelmeer und an den Atlantik grenzt, auf vielen Speisekarten zu finden. Probieren Sie frittierten *choco* (Tintenfisch), in Weißwein und Knoblauch gekochte *coquinas* (Muscheln) oder Thunfisch. Diese Spezialitäten sollte man vor allem in Barbate *(siehe S. 193)* nicht versäumen. Bei Cooking Olé (www.cookingole.com) können Sie selbst Paella zubereiten. Bei Spain Food Sherpas in Málaga (www.spainfoodsherpas.com) lernen Sie, wie man Seafood-Tapas macht.

←

Köstlich angerichtete Paella in einem Restaurant in Sevilla

Regionale Zutaten

Die schöne andalusische Landschaft bringt viele Köstlichkeiten hervor: Die schwarzen iberischen Schweine weiden in freier Natur auf Wiesen und in Wäldern. Sie ernähren sich überwiegend von Eicheln. Das macht den *jamón ibérico*, den Schinken, so besonders. Auch Käse spielt in der andalusischen Küche eine große Rolle. Er wird in der gesamten Region produziert. Besuchen Sie die Finca Los Robledos, einen Biohof in der Sierra de Aracena *(siehe S. 138)*, und lassen Sie sich erklären, wie der kräftige Hartkäse aus Ziegenmilch hergestellt wird (Carretera Castanuelos s/n; +34 658 52 88 00).

> **Expertentipp**
> **Kochkurs**
>
> Ein Kochkurs ist ideal, wenn Sie zu Hause das kulinarische Flair Andalusiens wiederaufleben lassen möchten. Mit Taller Andaluz de Cocina in Sevilla gehen Sie auf einem Markt einkaufen, bevor Sie sich an die Zubereitung von Gazpacho, *carillada* (Schweinebäckchen) und anderen andalusischen Gerichten machen (www.talleranduzdecocina.com).

← Käse von Ziegen, die auf den Weiden in der Region Málaga grasen

Restaurants

Angesichts des reichen kulinarischen Erbes verwundert es nicht, dass man in Andalusien viele Restaurants mit Michelin-Stern findet. Das sind unsere Favoriten:

Aponiente
B4 Calle Francesco Cossi Ochoa, El Puerto de Santa María
aponiente.com
€€€

Noor
D3 Calle Pablo Ruiz Picasso 8, Córdoba
noorrestaurant.es
€€€

↑ Tische eines Cafés in Sevilla neben Orangenbäumen

Orangen

Denkt man an Sevilla, denkt man an Orangen. Hüten Sie sich jedoch davor, eine zu pflücken! Sie sind sehr bitter und nur zur Herstellung von Marmelade geeignet. In anderen Gegenden Andalusiens wachsen auch süße Orangen. In Coín findet alljährlich im Mai ein Orangenfest statt (www.turismocoin.com).

Craft-Biere

Wenn die Temperaturen steigen, greifen Andalusier lieber zu einem Bier als zu einem Sherry. In vielen Städten gibt es kleine Brauereien – in Sevilla etwa Cervezas Río Azul (www.cervezas rioazul.com) und Maquila (Calle Delgado 4; +34 955 18 23 20). In Córdoba ist Cervezas Califa sehr beliebt. Das Angebot der Brauerei reicht von Stout bis zum Weizenbier (www.cervezas califa.com).

→

Fermentationstanks für Bier in der Brauerei Cervezas Río Azul

SEVILLA UND ANDALUSIEN
¡SALUD!

In den heißen Sommern Andalusiens wird man beim Sightseeing schnell durstig. Glücklicherweise ist die Auswahl an heimischen Getränken ebenso groß wie das Angebot an Tapas, die man zur Stärkung genießt. Ob Wein, Bier, Spirituosen oder alkoholfrei – in Andalusien findet jeder etwas nach seinem Geschmack.

Andalusische Spirituosen

Wer gerne Hochprozentiges trinkt, ist in Andalusien genau richtig: Gin ist sehr beliebt – vor allem in Málaga werden interessante Sorten hergestellt. Simbuya produziert beispielsweise einen mit roten Karotten angereicherten Gin (www.simbuyagin. com). Brandy wird vor allem in Jerez de la Frontera produziert – *bodegas* wie González Byass *(siehe S. 179)* bieten Führungen an. Im Museo del Ánis in Rute (www.museo delanis.com) können Sie Anisette probieren. Der Kirschlikör Miura wird nach dem uralten Rezept eines Klosters in Cazalla de la Sierra *(siehe S. 145)* hergestellt.

←

Sherryfässer im Museo del Ánis in Rute bei Lucena

Leichtere Erfrischungen

In der sommerlichen Hitze darf es gern ein bisschen weniger Alkohol sein. Die Andalusier sind Experten darin, ihr Lieblingsbier oder ihren Lieblingswein verträglicher zu gestalten. Bekannt ist vor allem die Sangría – die Mischung aus Rotwein, Früchten und Orangensaft trinken die Einheimischen nur bei den Fiestas. Weniger süß und weitaus beliebter ist *tinto de verano* – eisgekühlter Rotwein, zu gleichen Teilen mit Soda gemischt. Wer an heißen Nachmittagen keinen Rotwein trinken möchte, kann auf *clara* (die andalusische Variante des Radlers) ausweichen. Frisch gepresster Zitronensaft gibt dem Getränk noch einen erfrischenden Extrakick.

←

Tinto de verano, gekühlter Rotwein mit Minze und Orange

> ## Bars
>
> Wenn es im Sommer heiß wird, genießen die Städter in Andalusien ihre kühlen Drinks gern in einer Bar auf einer Dachterrasse.
>
> **El Balcón de Las Setas**
> 🛆 B3 📍 Plaza de la Encarnación, Sevilla 🌐 elbalcondelassetas.es
>
> **La Terraza de San Juan**
> 🛆 D4 📍 Calle San Juan 11, Málaga 🌐 hotelmalagapremium.com
>
> **Hotel Alhambra Palace**
> 🛆 E4 📍 Plaza Arquitecto García de Paredes 1, Granada 🌐 h-alhambrapalace.es

Sherry

Hunderte Weinberge in ganz Andalusien bringen die Trauben für verschiedene Sorten roten, weißen und verstärkten Wein hervor. Am berühmtesten ist der Sherry, der laut Gesetz aus der Region stammen muss, die sich zwischen Jerez de la Frontera *(siehe S. 178f)*, Sanlúcar de Barrameda *(siehe S. 190f)* und El Puerto de Santa María *(siehe S. 191)* erstreckt. Den Verkaufsraum der 1730 gegründeten Bodegas Fundador *(siehe S. 179)* nennt man wegen seiner Rundbogen »La Mezquita« (»Die Moschee«). Dort lagern über 40 000 Fässer Sherry. Bei einer Führung können Sie sich über die Herstellung informieren und ein Glas probieren – oder Sie genießen ein Menü, bei dem zu jedem Gang der passende Sherry kommt.

→

Bei einer andalusischen Fiesta werden verschiedene Sherry-Sorten probiert

Cocktailstunde

Der Abend beginnt mit der *hora del aperitivo* – der Tapas-Zeit zwischen 20:30 und 22 Uhr. Einheimische suchen nach einem *tapeo (siehe S. 32)* eine *bar de copas* (Cocktailbar) auf. In Sevilla empfehlen sich die Bar Gigante *(siehe S. 98)*, wo man an Tischen im Freien fruchtige Cocktails genießt, und die jazzige Bar Americano im Hotel Alfonso XIII *(siehe S. 114)*.

NACHTLEBEN
IN SEVILLA UND ANDALUSIEN

Im Spanischen gibt es ein eigenes Wort für die Zeit zwischen Mitternacht und Morgendämmerung: *madrugada*. Das sagt viel über das spanische Nachtleben aus. Von traditionellen Tapas-Bars bis zu lebhaften Clubs, von eleganten Bars bis zu *tablaos flamencos (siehe S. 45)* - in Andalusien ist nachts viel los.

Clubs

In Andalusiens Städten findet jeder Club-Gänger seinen Lieblingsort. Marbellas schillernde »Goldene Meile« ist von Megaclubs gesäumt. Indie- und Rock-Fans bevorzugen den Fun Club in Sevilla (www.funclubsevilla.com), in dem junge Bands auftreten. Großartig sind auch Granadas Underground-Bars wie etwa Planta Baja (www.plantabaja.net).

Planta Baja in Granada ist vor allem bei Studenten beliebt

↑ *Von der Terrasse des EME Catedral Mercer ist die Aussicht grandios*

↑ *Im Stadtteil Santa Cruz in Sevilla gibt es zahlreiche Bars*

Hoch oben

Sevilla hat keine Wolkenkratzer, aber dafür viele Dachterrassen. Die Bar im EME Catedral Mercer (www.emecatedralmercer.com) ist, wie der Name vermuten lässt, der perfekte Ort, um die Kathedrale zu bewundern. El Balcón de Las Setas auf dem Metropol Parasol *(siehe S. 35)* bietet ebenfalls wunderschöne Ausblicke. Wer es schwungvoller mag, tanzt auf der Terraza Bilindo im Parque de María Luisa *(siehe S. 112)*.

↑ *Festival de Flamenco de Jerez; Werbeplakat (Detail)*

Entdeckertipp
Real Alcázar

In den Gärten des Real Alcázar finden im Sommer zahlreiche Konzerte statt – ein wunderschöner Ort für den Musikgenuss! Auf der Website Noches en los Jardines del Real Alcázar (www.actidea.es) kann man das Programm einsehen und die passende Veranstaltung auswählen.

Fiestas

Andalusiens Veranstaltungskalender ist pickepackevoll. Im Juli treffen sich Jazzer in Almuñécar zum Jazz en la Costa (www.jazzgranada.es), die Welt des Blues und Soul versammelt sich zum BluesCazorla Festival *(siehe S. 47)*. Traditioneller sind das Flamenco-Festival in Jerez de la Frontera *(siehe S. 47)* und das Certamen Internacional de Guitarra Clásica Andrés Segovia (www.certamenandressegovia.com).

Vergnügungsparks

In den Parks fühlen sich alle wohl, die den Nervenkitzel lieben. Isla Mágica *(siehe S. 122)* in Sevilla bietet Kindern eine Abenteuerreise mit Achterbahnen und einer Tour durch das Amerika des 16. Jahrhunderts. In der Wüste von Tabernas *(siehe S. 231)* kann man in die Welt der Italowestern eintauchen und Cowboy spielen: Im Oasys – Parque Temático del Desierto de Tabernas (www.oasysparquetematico.com) und im Fort Bravo Texas Hollywood (www.fortbravo.es) beobachten Sie, selbst kostümiert, einen »Schusswechsel« und erkunden die Sets aus den 1960er und 1970er Jahren.

→

Kettenkarussell und Achterbahn (Detail) in Sevillas Isla Mágica

SEVILLA UND ANDALUSIEN FÜR
FAMILIEN

Weite Strände, Fahrgeschäfte, in denen einem das Herz bis zum Hals schlägt, und zahllose Möglichkeiten, sich an der frischen Luft auszutoben – Andalusien ist ideal für einen Urlaub mit der ganzen Familie. Auch in den Städten findet man kinderfreundliche Attraktionen sowie Grünanlagen zur Erholung.

Aktiv unterwegs

Andalusien ist ein Land für Abenteurer. Beobachten Sie mit Dolphin Safari (www.dolphinsafari.gi) in der Straße von Gibraltar Delfine. Im Parque de María Luisa *(siehe S. 110 –113)* kann man Ruderboote mieten, auf dem Embalse Conde de Guadalhorce Kajak fahren (www.indiansport.es). Mit Peque Safari können Sie bei einer Wanderung im Paraje Natural Torcal de Antequera *(siehe S. 200)* Fossilien suchen (www.torcaldeantequera.com).

←

Im Paraje Natural Torcal de Antequera kann man Wanderungen unternehmen

TOP 3 Festivals für Familien

Día de los Reyes
Am Abend des 5. Januar fahren die Heiligen Drei Könige in kleinen Kutschen durch Andalusiens Straßen und verteilen Süßigkeiten an die Kinder.

Karneval
Zwei Wochen lang gehen Kinder im Februar verkleidet in die Schule. Es gibt bunte Umzüge, und die Feierlichkeiten in Cádiz stehen in den Augen vieler denen in Brasilien nicht nach.

Fiesta de San Juan
Zum Namenstag von Johannes dem Täufer gibt es am 23. Juni Feuerwerke.

Für Regentage
Sollte es tatsächlich einmal regnen, warten die Museen. Im Parque de las Ciencias in Granada macht Wissenschaft richtig Spaß (www.parqueciencias.com). Im CaixaForum in Sevilla finden Veranstaltungen für Familien statt: Konzerte, Mal-Workshops und Filmvorführungen *(siehe S. 123)*. Gegen Bewegungsmangel hilft Costajump (www.costajump.com). Bei Taste of Spain (www.atasteofspain.com) lernen Kinder spanische Gerichte kochen.

Lemur im Parque de las Ciencias in Granada ↑

Für Familien

Junge Piraten erobern das Castillo de San Ramón oberhalb der Playa El Playazo im Parque Natural de Cabo de Gata *(siehe S. 230)*, das tatsächlich einst als Ausguck diente. Für Teenager gibt es an Málagas Stränden *(siehe S. 186–189)* ein Outdoor-Fitnessstudio, Beachvolleyball-Plätze und E-Bikes, mit denen man auf der Promenade cruisen kann. Auch die Strände in Benalmádena *(siehe S. 203)* und Fuengirola *(siehe S. 204f)* haben für Familien viel zu bieten.

Der Strand von Fuengirola an der Costa del Sol ist stets gut besucht ↑

TRAUMSTRÄNDE
IN ANDALUSIEN

Andalusiens Küsten sind insgesamt 900 Kilometer lang, da findet definitiv jeder seinen Lieblingsplatz am Strand. Von glamourös wie in Marbella bis wild und ursprünglich vor Tarifa ist wirklich alles geboten.

Für Sportler

Tarifa *(siehe S. 192)* ist ein Surferparadies. Stürzen Sie sich mit Surf Center Tarifa (www.surfcentertarifa.com) ins Vergnügen. In Cabopino, 14 Kilometer von Marbella entfernt, sprechen die ruhigeren Gewässer Anfänger an. Kurse bietet etwa Nalusur (www.nalusur.com).

←

Kitesurfer im türkisblauen Wasser vor Tarifa

Glamour

Marbellas Strände waren lange Zeit Hochburgen des internationalen Jetsets. Der berühmteste der 23 Strände *(siehe S. 204)* ist Nikki Beach (www.marbella.nikkibeach.com). Ebenso exklusiv, aber weniger bekannt ist Poblado de Sancti Petri, 35 Kilometer von Cádiz entfernt – mit eleganten Restaurants, Luxushotels und dem Real Novo Sancti Petri, einem von dem spanischen Golfer Severiano Ballesteros entworfenen Platz in Strandnähe (www.clubgolfrealnovosanctipetri.com).

← *Strohschirme und Liegestühle an einem Strand in Marbella*

TOP 5 Stadtstrände

Matalascañas
Goldener Sand, etwa 70 Minuten Fahrt von Sevilla aus *(siehe S. 147)*.

Mazagón
Scheinbar endloser Strand, nur 25 Minuten Fahrt von Huelva entfernt *(siehe S. 140)*.

Punta Umbría
Historischer Küstenort, 20 Kilometer von Huelva entfernt *(siehe S. 138f)*.

Playa de Caleta
Der Strand von Cádiz ist vom Zentrum aus mit öffentlichen Verkehrsmitteln zu erreichen *(siehe S. 182)*.

Playa la Barrosa
Sechs Kilometer Sandstrand, nur 40 Minuten Fahrt von Cádiz aus.

Entdeckertipp
Einsames Idyll

Im Parque Natural de Cabo de Gata *(siehe S. 230)* hat man die wilden, von Dünen gesäumten Strände oft ganz für sich allein. Sie sind nicht ganz einfach zu erreichen, und es gibt dort (fast) nichts, aber sie sind herrlich! Die Playa San Pedro ist wohl am schönsten.

Für Feierlustige

Chiringuitos (Strandbars) gehören einfach zum Sommer in Spanien. Tarifa lockt Surfer ebenso wie Partygänger, in den dortigen *chiringuitos* legen oft weltbekannte DJs auf *(siehe S. 192)*. In der Waves Beach Bar tanzt man im weichen Sand (www.beachbartarifa.com). Auch der Mosquito Club (www.mosquitoclub.es) direkt am Strand in Punta Umbría *(siehe S. 138f)* ist verlockend.

Lässige Atmosphäre beim Sundowner am Strand von Tarifa ↑

Wandern

Die Sierra Nevada *(siehe S. 226)* ist ein Paradies für Wanderer. Herausfordernd, aber lohnenswert ist der Aufstieg auf den Trevenque, der auch »Der König« genannt wird. Familienfreundlicher ist der Wanderweg Cañada del Sereno in der Sierra de Huétor, nordöstlich von Granada. Auf der Website von Trek Sierra Nevada findet man Kartenmaterial (www.treksierranevada.com).

←

Auf dem Weg zum Puente Nuevo, der über die Schlucht in Ronda führt

SEVILLA UND ANDALUSIEN FÜR
OUTDOOR-FANS

Das äußerst angenehme Klima Andalusiens und die abwechslungsreiche Landschaft - von Marschland über tolle Küsten bis hin zu hohen Bergen - locken in die Natur. Ob Schnorcheln und Tauchen im Mittelmeer, ob Surfen auf den wilden Wellen des Atlantiks, ob Wandern in einem Naturschutzgebiet oder Ski- und Snowboard-Fahren in der Sierra Nevada – Sie haben die Wahl. Also nichts wie raus an die frische Luft!

Unter Wasser

In den Gewässern vor den Landzungen in La Herradura und dem Parque Natural de Cabo de Gato *(siehe S. 230)* tummeln sich bunte Fische – ein ideales Gebiet für Taucher. Die Federación Española de Actividades Subacuáticas informiert über Tauchschulen (www.fedas.es).

→

Schnorcheln an der Punta de la Mona in La Herradura

Schneespaß

Andalusien assoziiert man eher mit Sonne als mit Schnee. Die Sierra Nevada *(siehe S. 226)* ist jedoch ein herrliches Skigebiet. Leihen Sie sich Ski, Snowboard, Schlitten, Schneemobil oder Schneeschuhe und los geht's. Es hat durchaus seinen Reiz, den Vormittag im Schnee und den Nachmittag am warmen Mittelmeer zu verbringen. Auch auf Après-Ski müssen Sie nicht verzichten: In Pradollano zum Beispiel ist einiges los, und viele Studenten kommen auch gern vom nahe gelegenen Granada herauf.

→

Skifahren auf weiten, leeren Pisten – ein Traum in der Sierra Nevada

Tiere beobachten

In den unberührten Landschaften Andalusiens leben viele große und kleine Tiere. Im Parque Nacional de Doñana *(siehe S. 136f)* kann man mit etwas Glück Iberische Luchse sehen. Im Parque Natural de Cazorla, Segura y Las Villas *(siehe S. 170)* leben Hirsche und Wildschweine, in Fuente de Piedra *(siehe S. 201)* Tausende Vögel.

←

Fuchs im Parque Natural de Cazorla, Segura y Las Villas

Radfahren

Wer gern auf zwei Rädern unterwegs ist, ist in Andalusien richtig. Die Sierras sind ideal zum Mountainbiken – machen Sie einen Ausflug mit Cycle Sierra Nevada (www.sierranevada.cc). Sanfter rollen Sie auf den *vías verdes* (»grünen Wegen«). Finden Sie Ihre Route unter www.viasverdes.com.

→

Radfahrer unterwegs zu einem Dorf am Fuß der Sierra Nevada

Die große Fiesta

Bei der Bienal da Flamenco in Sevilla (www.labienal.com) kann man authentischen Flamenco erleben. Alle zwei Jahre im September und Oktober treffen sich Flamenco-Künstler an großartigen Schauplätzen wie dem Teatro Lope de Vega *(siehe S. 115)* und der Plaza de Toros de la Maestranza *(siehe S. 69)*. Auch der alle drei Jahre im Mai in Córdoba stattfindende Concurso Nacional de Arte Flamenco (www.nacionaldearteflamenco.org) und das jährliche Festival de Jerez *(siehe S. 47)* lohnen einen Besuch.

→

Tänzer feiern am Guadalquivir in Sevilla die Eröffnung der Bienal da Flamenco

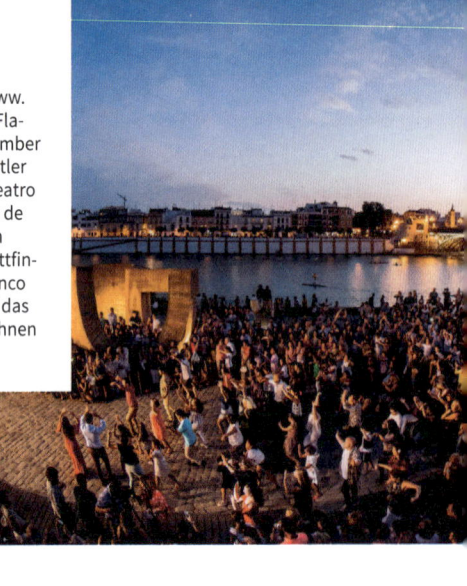

FLAMENCO
IN SEVILLA UND ANDALUSIEN

Flamenco *(siehe S. 85)* ist die charakteristische Kunstform Andalusiens. Lieder voller Sehnsucht und Leidenschaft, Gitarrenmusik und das rhythmische Klatschen sind Ausdruck großer Emotionen. Lauschen Sie der Musik, besuchen Sie eine Vorführung oder lernen Sie selbst Flamenco tanzen.

TOP 4 Flamenco-Künstler

Camarón de la Isla (1950–1992)
Einer der besten Flamenco-Sänger.

Paco de Lucía (1947–2014)
Der Gitarrist verband Flamenco mit Jazz.

Carmen Linares (geb. 1951)
Eine der ersten Flamenco-Sängerinnen, die mit dem New York Philharmonic Orchestra auftrat.

Nina Pastori (geb. 1978)
Gewann vier Latin Grammys.

Go Flamenco

Spüren Sie selbst dem *duende*, der magischen Leidenschaft des Flamenco nach, indem Sie im Museo del Baile Flamenco *(siehe S. 84)* in Sevilla an einem Tanz- oder *cajón*-Workshop teilnehmen. Taller Flamenco (www.tallerflamenco.com) bietet Kurse im Gitarrespielen, Singen und Tanzen an.

→

Tanzkurs in einer Flamenco-Schule in Triana, Sevilla

Tablaos und *peñas*

Ebenso wie die Tradition des Flamenco selbst werden die klassischen Lokale, in denen die Kunstform zur Aufführung gebracht wird, aufrechterhalten. In den meisten Städten gibt es mindestens eine *peña*, einen traditionellen Flamenco-Club – in Jerez de la Frontera zum Beispiel die Peña La Buleria (Calle Empedrada 20; +34 856 05 37 72). Zahlreicher sind allerdings die *tablaos* – Restaurants oder Lokale mit einer Bühne für Aufführungen. Anders als in den *peñas* zahlt man in *tablaos* oft Eintritt, aber manchmal ist dann auch das Essen oder ein Getränk gratis. Auf Seite 85 finden Sie eine Liste von *tablaos* in Sevilla. Auf der Website www.andalucia.org werden schöne Touren zu *tablaos* und *peñas* vorgeschlagen. Entscheiden Sie, wo es Ihnen am besten gefällt.

> **Entdeckertipp**
> **Flamenco-Höhlen**
>
> Ende des 15. Jahrhunderts ließen sich Gitanos (Roma) in Granadas Viertel Sacromonte nieder. Familienmitglieder aus ganz Spanien reisten an, um in den großen Höhlen am Fuß des Berges Fiestas zu feiern und Flamenco zu tanzen. Venta El Gallo lässt Besucher diese Zeit nacherleben (www.ventaelgallo.com).

← Flamenco-Show im Tablao El Cardenal in Córdoba

↑ Rodrigo y Gabriela spielen ihren *nuevo flamenco*

Moderner Flamenco

Flamenco entstand aus Traditionen aus Europa, Asien und dem Nahen Osten. Es verwundert also nicht, dass in Verbindung mit anderen Musikrichtungen immer wieder Neues entsteht. Flamenco-Rock kam in den 1960er und 1970er Jahren mit Bands wie Triana auf, während der Gitarrist Paco de Lucía in den 1970er Jahren kubanische Rhythmen in den Flamenco aufnahm. Das beliebte Duo Rodrigo y Gabriela kombiniert in seinem *nuevo flamenco* Rock und Klassik.

DAS JAHR IN SEVILLA & ANDALUSIEN

Januar

△ **Día de los Reyes** *(6. Jan)*. Die Heiligen Drei Könige verteilen Süßigkeiten an Kinder.
Fiesta de San Antón *(16.–17. Jan)*. Freudenfeuer, Feuerwerk und Feiern zum Namenstag des Schutzpatrons der Tiere.

Februar

△ **Los Carnavales** *(Feb/März)*. Bunte und fröhliche Faschingsfeste in vielen Städten, am spektakulärsten in Cádiz.
Festival de Música Antigua *(Feb/März)*. Sevilla lädt zu einem Festival klassischer Musik, oft mit historischen Instrumenten.

Mai

△ **Festival de los Patios** *(2. Maiwoche)*. Die Innenhöfe in Córdoba werden schön geschmückt und prämiert.
Romería del Rocío *(Ende Mai/Anfang Juni)*. Bruderschaften aus ganz Andalusien ziehen zur Wallfahrtskirche in El Rocío.

Juni

Festival Internacional de Música y Danza *(Mitte Juni – Anfang Juli)*. Klassische Musik und Ballett in Alhambra und Generalife.
△ **Noche de San Juan** *(23. Juni)*. Straßenfeste, Feuerwerk und Freudenfeuer zum Namenstag von Johannes dem Täufer. In Cádiz werden *juanillos* (Figuren) verbrannt.

September

△ **Fiesta de la Vendimia de Jerez** *(1. und 2. Septemberwoche)*. Erntefest in Jerez de la Frontera mit Traubenstampfen, Weinproben und anderen Veranstaltungen.
Bienal de Arte Flamenco *(Sept/Okt, alle zwei Jahre)*. Flamenco-Künstler von Weltruf treffen sich in Sevilla (wieder 2021).

Oktober

△ **Festival Iberoamericano de Teatro** *(3. und 4. Oktoberwoche)*. Spanische und lateinamerikanische Theatergruppen bieten Aufführungen in Cádiz.
Feria de San Lucas *(Mitte Okt)*. Eine Woche Jahrmarkt in Jaén mit Tanz, Speisen, Getränken und Sport.

März

△ **Festival de Jerez** *(Feb/März)*. Bei dem Flamenco-Festival wird der *duende* gelebt.
Semana Santa *(März/Apr)*. Feierliche Prozessionen zur Karwoche in der ganzen Region. In Sevilla sind sie besonders prächtig.

April

△ **Feria de Abril** *(2 Wochen nach Ostern)*. Zum riesigen Frühjahrsfest in Sevilla werden mehr als 1000 Zelte aufgestellt, der Sherry fließt in Strömen, Reiter paradieren durch die Straßen, und die Menschen tanzen *sevillanas* (einen beliebten, vom Flamenco beeinflussten Tanz). Zweifellos das größte Fest des Jahres.

Juli

Festival de la Guitarra *(Anfang Juli)*. Córdoba feiert die Gitarre mit Konzerten von Klassik bis Flamenco.
△ **BluesCarzola Festival** *(Mitte Juli)*. Internationale Künstler treffen sich in Cazorla zum größten Blues-Festival in Spanien.
Fiesta de la Virgen del Carmen *(15. Juli)*. Die Madonna wird in den Küstenorten geehrt.

August

△ **Fiestas Colombinas** *(3. Aug)*. Wassersport-Wettkämpfe, Konzerte und weitere Feste zu Ehren von Christoph Kolumbus und anderer Eroberer, die von Huelva aufbrachen.
Fiestas de la Exaltación del Río Guadalquivir *(3. Augustwoche)*. Pferderennen bei Sonnenuntergang am Strand in Sanlúcar de Barrameda mit Musik und fröhlicher Feier.

November

Festival Internacional de Jazz *(Anfang Nov)*. Musiker treffen sich in Granada und Sevilla.
△ **Jornadas Micologicas** *(Mitte Nov)*. *Setas* (Waldpilze) werden in Aracena, Huelva und Constantina gesammelt und gekocht.
Concurso Nacional de Arte de Flamenco *(Mitte Nov)*. Alle drei Jahre in Córdoba (wieder 2022).

Dezember

Nochebuena *(24. Dez)*. An Heiligabend trifft sich die ganze Familie und geht gemeinsam zur Christmette.
△ **Fiesta de los Verdiales** *(28. Dez)*. Musikgruppen, die *pandas,* spielen *verdiales* – maurische Volksmusik – in Málaga.

KURZE GESCHICHTE

Andalusiens Identität ist geprägt durch die verschiedenen Kulturen, die sich im Lauf der Jahrhunderte in der Region ansiedelten. Die Spuren, die sie hinterließen, machen Andalusien zum faszinierenden Reiseziel. Besonders groß war der Einfluss der Mauren.

Frühzeit
Um etwa 800 000 v. Chr. siedelten die ersten Menschen auf der Iberischen Halbinsel. Ab 5000 v. Chr. wurden diese Jäger und Sammler von steinzeitlichen Bauern verdrängt. Danach kamen, beginnend mit den Phöniziern um etwa 1100 v. Chr., Händler über das Mittelmeer. Es entstand ein Handelszentrum in Cádiz, das somit zu den ältesten Städten Europas zählt. Um 600 v. Chr. folgten die Griechen. Inzwischen hatten sich Kelten mit Iberern zu Keltiberern vermischt. All diese Kulturen koexistierten bis zur Invasion der Karthager 500 v. Chr.

1 Karte der römischen Hispania mit ihren Provinzen
2 Malerei in der Cueva de los Letreros, Almería
3 Römisches Mosaik in Itálica
4 Kunstvolle Verzierung in der Alhambra in Granada

Chronik

800 000 v. Chr.
Hominiden leben im Gebiet von Cádiz

50 000 v. Chr.
Neandertaler bewohnen Gibraltar

1100 v. Chr.
Phönizier gründen das heutige Cádiz

500 v. Chr.
Karthago kolonisiert Südspanien

218 v. Chr.
Beginn des Zweiten Punischen Kriegs; Rom erobert Spanien

Baetica

Die Römer strebten danach, die Expansion der Karthager aufzuhalten. Nach dem Zweiten Punischen Krieg übernahmen sie Iberien von den Karthagern, nannten das Land Hispania und unterteilten es in drei Provinzen: Tarraconensis, Lusitania und Baetica. Andalusien entspricht in etwa Baetica, das dank Weizen und Olivenöl rasch eine der wohlhabendsten Provinzen Roms wurde. Nach dem Fall des Weströmischen Reichs 476 fiel Hispania in die Hände der Westgoten, eines germanischen Nomadenstammes.

Al-Andalus

Nordafrikanische Araber und Berber machten sich 711 die mangelhafte politische Organisation der Westgoten zunutze und eroberten die spanische Halbinsel. Zu seinen Hochzeiten erstreckte sich ihr Reich al-Andalus von Andalusien bis Südfrankreich. Die folgenden 700 Jahre waren eine Blütezeit der Mathematik, Wissenschaft, Kunst und Architektur. In Córdoba wurde 929 ein reiches und mächtiges Kalifat errichtet, und die Stadt wurde zum Zentrum des Fortschritts in al-Andalus.

Schon gewusst?

Das römische Hispania bedeutet »nahes Spanien«.

---

201 v. Chr.
Karthago verliert spanische Besitzungen an die Römer

415
Westgoten kommen aus Nordeuropa nach Spanien; 61 Jahre später kontrollieren sie das ganze Land

476
Fall des Weströmischen Reichs; Hispania wird von den Westgoten kontrolliert

711
Die Mauren übernehmen die Herrschaft in der Region

716
Erste Münzen mit Prägung »al-Andalus«

Rückeroberung *(reconquista)*

In Nordspanien wehrten sich die Christen von Anfang an gegen die maurischen Besatzer. Bis zum 11. Jahrhundert war das Land in einen christlichen Norden und einen maurischen Süden geteilt. Córdoba und Sevilla fielen 1236 und 1248 wieder an die Christen, das Nasriden-Königreich Granada war die letzte maurische Enklave der Region.

Granada fiel 1492 an Isabel I von Kastilien und Fernando II von Aragón, die »Katholischen Könige«. Von ihrem Königshof in der Alhambra aus sandten sie Christoph Kolumbus auf seine erste Expedition.

Zeitalter der Entdeckungen

In den folgenden Jahren reisten *conquistadores* nach Zentral- und Südamerika, gündeten Kolonien für die spanische Krone und kehrten mit großen Reichtümern zurück. 1503 wurde in Sevilla die Casa de Contratación (Handelshaus) errichtet, die der Stadt ein Handelsmonopol mit Amerika verschaffte. Sevilla blühte auf, großartige Gebäude wurden errichtet, und die Bevölkerung wuchs. Als der Habsburger König Carlos I im Jahr

Schule von Sevilla

In Sevillas Academia de Bellas Artes ausgebildete Künstler wie Velázquez, Murillo und Zurbarán erlangten im 17. Jahrhundert mit ihren religiösen Werken in ganz Europa Berühmtheit. Mithilfe der »chiaroscuro« genannten Technik (Licht und Schatten) ließen sie die Figuren auf ihren Bildern erscheinen, als seien sie in himmlisches Licht getaucht.

Chronik

1212
Erster Sieg der Christen in Andalusien bei Las Navas de Tolosa

1236
Fernando III erobert Córdoba und zwölf Jahre später auch Sevilla

1252–84
Alfonso X erobert einen Großteil Andalusiens von den Mauren zurück

1492
Mit der Übergabe von Granada an die Katholischen Könige endet die *reconquista*; Kolumbus segelt nach Amerika

1516 Kaiser des Heiligen Römischen Reichs wurde, wurde Spanien zum mächtigsten Staat Europas. Doch Kriege mit den Niederlanden und Frankreich kosteten viel Geld, der wichtige Hafen Sevilla begann zu verarmen. Als im 18. Jahrhundert der Guadalquivir verschlammte, ging das Handelsmonopol an Cádiz über.

Bourbonenkönige

Als Carlos II ohne Erben verstarb, kämpften Habsburger und Bourbonen um die spanische Krone. Die siegreichen Bourbonen verwickelten Spanien aufgrund ihrer Verbindungen zu Frankreich in die Napoleonischen Kriege. Nach der Schlacht von Trafalgar 1805 dankte der spanische König Carlos IV 1808 ab, und Napoléon Bonaparte setzte seinen Bruder als spanischen König ein. Im Zuge des Spanischen Unabhängigkeitskriegs wurden die Franzosen schließlich mit britischer Hilfe aus Spanien vertrieben. Doch das Land war geschwächt, und Andalusien, dessen Wirtschaft fast ausschließlich auf den Handel mit Amerika angewiesen war, litt unter dem Verlust der Kolonien Ende des 19. Jahrhunderts.

1 *Zwangstaufe von Muslimen während der* reconquista

2 *Sevillas prosperierender Hafen im 17. Jahrhundert*

3 *Innenhof in Sevillas Casa de Contratación*

4 *Porträt von König Carlos IV, der 1808 abdankte*

1580 Sevilla wird größte Stadt in Spanien

1605 Cervantes wirkt in Madrid und Sevilla, veröffentlicht *Don Quijote*

1717 Das Handelsmonopol wechselt von Sevilla nach Cádiz

1898 Kubanischer Krieg; Spanien verliert letzte Kolonien, darunter Kuba und die Philippinen

Bürgerkrieg

Andalusiens Abstieg setzte sich fort. Zu Beginn des 20. Jahrhunderts führten die tief verwurzelten feudalen Strukturen zu sozialen Unruhen. 1923 kam der Diktator Primo de Rivera an die Macht, der jedoch aufgrund fehlender Unterstützung durch König und Armee 1930 zurücktrat. Auch Alfonso XIII musste abdanken. 1931 wurde die Zweite Republik ausgerufen.

Die Zweite Republik leitete liberale Maßnahmen ein, doch die Confederación Española de Derechas Autónomas – eine konservative Partei – gewann die Wahlen 1933. Aufstände der Anarchisten und Sozialisten folgten, bei der Wahl 1936 siegte die liberale Volksfront knapp über die rechte Nationale Front, schließlich brach der Bürgerkrieg aus. Ausgehend von einer Militärrevolte in Marokko marschierten Nationalisten unter General Franco in Spanien ein und erklärten der Republik den Krieg. Andalusien fiel rasch an die Nationalisten, von dort aus betrieb Franco die weitere Eroberung des Landes. 1939 erklärte er den Krieg als beendet und setzte sich als Diktator ein. Andalusien litt brutal unter der faschistischen Regierung, nach Schätzungen verloren mehr als 50 000 Menschen ihr Leben.

1 *Plakat mit nationalistischer Propaganda aus dem Spanischen Bürgerkrieg*

2 *Felipe González, Führer der spanischen sozialistischen Arbeiterpartei PSOE und dritter Premierminister Spaniens, bei einer Rede vor dem Parlament nach dem Rücktritt von Adolfo Suárez 1981*

3 *Der Flamenco gehört noch heute zu Spanien*

Chronik

1923 Diktatur von General Primo de Rivera

1931 Ausrufung der Zweiten Republik; Koalition zwischen Sozialisten und Republikanern

1936 Aufstand der Nationalisten; Beginn des Bürgerkriegs

1939 Franco ruft den Sieg aus und erhebt sich zum Diktator

1975 Tod Francos; Juan Carlos besteigt den Thron

Sevilla und Andalusien heute

Juan Carlos, der Enkel von Alfonso XIII, folgte auf Franco, entschied sich jedoch, dessen absolute Machtposition nicht zu übernehmen. Er führte die konstitutionelle Monarchie als Staatsform in Spanien ein. Der aus Sevilla stammende Felipe González wurde 1982 der dritte Premierminister Spaniens. Infolge der zentralistischen Macht, die ihnen jahrzehntelang aufgezwungen worden war, strebten Spaniens Regionen nach größerer Unabhängigkeit – Andalusien wurde noch im selben Jahr zu einer der 17 autonomen Regionen Spaniens. 1986 trat Spanien der EWG – der Vorläuferorganisation der EU – bei. Es setzte ein wirtschaftlicher Aufschwung ein. Ein modernisiertes Sevilla war Gastgeber der Expo '92.

2007 billigte das spanische Parlament den Autonomiestatus Andalusiens. Die Wirtschaftskrise 2008 verschonte auch Andalusien nicht. Trotz der blühenden Tourismusindustrie erholte sich die Wirtschaft in der Region nur langsam, politische Spannungen nahmen zu. Die ultrarechte Partei Vox ging zwar gestärkt aus den spanischen Wahlen 2019 hervor, siegreich war jedoch die sozialistische Partido Socialista Obrero Español.

Federico García Lorca

Der 1898 in Granada geborene Lorca, der modernistische und symbolistische Gedichte und Theaterstücke schuf, ist der vermutlich berühmteste Schriftsteller Andalusiens. Er wurde 1936, kurz nach Beginn des Spanischen Bürgerkriegs, von nationalistischen Kräften ermordet. Unter Francos Diktatur wurden seine Werke zensiert.

1992
Expo '92 in Sevilla; rund 41 Millionen Besucher kommen in die Stadt

2009
Andalusiens erste U-Bahn in Sevilla eröffnet

2018
Marta Bosquet wird Präsidentin des andalusischen Parlaments

2014
König Juan Carlos dankt zugunsten seines Sohnes Felipe VI ab

SEVILLA
ERLEBEN

Restaurant an der Calle Mateos Gago

El Arenal **62**

Santa Cruz **72**

La Macarena **94**

Parque de María Luisa **106**

Triana **118**

SEVILLA
AUF DER KARTE

Der Vis-à-Vis Sevilla & Andalusien unterteilt die Stadt Sevilla in vier Bereiche: El Arenal, Santa Cruz, La Macarena und Parque de María Luisa sind auf dieser Karte dargestellt. Das Viertel Triana wird in einem eigenen Kapitel beschrieben *(siehe S. 118–125)*.

CAMAS

AVENIDA CARLOS III

CALLE AMÉRICO VESPUCIO

Monasterio de Santa María de las Cuevas

Centro Andaluz de Arte Contemporáneo

Pasarela la Cartuja

CaixaForum

CAMINO DE LOS DESCUBRIMIENTOS

Torre Sevilla

Torre Schindler

Parque Magallanes

Puente de la Señorita

Puente del Patrocinio

AV. EXPO '92

Puente del Cachorro (Chapina)

CALLE DE CASTILLA

LA PAÑOLETA

Guadalquivir

CTRA. CÁDIZ-HUELVA

Parque de la Vega de Triana

TRIANA

CALLE SAN JACINTO

CALLE EVANGELISTA

BARRIADA EL CARMEN

AVENIDA DE LA REPÚBLICA ARGENTINA

Spanien

Atlantischer Ozean

FRANKREICH

Bilbao • • Santander

PORTUGAL

SPANIEN

• Barcelona

• Madrid • Valencia

• Sevilla

Mittelmeer

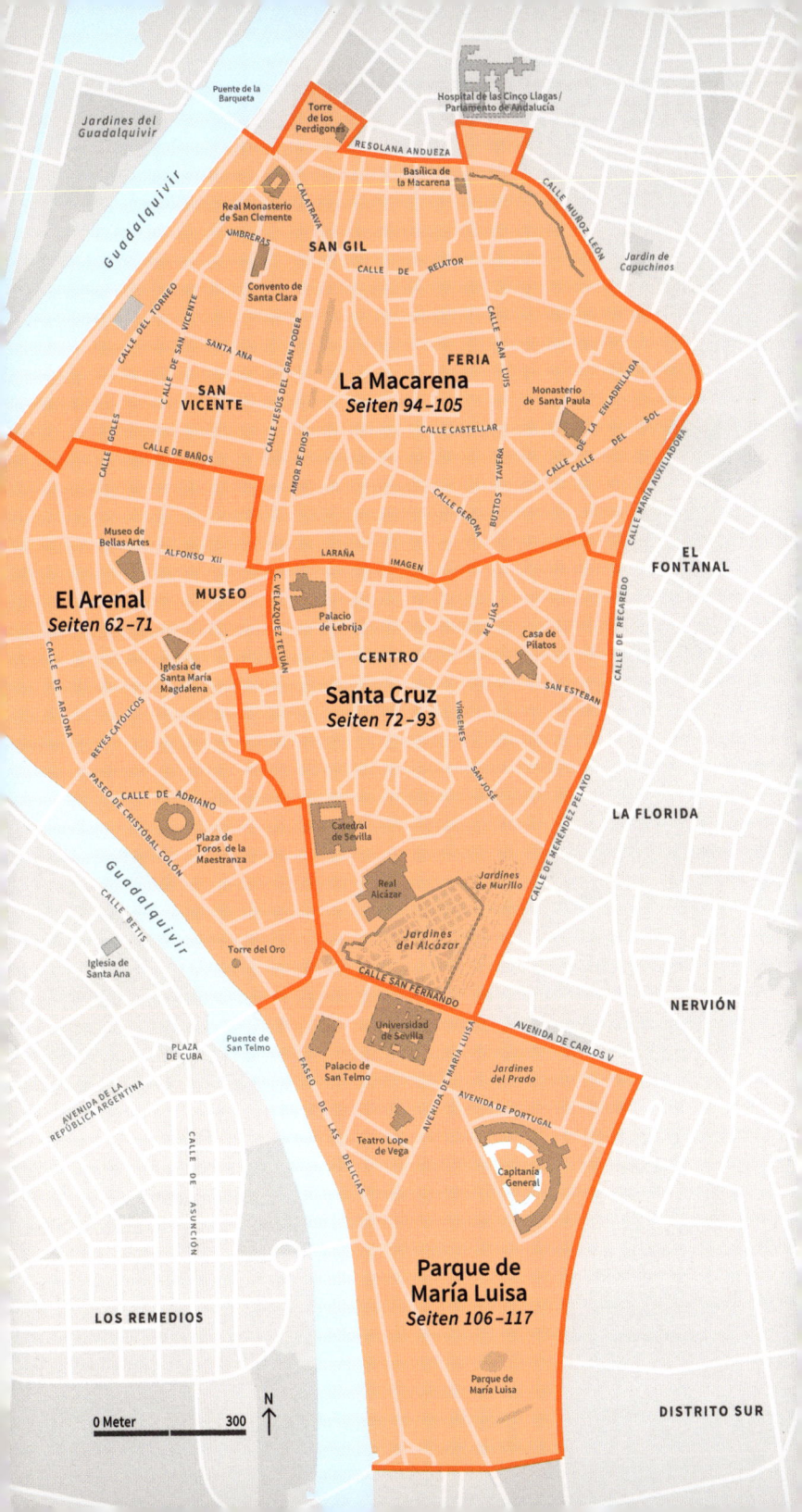

El Arenal
Seiten 62–71

La Macarena
Seiten 94–105

Santa Cruz
Seiten 72–93

Parque de María Luisa
Seiten 106–117

SAN GIL

FERIA

SAN VICENTE

MUSEO

CENTRO

EL FONTANAL

LA FLORIDA

NERVIÓN

LOS REMEDIOS

DISTRITO SUR

Jardines del Guadalquivir
Puente de la Barqueta
Torre de los Perdigones
Hospital de las Cinco Llagas / Parlamento de Andalucía
RESOLANA ANDUEZA
Basílica de la Macarena
CALLE MUÑOZ LEÓN
Guadalquivir
CALATRAVA
Real Monasterio de San Clemente
UMBRERAS
CALLE DE RELATOR
Jardín de Capuchinos
Convento de Santa Clara
CALLE DEL TORNEO
CALLE DE SAN VICENTE
SANTA ANA
CALLE SAN LUIS
Monasterio de Santa Paula
CALLE DE LA ENLADRILLADA
CALLE JESÚS DEL GRAN PODER
CALLE CASTELLAR
CALLE DEL SOL
CALLE GOLES
CALLE DE BAÑOS
AMOR DE DIOS
BUSTOS TAVERA
CALLE GERONA
CALLE MARÍA AUXILIADORA
ALFONSO XII
Museo de Bellas Artes
LARAÑA
IMAGEN
MEJÍAS
CALLE DE RECAREDO
C. VELÁZQUEZ / TETUÁN
Palacio de Lebrija
Casa de Pilatos
CALLE DE ARJONA
Iglesia de Santa María Magdalena
SAN ESTEBAN
REYES CATÓLICOS
VIRGENES
SAN JOSÉ
CALLE DE MENÉNDEZ PELAYO
PASEO DE CRISTÓBAL COLÓN
CALLE DE ADRIANO
Catedral de Sevilla
Plaza de Toros de la Maestranza
Real Alcázar
Jardines de Murillo
Guadalquivir
CALLE BETIS
Iglesia de Santa Ana
Torre del Oro
Jardines del Alcázar
CALLE SAN FERNANDO
PLAZA DE CUBA
Puente de San Telmo
Universidad de Sevilla
AVENIDA DE CARLOS V
AVENIDA DE LA REPÚBLICA ARGENTINA
CALLE DE ASUNCIÓN
Palacio de San Telmo
Jardines del Prado
PASEO DE LAS DELICIAS
Teatro Lope de Vega
AVENIDA DE MARÍA LUISA
AVENIDA DE PORTUGAL
Capitanía General
Parque de María Luisa

0 Meter 300
N

DIE STADTTEILE
SEVILLAS

Sevilla, eine der romantischsten Städte der Welt, setzt sich aus ganz unterschiedlichen, aber bezaubernden Vierteln zusammen. Das Herz der Stadt schlägt östlich des Guadalquivir – dort befinden sich die wichtigsten Sehenswürdigkeiten, aber auch westlich des Flusses ist es wunderschön.

El Arenal

In El Arenal, dem Gebiet zwischen der Avenida de la Constitución und dem Guadalquivir, befand sich einst der Hafen der Stadt. In *freidurías* (Fischbratereien) kann man frisch Gebratenes – von Kabeljau bis Tintenfisch – in Papier verpackt mitnehmen und am Fluss genießen. In den kopfsteingepflasterten Gassen finden sich altmodische Tapas-Bars und *abacerías* (Kramerläden), die Marmeladen und iberische Schinken verkaufen, ebenso wie schicke Gastropubs.

Entdecken
Altmodische Bars und Restaurants

Sehenswert
Museo de Bellas Artes

Genießen
Radtour entlang dem Fluss

Santa Cruz

Im ältesten Viertel Sevillas liegen viele der bekanntesten Sehenswürdigkeiten der Stadt, darunter die Catedral de Sevilla und der Königspalast Real Alcázar. In dem Gewirr aus kopfsteingepflasterten Gassen und kleinen Höfen nordöstlich dieser beiden Bauwerke spaziert man vorbei an mit Blumen geschmückten Balkonen und Fensterbänken, hört Flamenco-Klänge und riecht süßen Jasmin. An der Calle Sierpes, der beliebtesten Einkaufsstraße Sevillas, bieten Läden Hüte, Fächer und *mantillas* (Tücher aus Spitze) an.

Entdecken
Historische Bauwerke

Sehenswert
Catedral de Sevilla
und Giralda, Real Alcázar

Genießen
Bei einer Führung durch die Kathedrale die bunten Glasfenster aus der Nähe sehen

La Macarena

Seiten 94–105

Das wenig besuchte Viertel im Norden Sevillas bietet authentisches Flair – mit kleinen Theatern, Buchläden und Boutiquen, Vintage-Läden und marokkanischen Teehäusern, bezaubernden Kirchen, prächtigen Palais und einfachen Wohnhäusern. Die breite Promenade Alameda de Hércules im Zentrum des Viertels säumen Bars, Restaurants und Marktstände. Livemusik, Tanz und weitere Attraktionen machen den Boulevard Tag und Nacht zum Anziehungspunkt.

Entdecken
Authentisches Alltagsleben

Sehenswert
Historische Kirchen und moderne Bauwerke

Genießen
Bummel über den Flohmarkt an der Calle de la Feria an einem Donnerstag

Parque de María Luisa

Seiten 106–117

Der Park bietet mit Teichen, hübschen Springbrunnen, von Bougainvilleen überzogenen Lauben und saftig grünen Rasenflächen Erholung vom Trubel der Stadt. Er lädt zum Spazierengehen und Picknicken ein, auf dem Kanal an der Plaza de España kann man Bootsfahrten unternehmen. Sehenswert sind auch die für die Exposición Iberoamericana 1929 erbauten Pavillons, in denen sich Museen, Teehäuser und – nach Sonnenuntergang – Open-Air-Clubs befinden.

Entdecken
Spaziergang im Grünen

Sehenswert
Parque de María Luisa

Genießen
Mit dem Ruderboot an der Plaza de España entlang- und unter märchenhaften Brücken hindurchfahren

Triana

An den kopfsteingepflasterten Straßen des Viertels am Westufer des Guadalquivir liegen traditionelle Keramikwerkstätten und *peñas* (Flamenco-Lokale), die vom Klang der Gitarrren und Kastagnetten erfüllt sind. Auf der Isla de la Cartuja, weiter nördlich, locken das alte Kloster und die moderne Torre Sevilla Besucher an. Von der Aussichtsplattform des von den Einheimischen augenzwinkernd »Lippenstift« genannten Wolkenkratzers eröffnet sich ein herrlicher Blick über die Stadt. Auch in den Cafés und Bars am Flussufer in Triana genießt man wunderschöne Ausblicke.

Seiten 118–125

Entdecken
Echter Flamenco

Sehenswert
Triana

Genießen
In Triana selbst Fliesen herstellen und bemalen

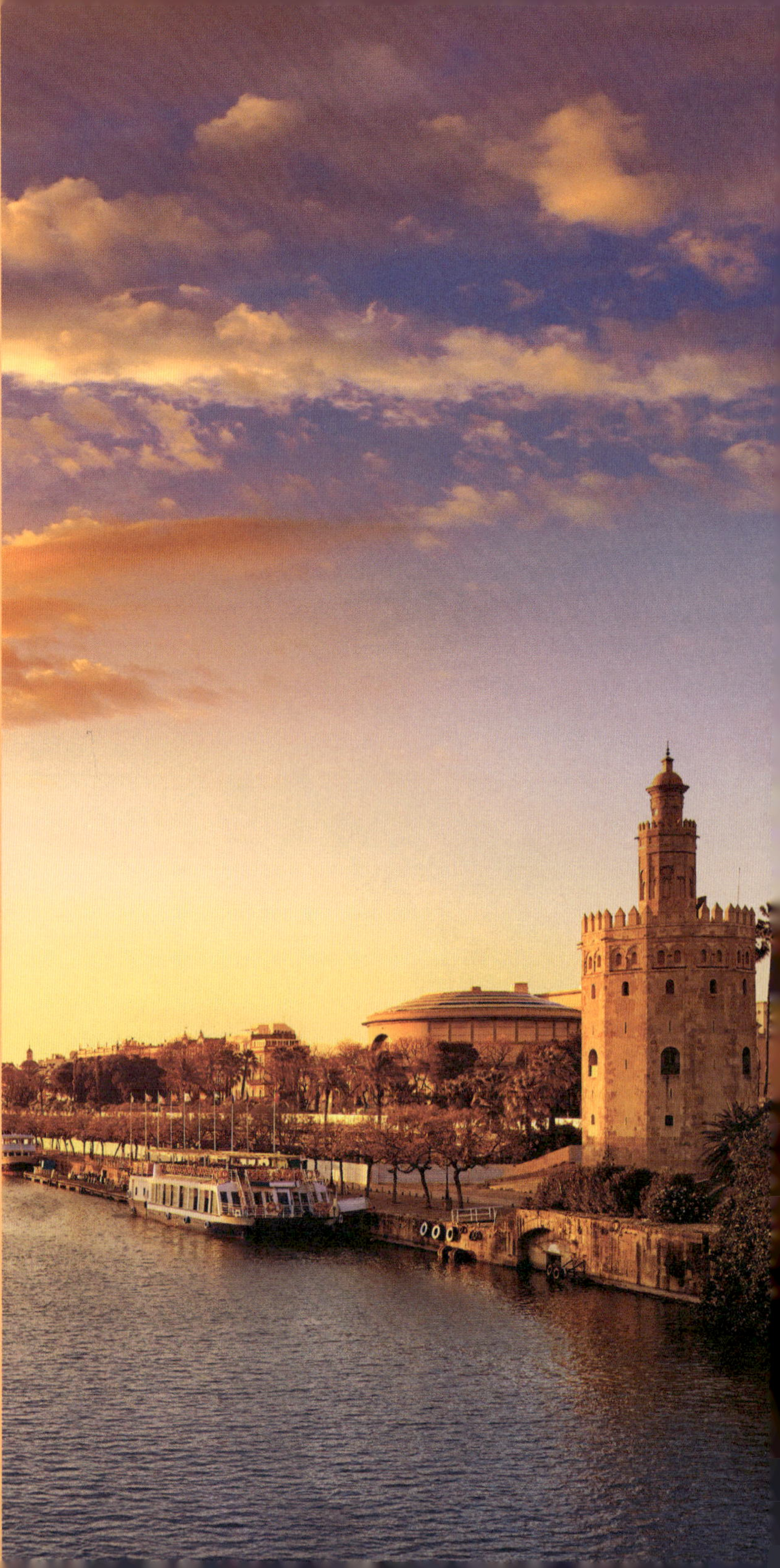

Die Torre del Oro am Ufer des Guadalquivir (siehe S. 69)

El Arenal

Wahrzeichen des am Ufer des Guadalquivir gelegenen Viertels ist die aus dem 13. Jahrhundert stammende Torre del Oro. In El Arenal befanden sich einst zahlreiche Munitionslager und Werften. Nach der Entdeckung Amerikas durch Christoph Kolumbus erlangte Sevilla als letzte für Schiffe flussaufwärts erreichbare Stadt große wirtschaftliche Bedeutung: Dem Hafen wurde das Monopol für den Handel mit Übersee zugesprochen. Dank der aus der Neuen Welt eintreffenden Reichtümer erblühte das Viertel El Arenal.

Nachdem das Handelsmonopol im 18. Jahrhundert an Cádiz übergegangen war, verlor der Guadalquivir – einst Lebensader der Stadt – an Bedeutung. Man ließ den Fluss versanden. Ende des 18. Jahrhunderts war das an die Stadtmauern grenzende El Arenal zum berüchtigten Viertel der Unterwelt geworden. Anfang des 20. Jahrhunderts wurde der Guadalquivir kanalisiert und bis zur Expo '92 wieder schiffbar gemacht. Das östliche Ufer wurde in eine schattige Promenade verwandelt, die herrlichen Blick auf das Viertel Triana und die Isla de la Cartuja auf der gegenüberliegenden Seite des Flusses bietet.

Map of Seville

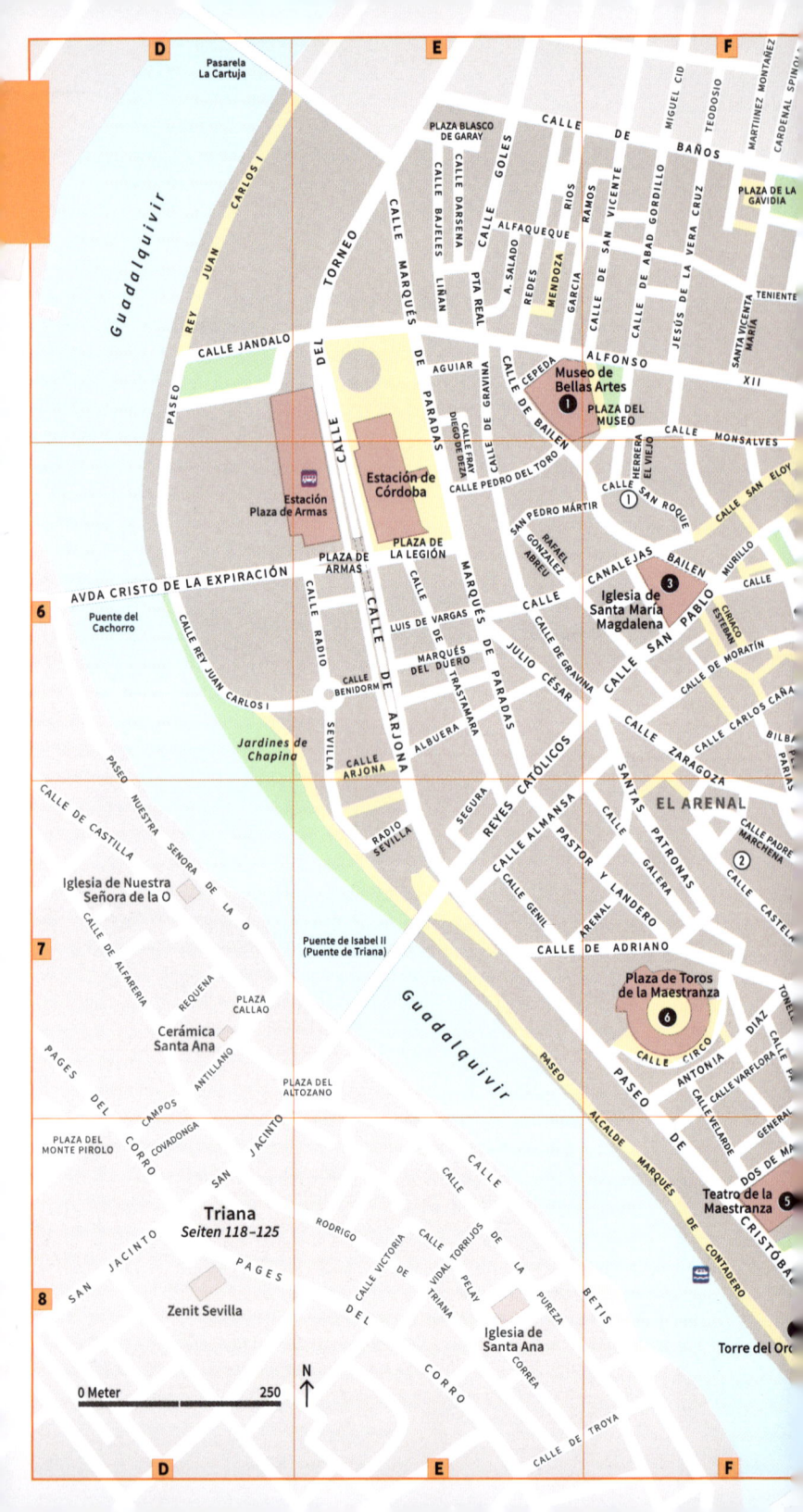

Grid references: D, E, F (top and bottom); rows 6, 7, 8

Streets and Places

Upper area (rows above 6):
- Pasarela La Cartuja
- Guadalquivir
- PASEO REY JUAN CARLOS I
- CALLE JANDALO
- CALLE DEL TORNEO
- CALLE MARQUES DE PARADAS
- PLAZA BLASCO DE GARAY
- CALLE GOLES
- CALLE DARSENA
- CALLE BAJELES
- CALLE LIÑAN
- PTA REAL
- ALFAQUEQUE
- A. SALADO
- REDES
- MENDOZA
- GARCIA
- RIOS
- RAMOS
- CALLE DE SAN VICENTE
- CALLE DE ABAD GORDILLO
- CALLE DE LA VERA CRUZ
- MIGUEL CID
- TEODOSIO
- MARTINEZ MONTAÑEZ
- CARDENAL SPINOLA
- CALLE DE BAÑOS
- PLAZA DE LA GAVIDIA
- TENIENTE
- JESÚS DE LA
- SANTA VICENTA MARIA
- ALFONSO XII
- CALLE AGUIAR
- CALLE FRAY DIEGO DE DEZA
- CALLE DE GRAVINA
- CALLE CEPEDA
- CALLE DE BAILEN
- Museo de Bellas Artes ❶
- PLAZA DEL MUSEO
- CALLE MONSALVES
- CALLE PEDRO DEL TORO
- Estación Plaza de Armas
- Estación de Córdoba
- PLAZA DE LA LEGIÓN
- SAN PEDRO MÁRTIR
- RAFAEL GONZALEZ ABREUL
- HERRERA EL VIEJO
- CALLE SAN ROQUE ①
- CALLE SAN ELOY

Row 6

- AVDA CRISTO DE LA EXPIRACIÓN
- Puente del Cachorro
- PLAZA DE ARMAS
- CALLE RADIO SEVILLA
- CALLE DE ARJONA
- CALLE LUIS DE VARGAS
- CALLE MARQUES DEL DUERO
- CALLE BENIDORM
- MARQUÉS DE PARADAS
- JULIO CÉSAR
- CALLE DE GRAVINA
- CANALEJAS
- BAILEN
- CALLE SAN PABLO
- Iglesia de Santa María Magdalena ❸
- MURILLO
- CIRIACO ESTEBAN
- CALLE DE MORATÍN
- CALLE REY JUAN CARLOS I
- CALLE TRASTAMARA
- ALBUERA
- CALLE ZARAGOZA
- CALLE CARLOS CAÑA
- BILBA
- PARIAS

Row 7

- PASEO NUESTRA SEÑORA DE LA O
- CALLE DE CASTILLA
- Iglesia de Nuestra Señora de la O
- CALLE DE ALFARERIA
- REQUENA
- PLAZA CALLAO
- PAGES DEL CORRO
- ANTILLANO
- Cerámica Santa Ana
- PLAZA DEL ALTOZANO
- Jardines de Chapina
- CALLE SEVILLA
- CALLE ARJONA
- RADIO SEVILLA
- SEGURA
- REYES CATÓLICOS
- CALLE ALMANSA
- PASTOR Y LANDERO
- CALLE GENIL
- CALLE GALERA
- SANTAS PATRONAS
- EL ARENAL
- CALLE ARENAL
- CALLE PADRE MARCHENA ②
- CALLE CASTELA
- Puente de Isabel II (Puente de Triana)
- CALLE DE ADRIANO
- Guadalquivir
- Plaza de Toros de la Maestranza ❻
- CALLE CIRCO
- CALLE ANTONIA DIAZ
- CALLE VARFLORA
- CALLE VELARDE
- DOS DE MA
- GENERAL

Row 8

- PLAZA DEL MONTE PIROLO
- CALLE COVADONGA
- SAN JACINTO
- J. JACINTO
- **Triana** *Seiten 118–125*
- SAN JACINTO
- PAGES
- Zenit Sevilla
- RODRIGO
- CALLE VICTORIA DE
- CALLE VIDAL PELAY
- CALLE TORRIJOS DE LA
- PUREZA
- Iglesia de Santa Ana
- CORREA
- CORRO DEL
- BETIS
- PASEO ALCALDE MARQUÉS DE CONTADERO
- CRISTÓBAL
- Teatro de la Maestranza ❺
- Torre del Oro
- CALLE DE TROYA

Scale: 0 Meter — 250

N ↑ (north arrow)

El Arenal

Highlight
1. Museo de Bellas Artes

Sehenswürdigkeiten
2. Hospital de la Caridad
3. Iglesia de Santa María Magdalena
4. Torre del Oro
5. Teatro de la Maestranza
6. Plaza de Toros de la Maestranza

Restaurant
① La Casapuerta

Hotel
② Hotel Mercer Sevilla

La Macarena
Seiten 94–105

Santa Cruz
Seiten 72–93

Parque de María Luisa
Seiten 106–117

… 🏛️ 🛍️ ♿

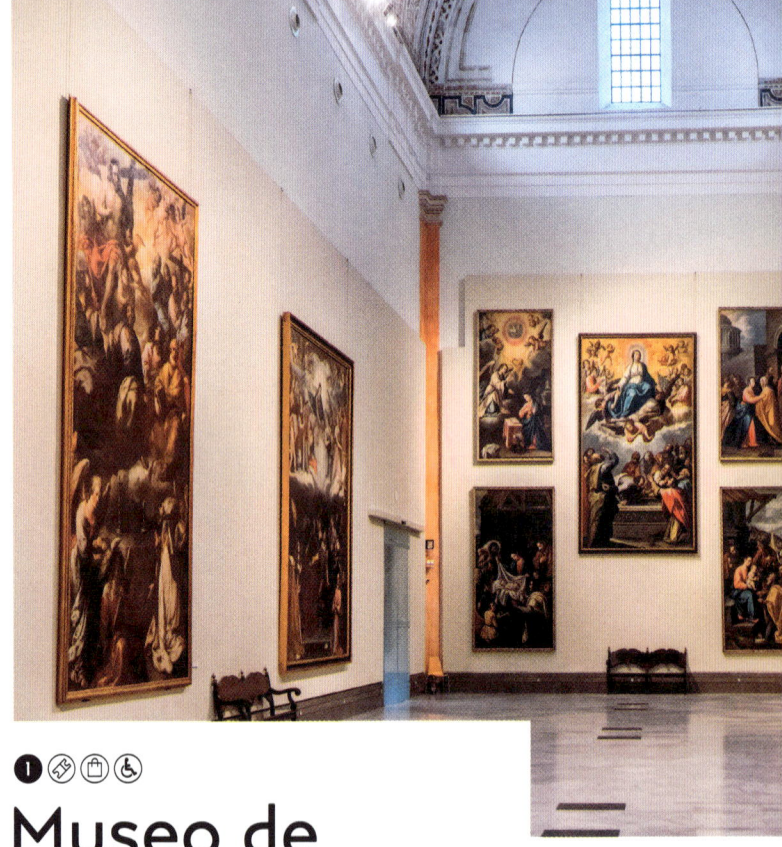

Museo de Bellas Artes

📍 E5 🏠 Plaza del Museo 9 📞 +34 955 54 29 42 🚌 6, 43, C3, C4, C5 🕒 Mitte Sep – Mitte Juni: tägl. 9 –20 (So bis 15); Mitte Juni – Mitte Sep: Di – So 9 –15 🌐 museosdeandalucia.es

Der Convento de la Merced Calzada wurde zu einem der schönsten Museen Spaniens umgebaut. Die eindrucksvolle Sammlung spanischer Gemälde und Skulpturen reicht vom Mittelalter bis in die Moderne. Der Schwerpunkt liegt auf der Schule von Sevilla (siehe S. 50) **mit Werken von Bartolomé Esteban Murillo, Juan de Valdés Leal und Francisco de Zurbarán.**

Die 1612 von Juan de Oviedo fertiggestellte Klosteranlage besitzt drei mit *azulejos* verzierte Kreuzgänge: Der Claustro Mayor ist der größte, den Claustro de los Bojes schmücken Säulen toskanischen Stils. Rundgänge durch das Museum beginnen am Claustro del Aljibe. Schilder führen chronologisch durch die Sammlung. Im Erdgeschoss reichen die Werke vom 14. Jahrhundert bis zum Barock, im Obergeschoss vom Barock bis zum frühen 20. Jahrhundert. Zu den Highlights zählt *La Virgen de la Servilleta* von Bartolomé Esteban Murillo. Das angeblich auf eine Serviette *(servilleta)* gemalte Bild der Jungfrau mit Kind befindet sich in der restaurierten Klosterkirche mit dem von Domingo Martínez im 18. Jahrhundert wunderschön bemalten Deckengewölbe. Ein Ausstellungssaal des Museums ist den kraftvollen religiösen Gemälden von Juan de Valdés Leal vorbehalten.

> **Expertentipp**
> **Kunstmarkt**
>
> Auf der Plaza del Museo finden sich jeden Sonntagvormittag mehr als 40 Künstler ein. Die von ihnen verkauften Werke reichen von Fotografien über Skulpturen bis zu Gemälden. An den Ständen kann man Arbeiten vieler aufstrebender Talente entdecken.

Highlight

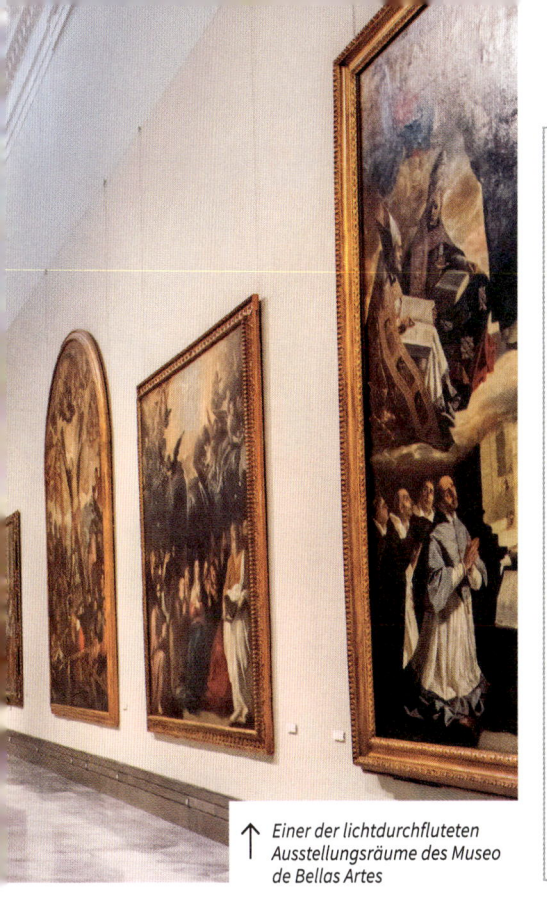

TOP 5 Großartige Werke

La Servilleta (1665–68)
Murillos Gemälde zeigt die Jungfrau mit Kind.

San Hugo en el Refectorio de los Cartujos (1655)
Zurbarán schuf das Bild, auf dem Mönche Fleisch als Mahlzeit ablehnen, für das Monasterio de Santa María de las Cuevas *(siehe S. 124)*.

San Jerónimo (1528)
Die Skulptur stammt von Pietro Torrigiano.

La Inmaculada (1672)
Das Bild hängt im Valdés gewidmeten Saal 8.

Apoteosis de Santo Tomás de Aquino (1631)
Zurbaráns Gemälde hat kräftige Farben.

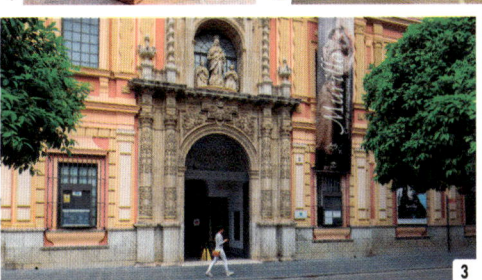

↑ *Einer der lichtdurchfluteten Ausstellungsräume des Museo de Bellas Artes*

1 *Brunnen im Claustro del Aljibe; der Kreuzgang ist Startpunkt für Rundgänge durch das Museum.*

2 *Die reich verzierten Klostergebäude bilden einen eindrucksvollen Rahmen für die ausgestellten Kunstwerke.*

3 *Der mit Säulen und Skulpturen geschmückte Haupteingang ist barocken Stils.*

Der mit Blattgold verkleidete Altar der Iglesia de Santa María Magdalena

SEHENSWÜRDIGKEITEN

❷
Hospital de la Caridad
📍 F8 🏠 Calle Temprado 3
Ⓜ️ 🚌 Puerta de Jerez 3, 21, 40, 41, C4, C5 📞 +34 954 22 32 32 🕐 Mo – Sa 10 –19:30, So 12:30 –14

Die 1674 gegründete karitative Einrichtung wird noch heute als Alten- und Pflegeheim genutzt. Im Garten gegenüber dem Eingang steht eine Statue ihres Stifters Miguel Mañara, der ein ausschweifendes Leben führte, ehe er einer christlichen Ordensgemeinschaft beitrat.

Den zweigeteilten Innenhof der Anlage zieren holländische Fliesen (18. Jh.) und Brunnen mit italienischen Statuen, die die Wohltätigkeit und die Barmherzigkeit darstellen. An der Nordseite führt ein Gang zu einem weiteren Hof mit einer Büste von Mañara und einem Bogen (13. Jh.), der Relikt der städtischen Werft ist.

Die Fassade der Kirche ist mit weiß gekalkten Wänden, Terrakotta-Mauerwerk und *azulejos (siehe S. 88)* ein herrliches Beispiel für den sevillanischen Barock. Im Inneren befinden sich einige Originalgemälde: Über dem Eingang hängt die morbide *Finis Gloriae Mundi*, gegenüber das schaurige *In Ictu Oculi* – beides Werke von Juan de Valdés Leal. Von Murillo stammen u. a. Darstellungen von Johannes dem Täufer und das Bild *Hl. Isabella von Ungarn bei der Heilung von Leprakranken*.

Wenn man vom Haupteingang des Gebäudes nach Süden blickt, sieht man die Torre de Plata (»Silberturm«), die an der Calle Santander steht. Wie die Torre del Oro war sie einst Teil der Stadtbefestigung.

Schon gewusst?
Miguel Mañara war angeblich Vorbild für die literarische Figur Don Juan.

❸
Iglesia de Santa María Magdalena
📍 F6 🏠 Calle San Pablo 10
🚌 Plaza Nueva 40, 41, 43, C5 📞 +34 954 22 96 03
🕐 Di – Do 11-13:30 und tägl. zu Gottesdiensten

Die von Leonardo de Figueroa (1650 –1730) entworfene riesige Barockkirche wurde 1709 fertiggestellt und vor Kurzem restauriert. Die mit drei Kuppeln versehene Mudéjar-Kapelle ist Relikt der Vorgängerkirche, in der 1618 der spanische Maler Bartolomé Esteban Murillo getauft wurde. Das Taufbecken im Baptisterium ist erhalten.

In der rechts vom Südeingang gelegenen Capilla Sacramental kann man das Gemälde *Der hl. Dominikus in Soria* von Francisco de Zurbarán bewundern. Über dem Altar befinden sich Fresken von Lucas Valdés. An der Wand des nördlichen Seitenschiffs ist ein Fresko mit der Darstellung eines Autodafés zu sehen.

Der Name Torre del Oro geht entweder auf eine golden reflektierende Verkleidung mit *azulejos* oder auf die Schätze aus der Neuen Welt zurück.

4
Torre del Oro
📍 F8 🏠 Paseo de Cristóbal Colón s/n Ⓜ️🚊 Puerta de Jerez 🚌 3, 6, 21, 40, 41, C3, C4, C5 📞 +34 954 22 24 19 🕐 tägl. 9:30 –18:45 (Sa & So ab 10:30) 🚫 Feiertage

Der maurische »Goldturm« war Teil der Befestigungsanlage, die den Real Alcázar *(siehe S. 78f)* schützte. Er wurde 1220 als Wachturm erbaut, als sich Sevilla unter der Herrschaft der Berber-Dynastie der Almohaden befand. Am gegenüberliegenden Ufer des Guadalquivir stand ein zweiter Turm. Um Schiffen die Weiterfahrt zu verwehren, konnte zwischen den beiden Türmen eine gewaltige Kette gespannt werden. 1760 wurde der runde Turmaufsatz hinzugefügt.

Der Name Torre del Oro geht entweder auf eine einst vorhandene Verkleidung mit *azulejos* zurück, die in der Sonne golden reflektierte, oder auf die Schätze aus der Neuen Welt, die am Turm entladen wurden. Die Torre del Oro diente später u. a. als Kapelle und als Gefängnis. Nun zeigt das Museo Marítimo in dem Turm Seekarten und Navigationsinstrumente.

5
Teatro de la Maestranza
📍 F8 🏠 Paseo de Cristóbal Colón 22 Ⓜ️🚊 Puerta de Jerez 🚌 3, 21, 40, 41, C4, C5 📞 +34 954 22 65 73 🕐 bei Aufführungen 🌐 teatrodelamaestranza.es

Das von Luis Marín de Terán und Aurelio del Pozo entworfene Theater und Opernhaus mit 1800 Plätzen wurde 1991 eröffnet. Wie viele der für die Expo '92 *(siehe S. 53)* errichteten Bauten ist es strengen Stils. Die Schmiedearbeiten an der Fassade wurden in den im 19. Jahrhundert in dem Areal ansässigen Munitionswerkstätten gefertigt. Die Kartenverkaufsstelle befindet sich im angrenzenden Jardín de la Caridad.

6
Plaza de Toros de la Maestranza
📍 F7 🏠 Paseo de Cristóbal Colón 12 Ⓜ️ Puerta de Jerez 🚊 Archivo de Indias 🚌 3, 21, 40, 41, C3, C4, C5 📞 +34 954 22 45 77 🕐 Apr – Okt: tägl. 9:30 – 21 (an Stierkampftagen bis 15); Nov – März: tägl. 9:30 – 19 🚫 25. Dez 🌐 realmaestranza.com

Sevillas Stierkampfarena gilt als schönste Spaniens. *Corridas* (Stierkämpfe) finden von Ostersonntag bis Oktober (meist sonntagabends) statt. Die von 1761 bis 1881 erbaute Arena mit weiß gekalkten Mauern und roten Absperrgittern fasst 12 500 Zuschauer. Sie ist von Arkaden umringt. Die Architektur beeindruckt auch jene, die Stierkämpfen kritisch gegenüberstehen.

Führungen beginnen beim Haupteingang am Paseo de Cristóbal Colón. Durch die Puerta del Príncipe (»Prinzentor«) an der Westseite werden siegreiche Toreros auf den Schultern ihrer Fans hinausgetragen. Die Tour führt an der *enfermería* (Nothospital) vorbei zu einem Museum über die Geschichte des Stierkampfs, das Kleidung, Porträts und Plakate zeigt. Danach sieht man die Kapelle, in der die Toreros um Erfolg beten, und die Ställe, in denen die Pferde der *picadores* (Lanzenreiter) untergebracht sind.

← *Statue des in Sevilla geborenen Toreros Curro Romero vor der Plaza de Toros de la Maestranza*

Restaurant

La Casapuerta
In dem hübschen Restaurant nahe dem Museo de Bellas Artes sind die Spargelkroketten besonders empfehlenswert.

📍 F6 🏠 Calle San Roque 13 📞 +34 722 19 94 16 🚫 Di

€€€

Hotel

Hotel Mercer Sevilla
Das Boutiquehotel ist in einem Gebäude aus dem 19. Jahrhundert untergebracht. Abends lockt die Bar auf der Dachterrasse.

📍 F7 🏠 Calle Castelar 26 🌐 mercersevilla.com

€€€

Spaziergang durch El Arenal

Länge 1,5 km **Metro** Puerta de Jerez **Dauer** 25 Minuten

In El Arenal, dem ehemaligen Hafenviertel Sevillas, befanden sich einst Munitionslager und das Hauptquartier der Artillerie. Heute ist das Viertel vor allem für die riesige Stierkampfarena, die Plaza de Toros de la Maestranza, und das trubelige Nachtleben bekannt. Besonders in der Stierkampfsaison sind die Bars und Restaurants voller Menschen. Am Flussufer steht eine der bekanntesten Sehenswürdigkeiten Sevillas: die maurische Torre del Oro. Die schattige Promenade am Paseo de Cristóbal Colón eignet sich hervorragend für einen Spaziergang.

Zur Orientierung
Siehe Stadtteilkarte S. 64f

Die **Plaza de Toros de la Maestranza**, Sevillas Stierkampfarena (18. Jh.), besitzt eine Barockfassade in Weiß und Ocker *(siehe S. 69)*.

Die Bronzeskulptur der **Carmen** aus der gleichnamigen Oper von Bizet steht gegenüber der Stierkampfarena.

Paseo Alcalde Marqués de Contadero

Das Theater und Opernhaus **Teatro de la Maestranza** wurde 1991 eröffnet. Es ist Sitz des Real Orquesta Sinfónica de Sevilla *(siehe S. 69)*.

← *Bei einem Spaziergang entlang dem Guadalquivir kommt man auch an der Torre del Oro vorbei*

Die Stierkampfarena Plaza de Toros de la Maestranza leuchtet in Weiß und Ocker

El Postigo ist ein Markt für Kunsthandwerk.

Casa Morales ist eine von vielen traditionellen Tapas-Bars in El Arenal.

An der Plaza de Cabildo verkauft **El Torno** in einem Kloster hergestellte Süßigkeiten.

Schon gewusst?

El Arenals Name stammt vom spanischen Wort für Sand *(arena)*, da sich hier einst sandiges Flussufer befand.

Die Wände der Barockkirche des **Hospital de la Caridad** zieren Gemälde von Bartolomé Esteban Murillo und Juan de Valdés Leal *(siehe S. 68)*.

Maestranza de Artillería

Die **Torre del Oro** wurde im 13. Jahrhundert zum Schutz des Hafens errichtet. Sie birgt heute ein kleines Marinemuseum *(siehe S. 69)*.

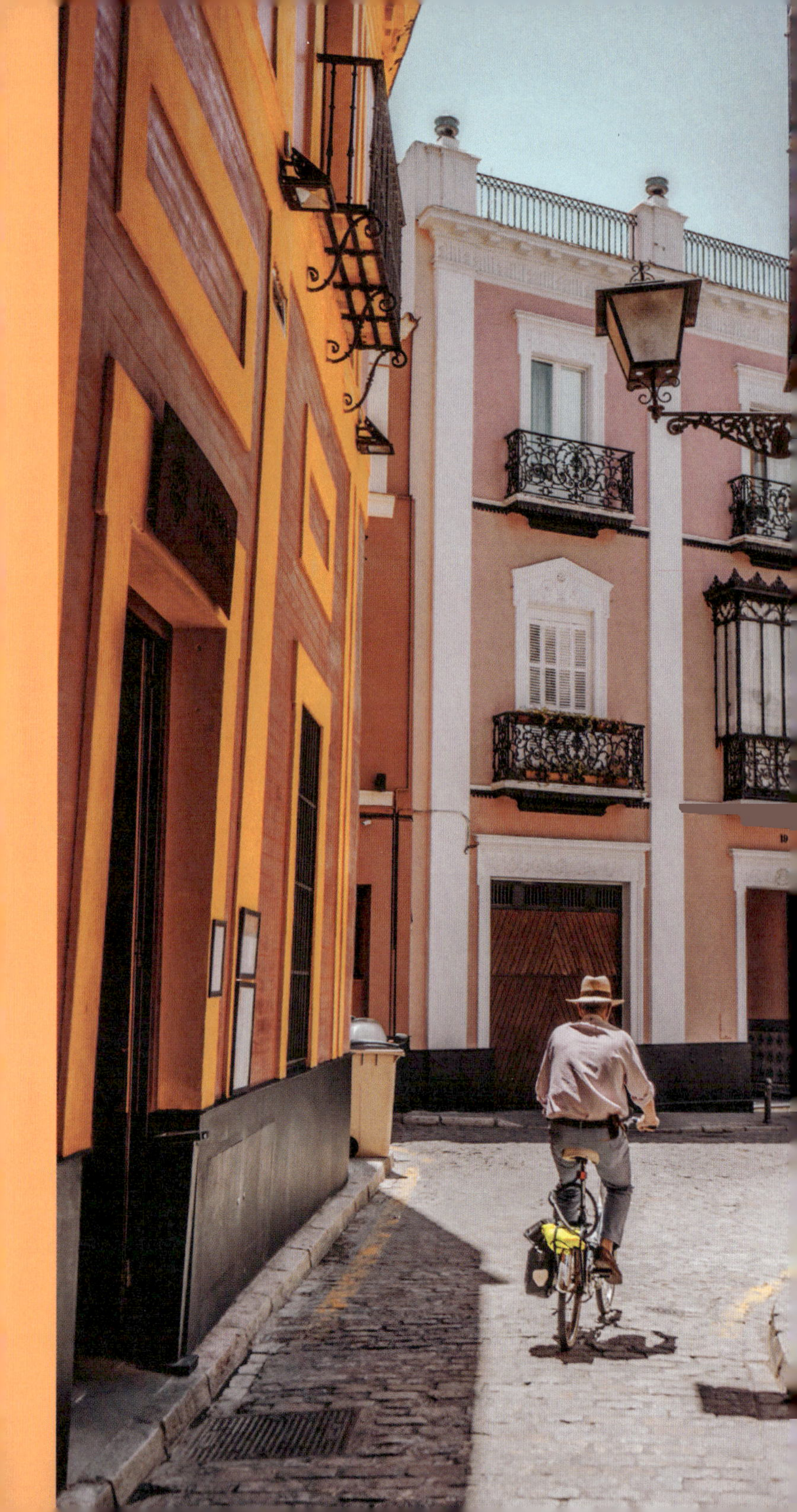

Radfahrer im Gassenlabyrinth von Santa Cruz

Santa Cruz

Das alte jüdische Viertel mit dem Gewirr aus weißen Gassen und malerischen Höfen gilt von jeher als der schönste Teil Sevillas. Nachdem Ferdinand III. 1248 die Stadt von den Mauren erobert hatte, wies er der jüdischen Bevölkerung Santa Cruz als Wohngebiet zu. 1492 wurden die Juden aus Spanien vertrieben. Das Viertel erlebte einen Niedergang, ehe es – wie der Rest der Stadt –Ende des 16. Jahrhunderts durch den Handel mit der Neuen Welt wieder erblühte. Das Archivo General de Indias informiert über die spanische Kolonialzeit.

Die bezaubernde Plaza del Salvador im Norden des Viertels dient in einigen Novellen von Miguel de Cervantes als Schauplatz, zum Beispiel in der Erzählung *Rinconete y Cortadillo*, in der sich der Autor mit dem im »Goldenen Zeitalter« des 16. Jahrhunderts erstarkten kriminellen Milieu beschäftigt. Santa Cruz bot auch vielen anderen Künstlern Inspiration: Der Maler Bartolomé Esteban Murillo lebte im 17. Jahrhundert in dem Viertel, sein Zeitgenosse Juan de Valdés Leal stattete das Hospital de los Venerables mit barocken Fresken aus.

Seit das Viertel im 18. Jahrhundert umfassend saniert wurde, ist es der meistbesuchte Stadtteil Sevillas. In Santa Cruz befinden sich einige der bekanntesten Sehenswürdigkeiten der Stadt, darunter die gotische Kathedrale mit der Giralda, der imposante Königspalast Real Alcázar und die üppig grünen Jardines del Alcázar.

Map of Seville (Central)

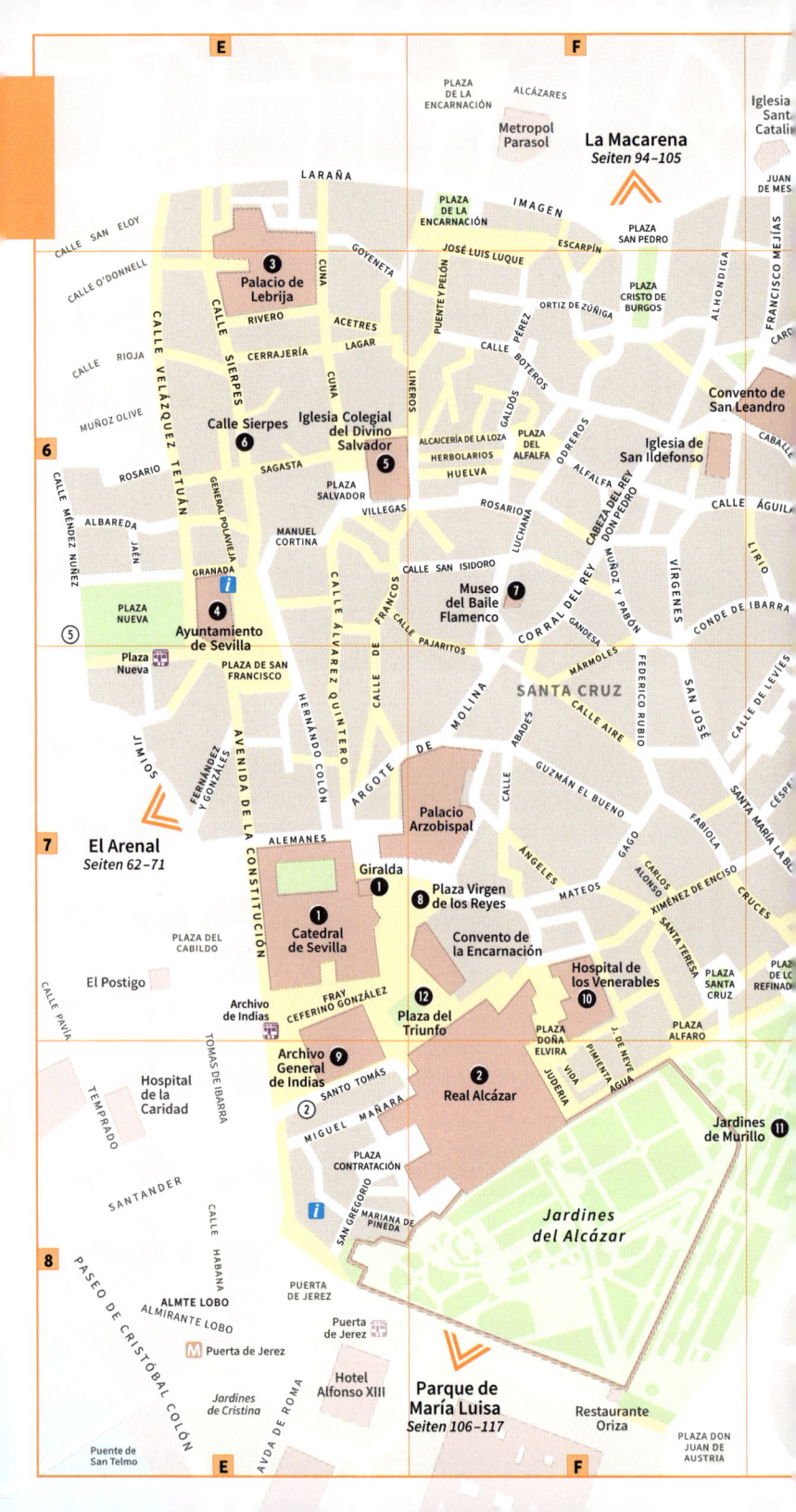

Grid references: E/F columns, rows 6–8

Labeled districts
- **La Macarena** — Seiten 94–105
- **El Arenal** — Seiten 62–71
- **Parque de María Luisa** — Seiten 106–117

Numbered points of interest
1. Catedral de Sevilla / Giralda
2. Real Alcázar
3. Palacio de Lebrija
4. Ayuntamiento de Sevilla
5. Iglesia Colegial del Divino Salvador
6. Calle Sierpes
7. Museo del Baile Flamenco
8. Plaza Virgen de los Reyes
9. Archivo General de Indias
10. Hospital de los Venerables
11. Jardines de Murillo
12. Plaza del Triunfo

Other labeled places
- Metropol Parasol
- Plaza de la Encarnación
- Alcázares
- Plaza San Pedro
- Plaza Cristo de Burgos
- Iglesia Santa Catalina
- Convento de San Leandro
- Iglesia de San Ildefonso
- Plaza del Alfalfa
- Plaza Salvador
- Plaza Nueva
- Plaza de San Francisco
- Santa Cruz
- Palacio Arzobispal
- Convento de la Encarnación
- Plaza Doña Elvira
- Plaza Alfaro
- Plaza Santa Cruz
- Archivo de Indias
- Plaza del Cabildo
- El Postigo
- Hospital de la Caridad
- Plaza Contratación
- Jardines del Alcázar
- Jardines de Cristina
- Hotel Alfonso XIII
- Puerta de Jerez
- Puente de San Telmo
- Restaurante Oriza
- Plaza Don Juan de Austria

Streets (selection)
Calle San Eloy, Calle O'Donnell, Calle Rioja, Muñoz Olive, Calle Méndez Núñez, Calle Velázquez, Tetuán, Calle Sierpes, Cuna, Rivero, Cerrajería, Acetres, Lagar, Puente y Pellón, Goyeneta, Laraña, Imagen, José Luis Luque, Escarpín, Ortiz de Zúñiga, Pérez Galdós, Calle Boteros, Alcaicería de la Loza, Herbolarios, Huelva, Sagasta, Manuel Cortina, Villegas, Alfalfa, Odreros, Cabeza del Rey Don Pedro, Muñoz y Pabón, Calle Águila, Lirio, Conde de Ibarra, Virgenes, Luchana, Rosarioa, Calle San Isidoro, Corral del Rey, Gandesa, Mármoles, Federico Rubio, Calle Aire, Calle de Leyes, San José, Santa María la Blanca, Céspedes, Albareda, Jaén, Granada, General Polavieja, Rosario, Fernández y González, Jimios, Alemanes, Hernando Colón, Calle Álvarez Quintero, Argote de Molina, Abades, Guzmán el Bueno, Gago, Ángeles, Mateos, Carlos Alonso, Ximénez de Enciso, Santa Teresa, Cruces, Fabiola, Pimienta, Agua, Vida, Judería, J. de Reyes, Fray Ceferino González, Santo Tomás, Miguel Mañara, Tomás de Ibarra, Calle Pavía, Temprado, Santander, Calle Habana, Almte. Lobo, Almirante Lobo, Avda. de Roma, San Gregorio, Mariana de Pineda, Paseo de Cristóbal Colón

Santa Cruz

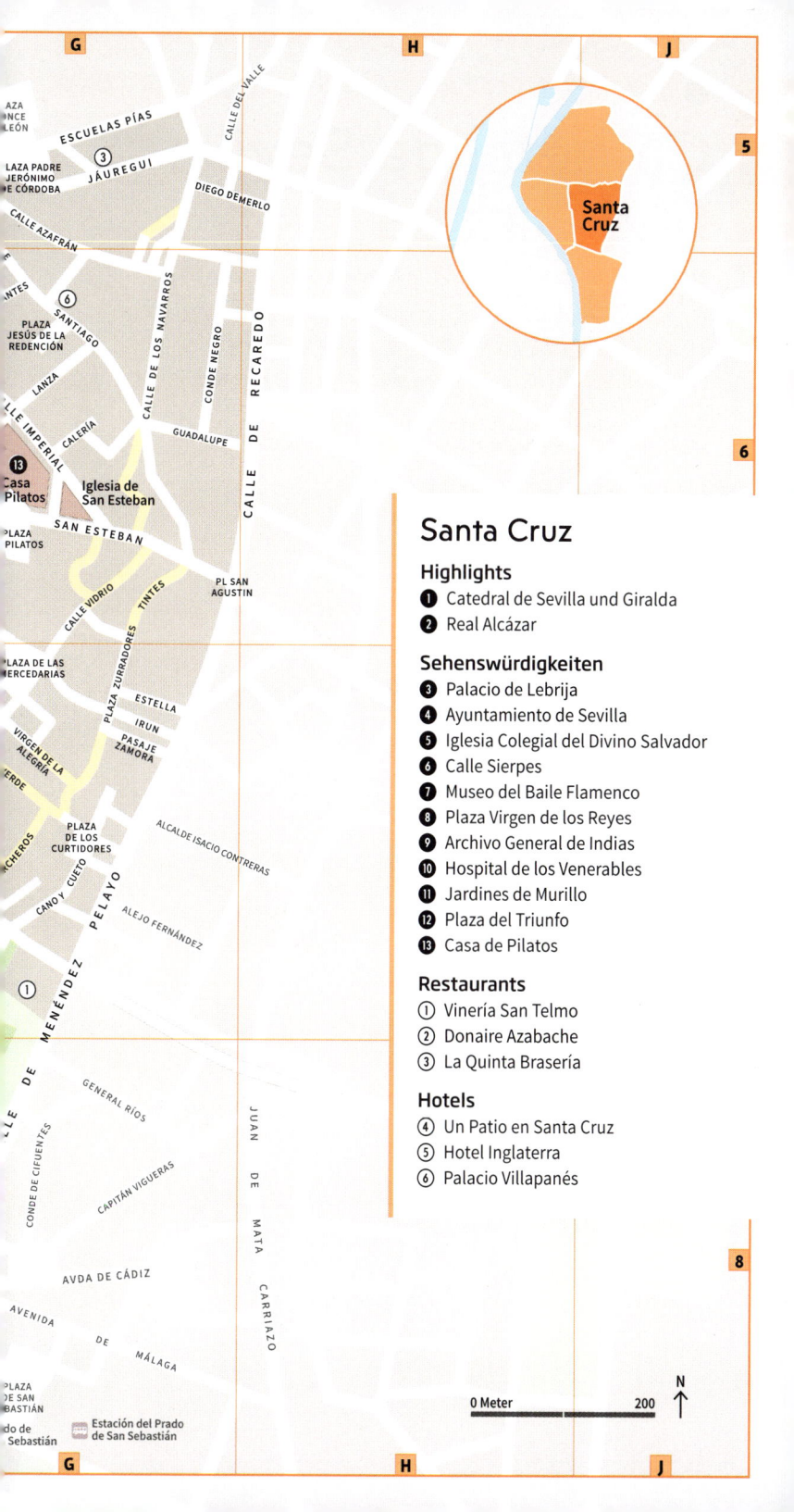

Highlights
1. Catedral de Sevilla und Giralda
2. Real Alcázar

Sehenswürdigkeiten
3. Palacio de Lebrija
4. Ayuntamiento de Sevilla
5. Iglesia Colegial del Divino Salvador
6. Calle Sierpes
7. Museo del Baile Flamenco
8. Plaza Virgen de los Reyes
9. Archivo General de Indias
10. Hospital de los Venerables
11. Jardines de Murillo
12. Plaza del Triunfo
13. Casa de Pilatos

Restaurants
1. Vinería San Telmo
2. Donaire Azabache
3. La Quinta Brasería

Hotels
4. Un Patio en Santa Cruz
5. Hotel Inglaterra
6. Palacio Villapanés

Catedral de Sevilla und Giralda

📍 E7 🏠 Avenida de la Constitución s/n Ⓜ Puerta de Jerez 🚋 Archivo de Indias 🚌 C1, C2, C3, C4, 5, 41, 42 📞 +34 902 09 96 92 🕐 Juli, Aug: Mo 10:30–16, Di–Sa 10:30–18, So 14–19; Sep–Juni: Mo 11–15:30, Di–Sa 11–17, So 14:30–18 🚫 1. Jan, 6. Jan, 25. Dez 🌐 catedraldesevilla.es

Die Kathedrale von Sevilla ist die größte gotische Kathedrale der Welt. Der imposante Glockenturm, die Giralda, war einst das Minarett der Hauptmoschee der Stadt. Ein Besuch der Kathedrale macht mit dem islamischen Erbe und der christlichen Historie Sevillas vertraut.

Die Catedral de Santa María de la Sede, so die offizielle Bezeichnung, steht an der Stelle einer großen Moschee, die die Almohaden im 12. Jahrhundert nach dem Vorbild der Koutoubia-Moschee in Marrakesch erbauten. Von dem maurischen Bauwerk sind nur die Giralda und der Patio de los Naranjos verblieben. Der Bau der Kathedrale, der zweitgrößten Europas, wurde 1401 begonnen und dauerte etwas mehr als ein Jahrhundert. Die Kapellen und die Sakristei der riesigen gotischen Kirche bergen beeindruckende Kunstwerke. Wer die mit einer Rampe versehene Giralda erklimmt, genießt einen herrlichen Blick auf die Stadt.

Schon gewusst?
Der Name Giralda geht auf die bronzene Wetterfahne *(giraldillo)* auf dem Turm zurück.

Umgestaltung der Giralda
Der Turm entstand 1198 als Minarett. Nachdem Ferdinand III. 1248 Sevilla von den Mauren erobert hatte, wurden im 14. Jahrhundert die Bronzekugeln an der Spitze durch ein Kreuz ersetzt. 1557 wurde ein neuer Glockenstuhl geplant. 1568 wurde dieser aber nach Entwürfen von Hernán Ruiz umgestaltet.

1198 — ca. 1300 — 1557 *(Plan)* — 1568

Giralda

Eingang für Gruppen

Puerta del Perdón *(Ausgang)*

In maurischer Zeit reinigte man sich vor dem Gebet auf dem Patio de los Naranjos an dem Brunnen unter Orangenbäumen.

Römische Säulen aus Itálica *(siehe S. 144)* umgeben die Stufen.

An der zur Giralda führenden Calle Mateos Gago befinden sich viele Cafés

Highlight

Durch Buntglasfenster einfallendes Tageslicht erhellt die Kuppel der Sacristía Mayor

Den reich vergoldeten Hauptaltar ziert eine Statue der Schutzpatronin der Kathedrale, Santa María de la Sede.

Zu den vielen Kunstwerken in der Sacristía Mayor zählen Gemälde von Murillo.

Die monumentalen schmiedeeisernen Gitter vor der Capilla Mayor mit dem imposanten Hauptaltar (Retablo Mayor) wurden 1518 bis 1532 gefertigt.

Haupteingang

Das Grab von Kolumbus stammt aus den 1890er Jahren. Die vier Träger seines Sargs symbolisieren die Königreiche Kastilien, León, Aragón und Navarra.

← *Catedral de Sevilla und Giralda*

Die im gotischen Stil gefertigte Puerta de la Asunción wurde erst 1833 vollendet.

Puerta del Bautismo

Die Iglesia del Sagrario, eine große Kapelle, datiert aus dem 17. Jahrhundert.

> **Expertentipp**
> **Zeitersparnis**
>
> Wer in der Iglesia Colegial del Divino Salvador *(siehe S. 80f)* ein Kombiticket für den Besuch beider Kirchen erwirbt, umgeht die oft langen Warteschlangen am Kartenschalter der Kathedrale.

❷ 🎨 🏛

Real Alcázar

📍 F8 🏠 Patio de Banderas s/n Ⓜ Puerta de Jerez 🚉 Archivo de Indias 🚌 C5
📞 +34 954 50 23 24 🕐 tägl. 9:30–19 (Okt–März: bis 17); abendliche Führungen mit Theaterbesuch siehe Website (Vorabbuchung empfohlen) 🚫 1. Jan, 6. Jan, Karfreitag, 25. Dez 🌐 alcazarsevilla.org

Der im prächtigen Mudejár-Stil erbaute Palast ist seit fast 700 Jahren Residenz der spanischen Könige. Er ist von wunderschönen Gärten umgeben.

1364 ordnete Pedro I. den Bau einer königlichen Residenz innerhalb der Palastanlagen an, die die Almohaden im 12. Jahrhundert errichtet hatten. Baumeister aus Granada und Toledo schufen den herrlichen Palacio Pedro I mit Mudéjar-Patios und -Hallen im Zentrum des Real Alcázar. Spätere Monarchen erweiterten die Anlage: Isabel I. entsandte in der Casa de la Contratación, die auf ihr Geheiß errichtet worden war, Seefahrer in die Neue Welt. Karl V. ließ reich verzierte Wohnräume bauen. 2014 diente der Real Alcázar in der TV-Serie *Game of Thrones* als Kulisse.

Die Kuppel des Salón de Embajadores besteht aus Holzintarsien.

Den Salón de Embajadores (»Botschaftersaal«) zieren *azulejos* und Stuckarbeiten.

Jardín de Troya

Den Patio de las Doncellas (»Mädchenhof«) versahen Handwerker aus Granada mit Stuckarbeiten.

In den Gärten gibt es Terrassen, Brunnen und Pavillons.

Gobelins und *azulejos* (16. Jh.) schmücken die Gewölbehallen der Wohnräume und Kapelle von Karl I.

Der Patio del Crucero liegt über den ehemaligen Bädern.

> **💬 Expertentipp**
> **Themenführung**
>
> Der Real Alcázar mit seinen prächtigen Außenanlagen war in der TV-Serie *Game of Thrones* Kulisse für die »Wassergärten von Dorne«. Fans der Serie können mit Sevilla Walking Tours (sevillawalkingtours.com) in die Fantasiewelt eintauchen.

Highlight

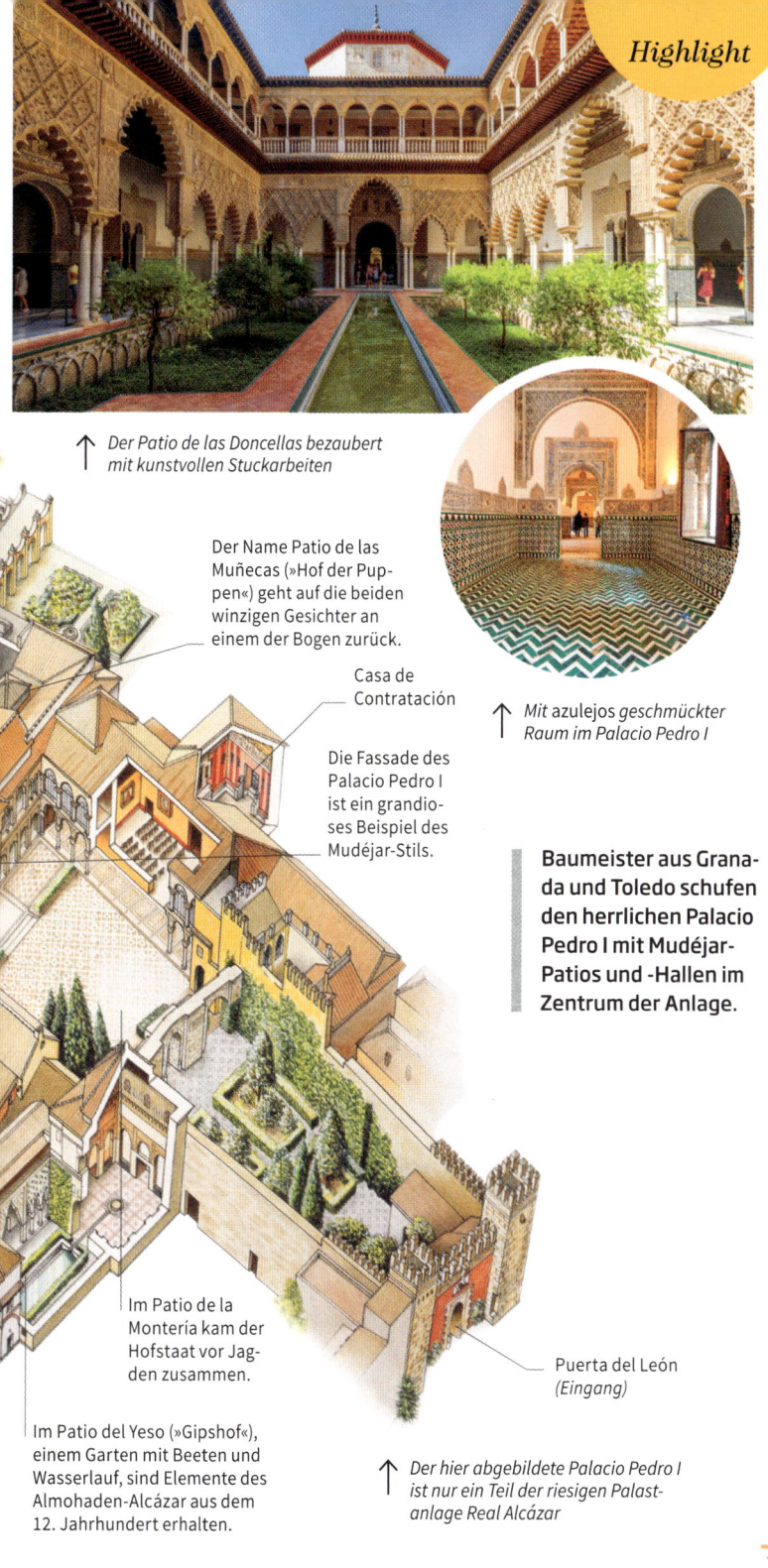

Der Patio de las Doncellas bezaubert mit kunstvollen Stuckarbeiten

Der Name Patio de las Muñecas (»Hof der Puppen«) geht auf die beiden winzigen Gesichter an einem der Bogen zurück.

Casa de Contratación

Mit azulejos geschmückter Raum im Palacio Pedro I

Die Fassade des Palacio Pedro I ist ein grandioses Beispiel des Mudéjar-Stils.

Baumeister aus Granada und Toledo schufen den herrlichen Palacio Pedro I mit Mudéjar-Patios und -Hallen im Zentrum der Anlage.

Im Patio de la Montería kam der Hofstaat vor Jagden zusammen.

Puerta del León *(Eingang)*

Im Patio del Yeso (»Gipshof«), einem Garten mit Beeten und Wasserlauf, sind Elemente des Almohaden-Alcázar aus dem 12. Jahrhundert erhalten.

Der hier abgebildete Palacio Pedro I ist nur ein Teil der riesigen Palastanlage Real Alcázar

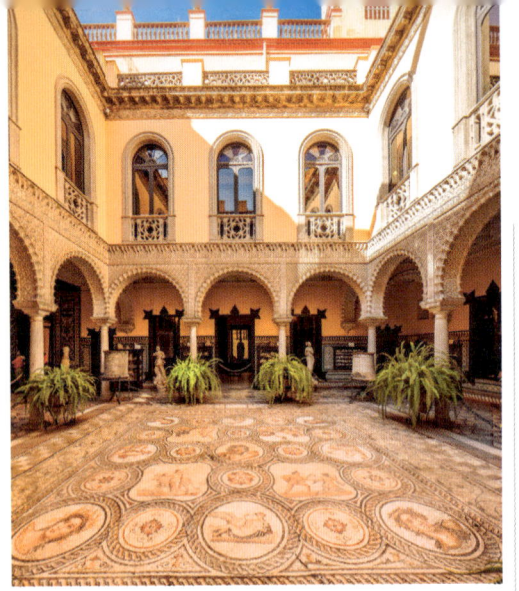

Römischer Mosaikboden im Haupthof des Palacio de Lebrija

SEHENSWÜRDIGKEITEN

❸ Palacio de Lebrija

- E6 Calle Cuna 8
- 27, 32 +34 954 22 78 02
- tägl. 10:30–19:30
- palaciodelebrija.com

Das Haus war ab 1901 Wohnsitz der Gräfinnen von Lebrija. Im Erdgeschoss sind römische und mittelalterliche Objekte zu sehen. Im ersten Stock gibt es eine Bibliothek und eine Kunstsammlung, die u. a. *azulejos (siehe S. 88)* maurischen Stils präsentiert.

Das Gebäude selbst datiert aus dem 15. Jahrhundert. Es weist einige schöne Mudéjar-Elemente auf, darunter die Arkaden im Haupthof. Viele der römischen Artefakte, wie der Mosaikboden im Haupthof, stammen aus den Ruinen von Itálica *(siehe S. 144)*. Die *Artesonado*-Decke über der Treppe befand sich einst im Palast der Herzöge von Arcos in Marchena nahe Sevilla.

In den Räumen um den Haupthof sind Marmor aus der Medina Azahara *(siehe S. 164)* sowie römische Glaswaren und Münzen zu sehen.

❹ Ayuntamiento de Sevilla

- E6 Plaza Nueva 1
- Plaza Nueva +34 955 01 00 10
- nur Führungen: Mo–Do 19 (Sommer auch 20), Sa 10

Das Rathaus der Stadt steht zwischen der historischen Plaza de San Francisco und der modernen Plaza Nueva. Vom 15. bis 18. Jahrhundert fanden auf der Plaza de San Francisco Autodafés (Urteilsverkündungen der Spanischen Inquisition) statt. Heute ist der Platz Zentrum der Feierlichkeiten während der Semana Santa und an Fronleichnam. Auf der Plaza Nueva befand sich einst der Convento de San Francisco. Das Reiterstandbild im Zentrum des Platzes zeigt Ferdinand III., der Sevilla von den Mauren befreite.

Das Rathaus wurde 1527 bis 1534 erbaut. Die zur Plaza de San Francisco weisende Ostfassade ist ein schönes Beispiel für den Platereskken Stil, den der Baumeister Diego de Riaño bevorzugte. Die Westfassade ist Teil eines klassizistischen Anbaus von 1891, der das alte Gebäude umschließt. Die obere Casa Consistorial (Tagungsraum des Stadtrats) zieren Stuckdecken und Velázquez' Gemälde *Der hl. Ildefonso empfängt das Messgewand*. Die untere Casa Consistorial weist eine vergoldete Kassettendecke auf.

❺ Iglesia Colegial del Divino Salvador

- E6 Plaza del Salvador
- Plaza Nueva +34 954 21 16 79
- Juli, Aug: Mo–Sa 10–17, So 15–19; Sep–Juni: Mo–Sa 11–18, So 15–19:30

Die Tatsache, dass die Kirche die Ausmaße einer Kathedrale besitzt, ist zum Teil auf das

---

Stadtemblem von Sevilla

Überall in der Stadt – an den Mauern des Rathauses wie an den städtischen Bussen – ist die Abkürzung »no8do« zu sehen. Sie steht für »No me ha dejado« (»Sie hat mich nicht im Stich gelassen«). Diese Worte sprach Alfonso X el Sabio (1221–1284), da sich die Stadt Sevilla ihm gegenüber loyal zeigte und ihm Exil gewährte, nachdem er 1282 von seinem jüngeren Sohn Sancho entmachtet worden war. Die Doppelschleife in der Mitte des Emblems stellt ein Wollknäuel dar. Das spanische Wort dafür lautet *madeja;* daraus ergibt sich »no (madeja) do«.

An der Calle Sierpes bieten alteingesessene Läden typisch sevillanische Waren an: Hüte, Fächer und *mantillas* (Tuch aus Spitze).

Bestreben der christlichen Eroberer Sevillas zurückzuführen, die architektonischen Meisterwerke der Mauren zu übertrumpfen. An der Stätte befand sich einst eine Moschee – an der Calle Córdoba sind Teile des maurischen Hofs erhalten. Von dieser Straße aus erkennt man, dass der Glockenturm der Kirche auf dem Sockel des einstigen Minaretts ruht.

Die von Esteban García entworfene Barockkirche wurde im Jahr 1712 von Leonardo de Figueroa fertiggestellt. Das Hauptschiff gestaltete José Granados, der auch die Kathedrale in Granada *(siehe S. 214)* entwarf. Die Prozessionsfigur *Jesús de la Pasión* in der Capilla Sacramental schuf der Künstler Juan Martínez Montañés (1568–1649).

❻ Calle Sierpes
📍 E6 🚇 Plaza Nueva

Die von der Plaza de San Francisco nach Norden führende Calle Sierpes (»Straße der Schlangen«) ist Sevillas Haupteinkaufsstraße. Alteingesessene Läden bieten typisch sevillanische Waren an: Hüte, Fächer und *mantillas* (Schleiertuch aus Spitze). Zudem gibt es Boutiquen und Souvenirläden. Auch die Parallelstraßen, Calle Cuna und Calle Tetuán, laden zum Schaufensterbummel ein.

Am Südende der Calle Sierpes markiert eine Tafel am Banco Central Hispano den einstigen Standort der Cárcel Real (Königliches Gefängnis), in der der Dichter Miguel de Cervantes (1547–1616) eingekerkert war. Richtung Norden, an der Kreuzung Calle Pedro Caravaca, befindet sich der Real Círculo de Labradores, ein 1856 gegründeter Herrenclub. Das altmodische Interieur können nur Mitglieder betrachten. Am Ende der Straße bietet La Campana, die bekannteste *pastelería* (Konditorei) der Stadt, Leckereien.

Hotels

Un Patio en Santa Cruz
Die Zimmer (einige mit Balkon) in dem Gebäude aus dem 19. Jahrhundert bieten Blick auf die Giralda.
📍 G7
🏠 Calle Doncellas 15
🌐 patiosantacruz.com
€€€

Hotel Inglaterra
Die Zimmer sind elegant, auf der Dachterasse kann man Drinks genießen.
📍 E6 🚇 Plaza Nueva 7
🌐 hotelinglaterra.es
€€€

Palacio Villapanés
Zur Ausstattung zählen ein Pool auf der Dachterrasse und ein Spa.
📍 G6 🏠 Calle Santiago 31 🌐 palaciovilla panes.com
€€€€

Sevillanos *suchen die Calle Sierpes gern zum paseo (Spaziergang) am frühen Abend auf* ↑

Blick über Santa Cruz mit der Kathedrale im Hintergrund (siehe S. 76f)

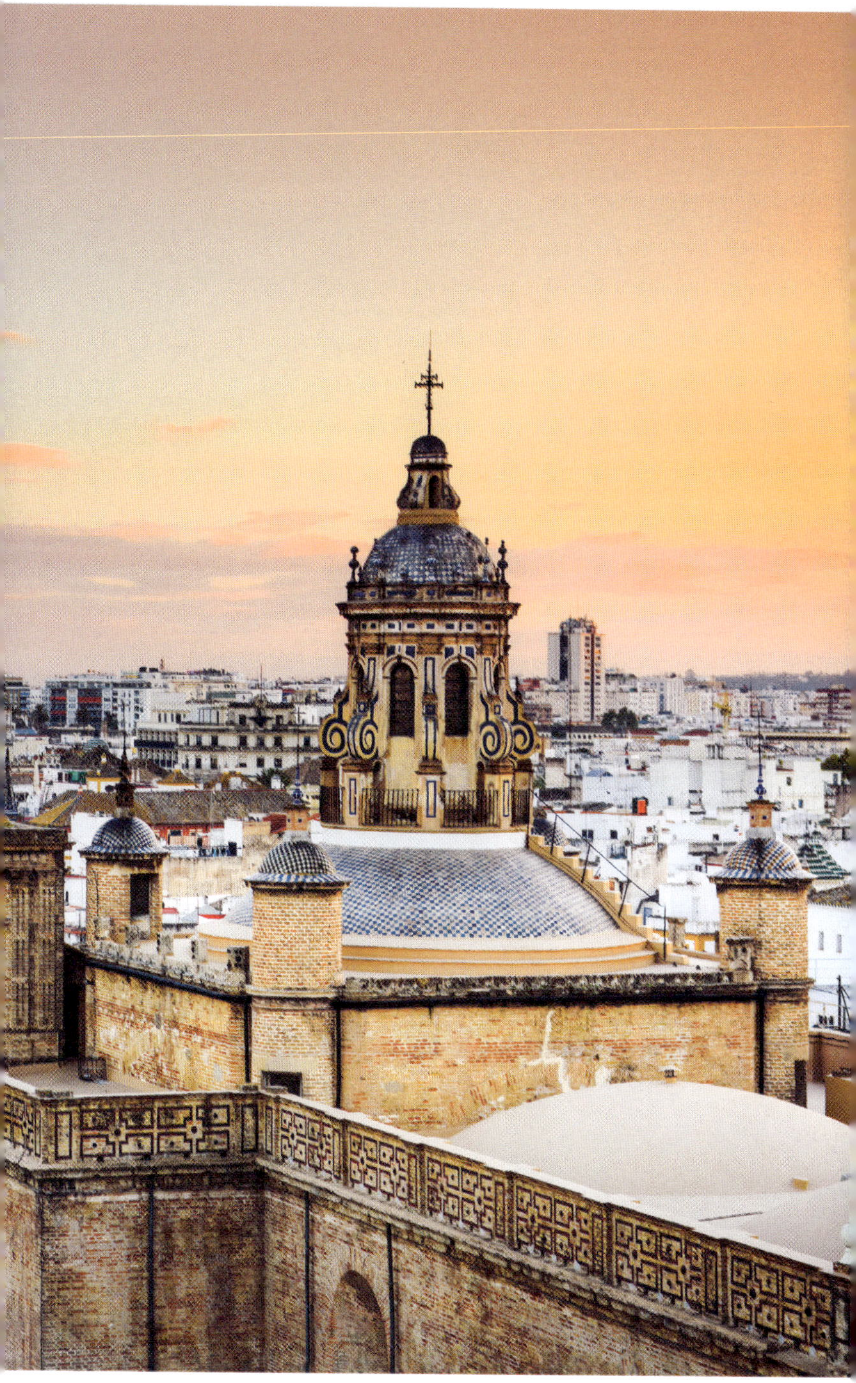

❼ Museo del Baile Flamenco

📍 F6 🏠 Calle Manuel Rojas Marcos 3 🚊 Plaza Nueva
📞 +34 954 34 03 11 🕐 tägl. 10–19

Der Flamenco entstand vermutlich in Triana, dem Stadtviertel auf der gegenüberliegenden Seite des Guadalquivir. Seine heutige Heimat ist jedoch Santa Cruz. Das Museum informiert über die typisch andalusische Kunstform. Es befindet sich in einem Haus aus dem 18. Jahrhundert in einer kleinen Straße zwischen der Plaza del Alfalfa und der Catedral de Sevilla.

In dem Gebäude ist auch eine renommierte Schule untergebracht, die die Grundlagen der Lieder und Tänze vermittelt.

Im Hof des Museums und in den Räumen im Untergeschoss finden Livedarbietungen statt. Die Aufführungen beginnen täglich um 17, 19, 20:45 und 22:15 Uhr.

❽ Plaza Virgen de los Reyes

📍 F7 Ⓜ Puerta de Jerez

Mit imposanten Sakralbauten, Pferdekutschen, Orangenbäumen und Blumenverkäufern zeigt der Platz ein typisch sevillanisches Ambiente. Er lädt zum Verweilen ein und bietet Blick auf die Giralda *(siehe S. 76f)*. In der Mitte befinden sich eine große Laterne und ein Brunnen aus dem frühen 20. Jahrhundert, die der Bildhauer José Lafita Díaz gestaltete. Die Wasserspeier sind den römischen Originalen in der Casa de Pilatos *(siehe S. 89)* nachempfunden.

An der Nordseite des Platzes steht der Palacio Arzobispal. Der Bau des erzbischöflichen Palais dauerte vom 16. bis zum 18. Jahrhundert an. Im Jahr 1810 wurde das Gebäude von Marschall Soult beschlagnahmt *(siehe S. 51)*. Im Inneren befinden sich eine Treppe aus Jaspis und Gemälde von Zurbarán und Murillo. Die Bischofsresidenz ist für Besucher nicht zugänglich.

Der Convento de la Encarnación an der Südseite des Platzes wurde 1591 gegründet und an der Stätte einer Moschee errichtet. Besucher haben keinen Zutritt zu dem Kloster.

An der Plaza de Virgen de los Reyes befand sich einst das Corral de los Olmos – eine Spelunke, die Miguel de Cervantes in einer seiner Erzählungen beschrieb. An einer Mauer des Convento de la Encarnación weist eine Plakette auf die literarische Verbindung hin.

> **Expertentipp**
> **Trommelspaß**
>
> Die im Flamenco eingesetzte Kistentrommel *cajón* findet inzwischen auch in anderen Musikrichtungen wie Blues, Folk, Jazz und Indie-Pop Verwendung. Im Museo del Baile Flamenco kann man in Workshops das Trommelspiel erlernen.

↑ *In der Mitte der Plaza Virgen de los Reyes steht ein Brunnen mit einer großen Laterne*

Flamenco

Flamenco ist mehr als nur ein Tanz – er ist der künstlerische Ausdruck von Lebensfreude und Leid. Es gibt keine strengen Choreografien – der Flamenco ist ein Improvisationstanz mit traditionellen Elementen und Schritten. Auch wenn er in ganz Spanien verbreitet ist, ist er eine typisch andalusische Kunstform, die man am besten in Sevillas *tablaos* (Flamenco-Clubs) genießt.

Bailaora und bailaor

Bailaoras (Tänzerinnen) zeichnen sich durch Ausdrucksstärke und exzellente Fußtechnik aus. Eva Yerbabuena und Sara Baras sind für ihren individuellen Tanzstil berühmt. Beide leiten renommierte Flamenco-Ensembles. Auch Juana Amaya zählt zu den Stars unter den *bailaoras*. Im Vergleich zu den Tänzerinnen kommt den *bailaores* (Tänzern) eine weniger bedeutende Rolle zu. Dennoch sind einige zu Ruhm gelangt, so auch Antonio Canales, der durch seine innovativen Schrittfolgen eine neue Rhtyhmik einführte.

Musik und Rhythmus

Die Musik lässt die Tänzer den *duende* (magische Leidenschaft) spüren. Beim Flamenco spielt die Gitarre eine wichtige Rolle. Flamenco-Gitarren sind leichter und flacher konstruiert als moderne klassische Gitarren und sind wegen der typischen Schlagtechnik ober- oder unterhalb des Schalllochs mit einer verstärkten Decke *(golpeador)* versehen. Die Gitarre gibt den Rhythmus vor. Ebenso wichtig sind jedoch das Klatschen mit den Händen und das Aufstampfen der Tänzer mit ihren nägelbesetzten Schuhen. Die *bailaoras* geben den Rhythmus mitunter auch mit Kastagnetten vor. Anmutige Handbewegungen unterstreichen die jeweilige Gefühlslage der Tänzer – sei es Schmerz, Trauer oder Glück.

Dekorative Blume
Fächer

Die stolze und doch anmutige Pose der *bailaora* scheint unterdrückte Leidenschaft darzustellen.

Traditioneller Rock

↑ Bailaora *in einem traditionellen Gewand und mit dem typischen Fächer*

↑ *Eine Gruppe von Flamenco-Tänzern und Musikern Anfang des 20. Jahrhunderts*

TOP 3 Tablaos in Sevilla

La Carbonería
In dem überdachten Hof wird getanzt (Calle de los Céspedes 21; +34 954 22 99 45).

Casa de la Memoria
In dem bezaubernden kleinen Theater finden fast jeden Abend Aufführungen statt (www.casadelamemoria.es).

Los Gallos
Der Club ist authentisch, wenngleich ein wenig formell (www.tablaolosgallos.com).

❾ Archivo General de Indias

📍 E8 🏛 Avenida de la Constitución Ⓜ Puerta de Jerez 🚇 Archivo de Indias ☎ +34 954 50 05 28 🕒 Di–Fr 9:30–17, Sa 9:30–21, So, Feiertage 10–14 🌐 culturaydeporte.gob.es

Die im Zentralarchiv vereinten Dokumente verdeutlichen die zentrale Rolle, die Sevilla bei der Kolonialisierung der Neuen Welt spielte. Das Gebäude wurde 1584 bis 1598 nach Plänen von Juan de Herrera, der auch den Bau der Palast- und Klosteranlage El Escorial in Madrid beaufsichtigte, errichtet. Es diente zunächst als Börse *(lonja)*. 1785 veranlasste Carlos III, dass alle Dokumente der spanischen Kolonialbehörde in das Gebäude verbracht wurden. Es entstand ein faszinierendes Archiv, das Briefe von Kolumbus, Cortés, Cervantes und George Washington sowie die Korrespondenz von Felipe II beinhaltet. Insgesamt umfasst die Sammlung rund 86 Millionen Manuskripte sowie 8000 Landkarten und Zeichnungen, die geschätzt neun Kilometer Regallänge einnehmen. Der Bestand wird sukzessive digitalisiert.

Besucher gelangen über Marmortreppen in die Bibliotheksräume, in denen Zeichnungen und Landkarten präsentiert werden. Die Ausstellungen wechseln regelmäßig. So kann man z. B. ein Bild von Acapulco, als es kaum mehr als eine Burg war, Zeichnungen einer *corrida* (Stierkampf), die im Jahr 1748 in Panama-Stadt stattfand, oder Pläne eines Rathauses in Guatemala sehen.

❿ Hospital de los Venerables

📍 F7 🏛 Plaza de los Venerables 8 🚇 Archivo de Indias ☎ +34 954 56 26 96 🕒 Do–So 10–14

Das Hospital de los Venerables im Zentrum von Santa Cruz war ein Heim für betagte Priester. Mit dem Bau wurde 1675 begonnen, rund 20 Jahre später wurde der Komplex von Leonardo de Figueroa fertiggestellt. Von 1987 bis 1991 wurde das Gebäude von der Fundación Focus restauriert. Es dient seither als Kulturzentrum.

Im Zentrum der Anlage befindet sich ein begrünter Hof. Im Ober- und Untergeschoss sowie in der einstigen Krankenstation finden Ausstellungen statt.

Bei Führungen kann man die Barockkirche des Hospital de los Venerables besichtigen, die von Juan de Valdés

Restaurants

Vinería San Telmo

Das bei Einheimischen und Urlaubern beliebte Restaurant serviert Tapas mit internationalem Flair und hausgemachte Desserts.

📍 G7 🏛 Paseo de Catalina de Ribera 4 🌐 vineriasantelmo.com

€€€

Donaire Azabache

Neben traditionellen andalusischen Gerichten sorgen exzellente Weine für kulinarischen Genuss.

📍 E8 🏛 Calle Santo Tomás 11 🌐 donaireazabache.com

€€€

La Quinta Brasería

Das Restaurant in einem prächtigen Gebäude aus dem 20. Jahrhundert bietet exquisite traditionelle Speisen mit moderner Note, darunter Reisgerichte, Fleisch vom Holzkohlegrill und köstlichen Fisch. Reservierung wird empfohlen.

📍 G5 🏛 Plaza Padre Jerónimo de Córdoba 11 🌐 grupopanot.com

€€€

↑ *Die mit herrlichen Fresken geschmückte Barockkirche des Hospital de los Venerables*

In den Jardines de Murillo wurde zu Ehren von Catalina de Ribera in Denkmal errichtet

Leal und dessen Sohn Lucas geschaffene Fresken zieren. Sehenswert sind auch die von Pedro Roldán gefertigten Skulpturen des hl. Petrus und hl. Ferdinand am Ostportal sowie die *Apotheose des hl. Ferdinand* von Lucas Valdés im oberen Mittelteil des Retabels am Hauptaltar. Auf dem Fries steht: »Fürchte Gott und ehre den Priester.« Die Decke der Sakristei ziert die Trompe-l'Œil-Malerei *Triumph des Kreuzes* von Juan de Valdés Leal.

lomé Esteban Murillo (1617–1682), der in der nahen Calle Santa Teresa wohnte.

Eine lange Promenade, der Paseo de Catalina de Ribera, ehrt die Gründerin des Hospital de las Cinco Llagas *(siehe S. 99)*, das nun das Parlamento de Andalucía beherbergt. Zwischen den Palmen ragt ein Kolumbus-Denkmal empor, in das eine Bronzedarstellung der *Santa María* eingearbeitet ist, des Flaggschiffs von Kolumbus' erster Expedition *(siehe S. 139)*.

> **Fotomotiv**
> **Baumriesen**
>
> In den Jardines de Murillo befinden sich riesige Feigenbäume, die zum Teil über 100 Jahre alt sind. Vor den dicken Stämmen mit hervortretenden Wurzeln können mehrere Personen posieren.

⓫ Jardines de Murillo
📍 G8 Ⓜ🚋 Prado de San Sebastián

Die Gärten am Südende des Barrio de Santa Cruz waren ursprünglich Obstgärten und Gemüsebeete, die zum Gelände des Real Alcázar gehörten. 1911 gingen sie in den Besitz der Stadt über. Ihr Name erinnert an Sevillas bekanntesten Maler, Barto-

⓬ Plaza del Triunfo
📍 F7 Ⓜ Puerta de Jerez 🚋 Archivo de Indias

Den Platz umgeben mehrere Bauwerke, die zum Welterbe der UNESCO zählen: die Catedral de Sevilla *(siehe S. 76f)*, die Casa Lonja de Mercaderes mit dem Archivo General de Indias *(siehe S. 86)* und der Real Alcázar *(siehe S. 78f)*. Der Platz wurde nach dem Erdbeben von 1755 angelegt, das Lissabon zerstörte, Sevilla aber weitgehend intakt ließ. Diesen Umstand führte man auf die Marienverehrung in Sevilla zurück. Die Mutter Gottes wird durch eine Barocksäule neben dem Archivo General de Indias geehrt. Im Zentrum des Platzes steht ein Denkmal der Unbefleckten Empfängnis.

An der Calle Santo Tomás, die von der Südostecke des Platzes abgeht, befindet sich ein als Scheune für Zehntabgaben an die Kirche erbautes Gebäude (1770). Es war später Sitz des Museo de Arte Contemporáneo, das nun im Monasterio de Santa María de las Cuevas *(siehe S. 124)* ansässig ist. Bei der Renovierung wurden Teile der maurischen Stadtmauer freigelegt.

> In den Jardines de Murillo ragt zwischen Palmen ein Kolumbus-Denkmal empor, in das eine Bronzedarstellung des Segelschiffs *Santa María* eingearbeitet ist.

Azulejos

Die *azulejos* genannten Mosaiken aus glasierten Keramikfliesen sind seit Jahrhunderten ein typisches Merkmal andalusischer Fassaden und Innenräume. Die Technik zur Herstellung der bunten, haltbaren Fliesen führten die Mauren ein – das Wort *azulejo* kommt vom arabischen *az-zulayj*, was »kleiner Stein« bedeutet.

Für die maurischen *azulejos* wurden ursprünglich einfarbige Steine verwendet. Das Handwerk der Fliesenherstellung blühte in Sevilla. In Triana *(siehe S. 120f)* entstanden zahlreiche Keramikmanufakturen. Mit der industriellen Revolution begann die Massenproduktion von *azulejos* in Fabriken, zu denen bis 1980 auch die berühmte Firma »Pickman y Cia« im Kloster von Santa María de las Cuevas *(siehe S. 124)* gehörte.

↑ Azulejos *in der Alhambra* (siehe S. 216f), *Granada*

Azulejos im Mudejar-Stil
Die Mauren stellten für ihre Palastwände kunstvolle Mosaiken in komplizierten Mustern her. Verwendet wurden die Farben Blau, Grün, Schwarz, Weiß und Ocker.

Kommerzieller Einsatz
Ausgefeiltere Produktionstechniken führten dazu, dass *azulejos* nicht mehr nur als Innendekoration, sondern auch für Ladenfassaden und Reklameschilder verwendet wurden. Kommerziellen Zwecken dienende *azulejos* sind noch immer in ganz Andalusien zu sehen.

↑ *Reklame- und Hinweisschilder aus* azulejos *im Centro Cerámica Triana* (siehe S. 120f)

↑ *Mit blauen und gelben Fliesen verzierte Brücke an der Plaza de España* (siehe S. 112f), *Sevilla*

⓭ Casa de Pilatos

📍 G6 🏠 Plaza de Pilatos 1
🚌 C5 📞 +34 954 22 52 98
🕐 tägl. 9–19 (Nov–März: bis 18) 🌐 fundacion medinaceli.org

Der erste Marquis de Tarifa brach 1518 zu einer Reise durch Europa und das Heilige Land auf. Zwei Jahre später kehrte er voller Begeisterung für die Architektur der italienischen Hochrenaissance zurück und widmete sich fortan der Entwicklung seines eigenen Stils, den er in seinem Palast in Sevilla realisierte. Der Marquis nannte den Palast »Haus des Pilatus«, da er von einem Tempel auf dem Cruz del Campo genauso weit entfernt liegt wie das Haus des römischen Präfekten vom Hügel Golgata.

Im Lauf der Jahrhunderte schmückten die jeweiligen Besitzer den Palast weiter aus. Die Casa de Pilatos ist heute Residenz der Herzöge von Medinaceli und einer der schönsten Paläste Sevillas.

Man betritt den Palast durch ein Marmorportal, das der Marquis de Tarifa 1529 in Genua fertigen ließ. Durch den von Arkaden gesäumten Kutschenhof gelangt man auf den Patio Principal, den Haupthof, der im Mudéjar-Stil gestaltet und mit *azulejos* und Stuckarbeiten dekoriert ist. Die Arkaden sind mit gotischen Balustraden versehen. In den Ecken stehen drei römische Statuen, die Minerva, eine tanzende Muse und Ceres darstellen, sowie eine Statue von Athene, ein griechisches Original

↑ *Der Patio Principal der Casa de Pilatos war Kulisse in dem Film* Lawrence von Arabien *(1962) von David Lean*

(5. Jh v. Chr.). Der Brunnen im Zentrum stammt aus Genua. Durch den mit einer Kassettendecke und Intarsien versehenen Salón del Pretorio rechter Hand gelangt man in den Corredor de Zaquizamí. In den angrenzenden Räumen sind u. a. das Flachrelief *Leda und der Schwan* und zwei an die Schlacht bei Actium 31 v. Chr. erinnernde römische Reliefs zu sehen. Den Jardín Chico ziert ein Wasserbecken mit einer Bacchusfigur.

Auf der anderen Seite des Patio Principal befinden sich der Salón de Descanso de los Jueces und eine Kapelle mit Kreuzrippengewölbe, die eine Kopie der Skulptur *Der Gute Hirte* (4. Jh.) aus dem Vatikan birgt. Links an den Gabinete de Pilatos schließt der Jardín Grande an. Die

> Die Casa de Pilatos ist heute Residenz der Herzöge von Medinaceli. Sie gehört noch immer zu den schönsten Palästen Sevillas.

Loggien entwarf der italienische Baumeister Benvenuto Tortello um 1560.

Hinter der Ceres-Statue auf dem Patio Principal führt eine von einer *Media-Naranja*-Kuppel (1537) überwölbte Treppe zu den Räumen im Obergeschoss, die zum Teil Mudéjar-Decken aufweisen. Die nach Juan de Oviedo und Francisco de Pacheco benannten Räume zieren von den beiden Künstlern gefertigte Stuckarbeiten.

Schon gewusst?

Die Casa de Pilatos war die erste Privatresidenz Sevillas, die mit einer Treppe ausgestattet wurde.

Spaziergang durch Santa Cruz

Länge 1 km **Metro** Puerta de Jerez
Dauer 15 Minuten

Das Viertel östlich der Kathedrale und des Real Alcázar ist das romantischste Sevillas. Es bietet Souvenirläden, Tapas-Bars und Straßenmusiker. Besucher können malerische Gassen, kleine Plätze und mit Blumen geschmückte Höfe erkunden. Die restaurierten Bauten des einstigen jüdischen Gettos mit den charakteristischen Fenstergittern bilden heute eine harmonische Mischung aus Wohnhäusern und Unterkünften für Urlauber. Wegen der Bars und Restaurants ist das Viertel auch abends ein Anziehungspunkt.

An der von Orangenbäumen gesäumten **Calle Mateos Gago** liegen viele Läden, Cafés und Tapas-Bars.

Der **Palacio Arzobispal** (18. Jh.) ist heute noch Bischofsresidenz *(siehe S. 84)*.

Den Brunnen (20. Jh.) im Zentrum der **Plaza Virgen de los Reyes** schuf José Lafita *(siehe S. 84)*.

Convento de la Encarnación *(siehe S. 84)*

Die gotische **Catedral de Sevilla** mit der **Giralda** ist die meistbesuchte Sehenswürdigkeit Sevillas *(siehe S. 76f)*.

Auf der **Plaza del Triunfo** erinnert eine Barocksäule an das Erdbeben von 1755. Im Zentrum des Platzes steht ein Denkmal der Unbefleckten Empfängnis *(siehe S. 87)*.

Schon gewusst?

Für die Exposición Iberoamericana 1929 war der Abriss des Viertels Santa Cruz geplant.

Das **Archivo General de Indias** in einem als Börse errichteten Gebäude (16. Jh.) präsentiert Dokumente aus der spanischen Kolonialzeit *(siehe S. 86)*.

Tische eines Cafés auf der Plaza de Santa Cruz

Zur Orientierung
Siehe Stadtteilkarte S. 74f

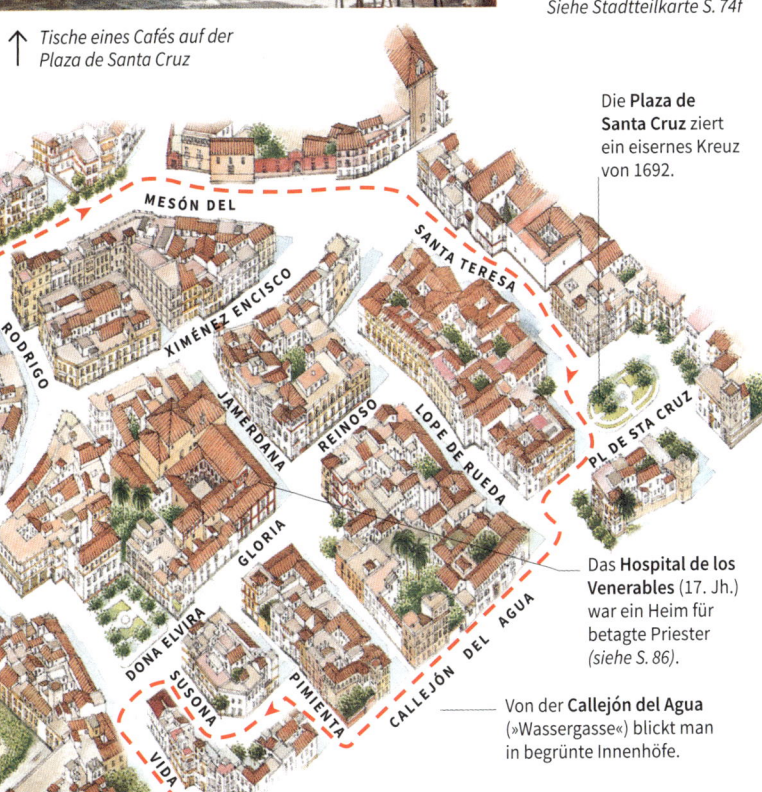

Die **Plaza de Santa Cruz** ziert ein eisernes Kreuz von 1692.

Das **Hospital de los Venerables** (17. Jh.) war ein Heim für betagte Priester *(siehe S. 86).*

Von der **Callejón del Agua** (»Wassergasse«) blickt man in begrünte Innenhöfe.

Der **Real Alcázar** ist ein im Mudéjar-Stil erbauter Königspalast mit wunderschönen Landschaftsgärten *(siehe S. 78f).*

→ *Die Callejón del Agua säumen bezaubernde Häuser*

Spaziergang durch Sevilla

Länge 3,5 km **Metro** Puerta de Jerez **Dauer** 90 Minuten
Strecke leicht zu bewältigen

Der Spaziergang beginnt in einem der elegantesten Parks der Stadt und führt durch Santa Cruz. Das mittelalterliche jüdische Viertel mit den schmalen Gassen und kleinen Plätzen ist eines der ältesten Sevillas. In Santa Cruz befinden sich das Geburtshaus des Malers Bartolomé Esteban Murillo, einige Kirchen, Kunsthandwerksläden und viele Restaurants. Die Route führt über eine historische Brücke in das Viertel Triana am gegenüberliegenden Ufer des Guadalquivir. Triana ist für die Keramikherstellung und als Ursprungsort des Flamenco bekannt.

Zur Orientierung
Siehe Stadtteilkarten S. 64f, S. 74f und S. 119

Biegen Sie rechts in die Calle San Eloy ein. An deren Ende steht die auf den Relikten einer Moschee errichtete **Iglesia de Santa María Magdalena** (siehe S. 68).

Die Calle San Pablo wird zur Calle Reyes Católicos, die zum **Puente de Isabel II** führt. Die Brücke wurde 1812 auf den Fundamenten einer maurischen Brücke (12. Jh.) erbaut.

Das Viertel **Triana** ist untrennbar mit der Herstellung von *azulejos* verbunden. Werkstätten und Läden findet man an der Calle San Jorge und der Calle Callao (siehe S. 120f).

Der Weg führt links in die Calle Victoria, dann rechts in die Calle Pelay Correa zur **Iglesia de Santa Ana** (13. Jh.), Sevillas ältester Kirche (siehe S. 124f).

Die von Bars gesäumte Calle Betis in Triana bietet tollen Blick auf die **Torre del Oro** (siehe S. 69).

↑ *Blick von der Calle Betis auf das* Monumento a la Tolerancia *von Eduardo Chillida*

Laden des Hutmachers Maquedano an der Calle Sierpes

Nach Überqueren des Platzes gelangen Sie in die **Calle Sierpes**, die Haupteinkaufsstraße Sevillas. Das Schaufenster von Maquedano mit den vielen Hüten lohnt einen Blick *(siehe S. 81)*.

Biegen Sie rechts ab in die Calle Hernando Colón, um das **Ayuntamiento de Sevilla** zu bewundern *(siehe S. 80)*.

Auf der Calle Guzmán El Bueno und der Calle Argote de Molina gelangt man am **Palacio Arzobispal** vorbei *(siehe S. 84)*.

Am Ende der Calle Mateos Gago liegt rechter Hand die **Iglesia de Santa Cruz**.

Der Weg führt am Geburtshaus des Malers Bartolomé Esteban Murillo und am **Convento de San José del Carmen** vorbei.

Von den **Jardines de Murillo** mit dem Kolumbus-Denkmal geht es die Calle Santa Teresa entlang *(siehe S. 87)*.

Die Calle San Fernando führt an der **Universidad de Sevilla** *(siehe S. 114)* vorbei zurück zu den Jardines de Murillo.

Über den Puente de San Telmo erreichen Sie die **Jardines de Cristina**.

↑ *Das imposante Kolumbus-Denkmal in den Jardines de Murillo*

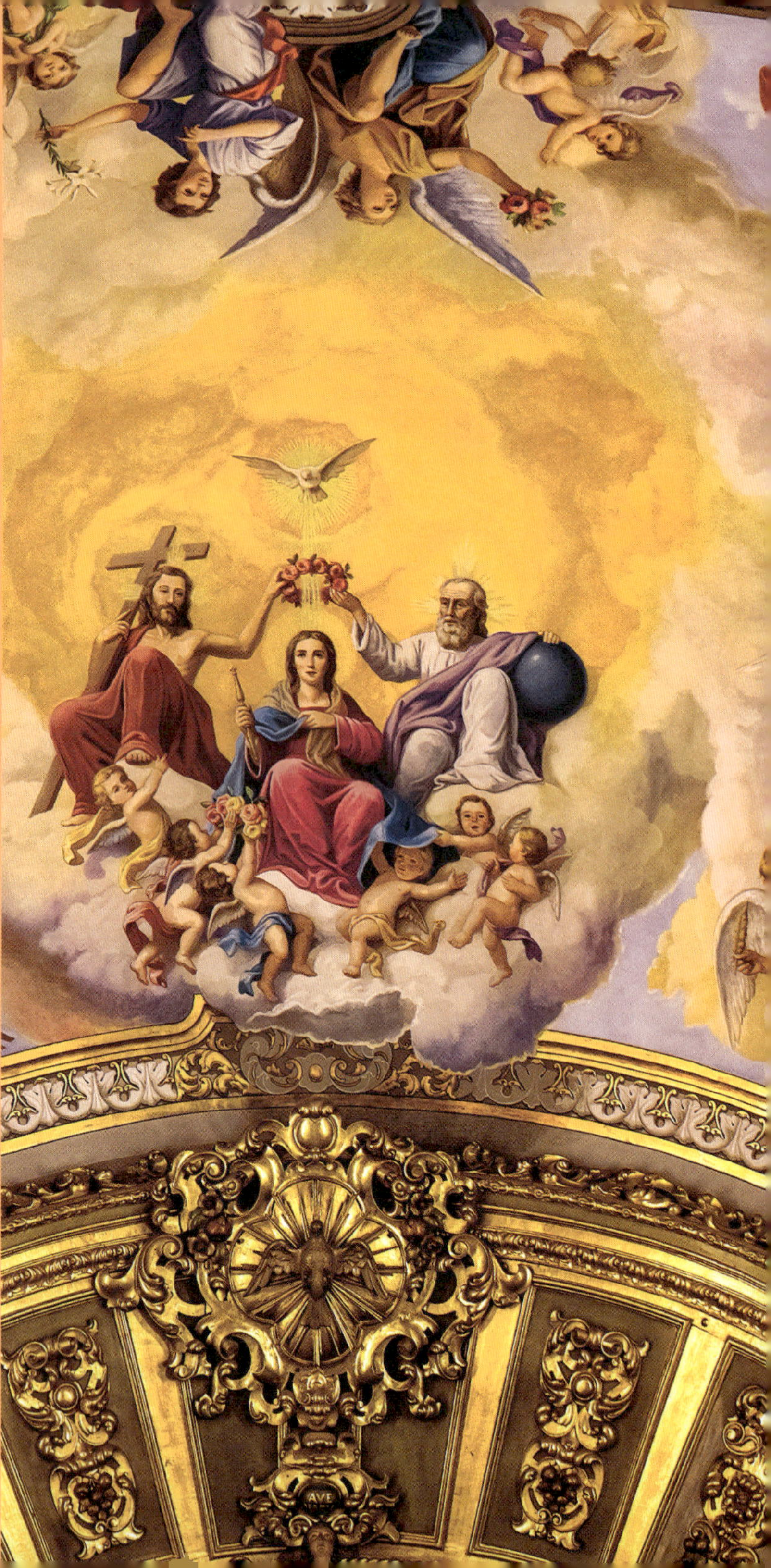
AVE

Fresko der Krönung Mariens, Basílica de la Macarena (siehe S. 99)

La Macarena

Im 12. Jahrhundert besiedelten die Mauren das Gebiet, auf dem sich ursprünglich Obstplantagen und Ackerflächen erstreckten, und machten es zum nördlichsten Stadtteil Sevillas. Die Befestigungsanlagen wurden erweitert, um das neu gegründete Viertel einzuschließen. Teile der Stadtmauern sind bis heute erhalten.

In den Jahren 1247 und 1248 eroberten die Spanier das Viertel von den Mauren zurück. Das geschäftige Markttreiben, das wenig später an der Calle de la Feria entstand, um den nun christlichen Stadtteil wirtschaftlich zu beleben, findet heute Fortsetzung in dem beliebten Flohmarkt Mercadillo El Jueves, der wöchentlich in der Straße stattfindet.

Bei den Feierlichkeiten der Semana Santa wird die Virgen de la Esperanza Macarena in einer Prozession durch die Straßen des Viertels getragen. Für die in der Stadt hochverehrte Statue aus dem 17. Jahrhundert, die die weinende Jungfrau Maria zeigt, wurde 1949 die Basílica de la Macarena errichtet.

Viele der historischen Bauwerke in La Macarena wurden restauriert, darunter das aus dem 16. Jahrhundert datierende Hospital de las Cinco Llagas. Das Gebäude, das bis 1978 als Krankenhaus diente, ist heute Sitz des Parlaments von Andalusien.

La Macarena

Isla Mágica

AVENIDA ÁLVARO ALONSO BARBA

CALLE JOSÉ DE GÁLVEZ

CARLOS I

REY JUAN

AVENIDA DEL CONCEJAL

GLORIETA DE ISLA MÁGICA

Puente de la Barqueta

Parque Jardín del Guadalquivir

PLAZA DUQUESA CAYETANA DE ALBA

Jardines Torre de Perdigon

RESOLANA

VIBARRAGEL

CALLE DE BÉCQUER

J. ESQUIVEL

Real Monasterio de San Clemente ❷

YUSTE — REPOSO — E. CASTRO

CALATRAVA

PACHECO

DESCUBRIMIENTOS — CAMINO DE LOS DESCUBRIMIENTOS — CAMINO DE LOS

Guadalquivir

Pista Patinaje del Rio

DEL TORNEO

ARTE DE LA SEDA

CALLE LUMBRERAS

CRÉDITO

Torre de Don Fadrique ❸

PIZARRO

MENDIGORRIA

CLAVIJO

CALLE JUAN CARLOS I

Jardín Botánico Americano

GUADALQUIVIR

SANTA CLARA

Convento de Santa Clara

HÉRCULES

NARCISO BONAPLATA

HOMBRE DE PIEDRA

ROELAS

MEDINA

Alameda de Hércules ❶

ALAMEDA DE HÉRCULES

CALLE REY

TORNEO

CURTIDURÍAS

E. CANO

SAN VICENTE

CALLE SANTA ANA

PODER

GRAN

BARCO

JUAN RABADÁN

MARQUÉS DE LA MINA ALCOY

H. CORTES

ESLAYA

❷ **PLAZA DE SAN LORENZO**

❹

I. CASTILLO LASTRUCCI

PASCUAL DE GAYANGOS

MIGUEL CID

TEODOSIO

CONDE DE BARAJAS

PLAZA EUROPA

Pasarela de la Cartuja

MARTÍNEZ MONTAÑEZ

CARDENAL SPINOLA

SAN FR. DE PAULA

CANTABRIA

RUBENS

JESÚS DEL GRAN PODER

❻

PLAZA SAN MA...

PLAZA BLASCO DE GARAY

CALLE GOLES

CALLE DE BAÑOS

PADRE TARIN

CALLE TRAJANO

AMOR DE DIOS

CERVANTES

DON PE...

ATI

JESÚS DE LA VERA-CRUZ

PLAZA DE LA GAVIDIA

SAN MIGUEL

❽

SAN ANDRÉS

PLAZA SAN ANDRÉS

PLAZA ZURB...

El Arenal
Seiten 62–71

0 Meter — 300

N ↑

ALFONSO

SANTA VICENTA MARÍA

APONTE

PLAZA DEL DUQUE DE LA VICTORIA

JAVIER L. VEGA

TARIFA

LARA

Museo de Bellas Artes

XII

La Macarena

Sehenswürdigkeiten
1. Alameda de Hércules
2. Real Monasterio de San Clemente
3. Torre de Don Fadrique
4. Hospital de las Cinco Llagas / Parlamento de Andalucía
5. Cámara Oscura
6. Basílica de la Macarena
7. Murallas
8. Iglesia de San Marcos
9. Iglesia de San Pedro
10. Iglesia de San Luís de los Franceses
11. Palacio de las Dueñas
12. Monasterio de Santa Paula
13. Iglesia de Santa Catalina
14. Metropol Parasol

Restaurants
1. ConTenedor
2. Restaurante Eslava
3. Arte y Sabor

Bars
4. Bar Gigante
5. Linterna Ciega
6. Jazz Naima Sevilla

Shopping
7. Botellas y Latas
8. Record Sevilla
9. Rompemoldes

Santa Cruz
Seiten 72–93

Am Südende der Alameda de Hércules befinden sich zwei von Statuen gekrönte Säulen ↑

SEHENSWÜRDIGKEITEN

❶ Alameda de Hércules
📍 E4 🚍 A7, 13, 14

Der von Bäumen gesäumte Boulevard wurde 1574 angelegt. Auf einst sumpfigem Gelände entstand eine breite Promenade, auf der die Einheimischen gern flanierten. Heute befinden sich auf dem Boulevard begehbare Brunnen und ein Kinderspielplatz. Aufgrund der vielen Cafés, Bars und Restaurants ist die Alameda de Hércules auch ein Zentrum des Nachtlebens von Sevilla.

Die beiden Marmorsäulen am Südende des Boulevards, die Statuen von Herkules und Julius Caesar krönen, entstammen dem römischen Herkules-Tempel, der sich einst an der südlich gelegenen Calle Mármoles (»Marmorstraße«) befand. Dort sind drei weitere Säulen erhalten.

❷ Real Monasterio de San Clemente
📍 E3 🏠 Calle Reposo 9 🚍 C3, C4 ☎ +34 954 37 80 40 🕑 Kirche nur zu Gottesdiensten 🌐 sanclementesevilla.es

In dem Kloster führt ein Bogengang zum Seiteneingang der Kirche, der Haupteingang liegt an der Calle Reposo. Die Ausstattungsmerkmale der Kirche datieren aus dem 13. bis 18. Jahrhundert. Dazu zählen *azulejos* (siehe S. 88) aus dem Jahr 1588, eine *Artesonado*-Decke im Mudéjar-Stil und von Lucas Valdés geschaffene Fresken aus dem frühen 18. Jahrhundert. Den barocken Hauptaltar schuf Felipe de Rivas.

Im Kloster kann man hausgemachtes Gebäck und Konfitüren erstehen – über die Verkaufszeiten informiert ein Aushang am Tor.

Bars

Bar Gigante
Die Bar im Vintage-Stil bietet Tische im Freien.
📍 E4 🏠 Alameda de Hércules 17 ☎ +34 955 29 45 29

Linterna Ciega
In der Mikrobrauerei werden verschiedene Biersorten ausgeschenkt.
📍 F5 🏠 Calle Regina 10 ☎ +34 854 52 10 21

Jazz Naima Sevilla
In der kleinen Bar finden fast jeden Abend Jazz-Konzerte statt.
📍 E4 🏠 Calle Conde de Barajas 2 ☎ +34 653 75 39 76

③
Torre de Don Fadrique
📍 E3 🏠 Espacio de Santa Clara, Calle Becas s/n
🚌 A2, A7, C3, 3, 6 📞 +34 955 47 13 02 🕐 Di–Sa 10–19
🌐 espaciosantaclara.org

Der Turm (13. Jh.) auf dem Gelände des Convento de Santa Clara zählt zu den besterhaltenen historischen Bauten der Stadt. Er war Teil der Verteidigungsanlagen des Palasts des Infanten Don Fadrique. Die Aussicht von der Turmspitze ist grandios.

④ ♿
Hospital de las Cinco Llagas / Parlamento de Andalucía
📍 G2 🏠 Calle Parlamento de Andalucía 🚌 A2, 2, 10, 13 📞 +34 954 59 59 29
🕐 nur nach Anmeldung
🌐 parlamentodeandalucia.es

Das Hospital de las Cinco Llagas (»Hospital der fünf Wunden«) ist Sitz des Parlaments von Andalusien. Das im Jahr 1500 von Catalina de Ribera gegründete Hospital befand sich ursprünglich nahe der Casa de Pilatos *(siehe S. 89)*. 1540 wurde mit der Errichtung des neuen Gebäudes für das damals größte Krankenhaus in Europa begonnen. Die Architekten wechselten im Lauf der Jahre, das barocke Hauptportal entwarf Asensio de Maeda. 1613 wurde das Bauwerk vollendet. Das Krankenhaus nahm bis in die 1960er Jahre Patienten auf.

1992 wurde das Gebäude für das Parlament restauriert. Die von Hernán Ruiz d. J. im manieristischen Stil gestaltete Kirche im Zentrum des Komplexes wurde zum Sitzungssaal umgebaut.

⑤
Cámara Oscura
📍 F2 🏠 Calle Resolana 37
🚌 C1, C2, C3, C4, C5, 2, 13, 14 📞 +34 679 09 10 73
🕐 Sep – Mitte Juli: Di–So 11:30–17; Mitte Juli–Aug: Di–So 10–15:30 🚫 bei Regen

In der Torre de los Perdigones kann man Echtzeitbilder der Umgebung sehen, die mithilfe von Spiegeln und Vergrößerungslinsen erzeugt werden.

Schon gewusst?
Die Virgen de la Macarena ist Schutzheilige der Schneider und Stierkämpfer.

⑥
Basílica de la Macarena
📍 F3 🏠 Calle Bécquer 1
🚌 C1, C2, C3, C4, C5, 2, 10, 13, 14 📞 +34 954 90 18 00
🕐 tägl. 9–14, 17–21 (So ab 9:30) 🚫 Karfreitag
🌐 hermandaddelamacarena.es

Die im Jahr 1949 erbaute Kirche beherbergt die Virgen de la Esperanza Macarena. Die Madonnenfigur befindet sich über dem Hauptaltar. Gemälde von Rafael Rodríguez Hernández widmen sich thematisch der Jungfrau Maria.

Im benachbarten Museum sind Prozessionsgewänder und aus *trajes de luces*, den traditionellen Gewändern der Stierkämpfer, gefertigte Umhänge zu sehen. Außerdem kann man die riesigen Prozessionswagen bewundern, die in der Semana Santa zum Einsatz kommen.

Virgen de la Macarena
Die Prozession in der Semana Santa *(siehe S. 47)* stellt den Höhepunkt der Verehrung der Virgen de la Macarena dar: Die Statue wird am Karfreitag auf einem reich geschmückten Wagen langsam durch die Straßen geschoben. Der Weg führt von der Basílica de la Macarena zur Catedral de Sevilla *(siehe S. 76f)*. Büßer in spitzen Kapuzen rufen: »¡Guapa!« (»Du Schöne!«).

Die Murallas (Stadtmauern) wurden im Mittelalter zum Schutz vor Invasoren errichtet

❼ Murallas
📍 G3 🚌 A2, C2, C4, 13

Entlang der Calle Andueza und der Calle Muñoz León – von der Basílica de la Macarena *(siehe S. 99)* bis zur rund 400 Meter östlich gelegenen Puerta de Córdoba – ist ein Teil der Stadtmauern erhalten, die Sevilla einst umschlossen.

Die Ringmauer mit zentralem Wehrgang (12. Jh.) war mit über 100 Wachtürmen versehen – die Torre Blanca ist einer von sieben erhaltenen. Die Iglesia de San Hermenegildo (17. Jh.) am östlichen Ende der Murallas ist nach einem westgotischen König benannt, der der Legende nach an dieser Stelle getötet wurde.

❽ Iglesia de San Marcos
📍 G4 🏠 Plaza de San Marcos 🚌 C5 📞 +34 954 50 26 16 🕐 Mo – Sa 19 – 20:30 (Winter: bis 20), So 12:30 – 13:30, 19:30 – 20:30

Zu den Mudéjar-Merkmalen der Kirche aus dem 14. Jahrhundert gehören der auf den Fundamenten eines Minaretts erbaute Turm, der der Giralda ähnelt, und das gotische Portal an der Plaza de San Marcos. Bei der Restaurierung nach einem Brand im Jahr 1936 kamen im Hauptschiff einzigartige Hufeisenbogen zum Vorschein. Die Barockstatue des hl. Markus mit Buch und Federkiel wird dem Bildhauer Juan de Mesa zugeschrieben.

Hinter der Kirche befindet sich der 1490 gegründete Convento de Santa Isabel. Im 19. Jahrhundert wurde das Kloster als Frauengefängnis genutzt. Das Barockportal der Klosterkirche (1609) an der Plaza de Santa Isabel ziert das Flachrelief *Die Heimsuchung Mariä* von Andrés de Ocampo.

❾ Iglesia de San Pedro
📍 F5 🏠 Plaza de San Pedro 🚌 C5, 27, 32 📞 +34 954 21 68 58 🕐 Mo – Do 8:30 – 13, 19 – 20:30, Fr 8:30 – 11:30, Sa 8:30 – 9:30, 10:30 – 11:30, So 9:30 – 14, 19:30 – 20:30

Die Kirche, in der 1599 der Maler Diego Velázquez getauft wurde, zeigt eine für Sevilla typische Mischung von Baustilen. Im Mauerwerk des Turms, den ein barocker Glockenstuhl krönt, sind Mudéjar-Elemente erhalten. Das Hauptportal an der Plaza de San Pedro wurde von dem Steinmetz Diego de Quesada 1613 im Barockstil gestaltet. Eine Statue des hl. Petrus blickt missbilligend auf den Straßenverkehr hinab.

Die Holzdecke und das Westportal im Inneren der Kirche zeigen Mudéjar-Stil. Das Gewölbe einer der Kapellen ist mit geometrischen Mustern aus verschiedenartigen Backsteinen verziert.

In der Calle Doña María Coronel hinter der Kirche wird aus einer drehbaren

---

Sevillas Glockentürme

Die Glockentürme in Sevilla zeigen die Baustile verschiedener Jahrhunderte. Die maurischen Bogen und die Verzierungen am Turm der Iglesia de San Marcos sowie das Mudéjar-Mauerwerk an der Basis des Glockenturms der Iglesia de San Pedro lassen den Einfluss der Giralda *(siehe S. 76f)* erkennen. Die Türme des Monasterio de Santa Paula und der Iglesia de Santa María Magdalena *(siehe S. 68)* sind barocken, die der Iglesia de San Ildefonso klassizistischen Stils.

Interieur der Iglesia de San Luís de los Franceses und die drei Kuppeln der Barockkirche (Detail)

Trommel in der Wand des Convento de Santa Inés Gebäck verkauft. Vor der restaurierten Klosterkirche, die Fresken von Francisco de Herrera zieren, liegt ein von Arkaden gesäumter Hof.

Dem einbalsamierten Leichnam von Doña María Coronel, die das Kloster im 14. Jahrhundert gründete, wird alljährlich am 2. Dezember im Chor der Kirche gehuldigt.

Iglesia de San Luís de los Franceses

G4 Calle San Luís 27
C5 +34 954 55 02 07
Di – So 10 – 14, 16 – 20

Die Iglesia de San Luís de los Franceses wurde von dem spanischen Baumeister Leonardo de Figueroa in prächtigem Barockstil gestaltet. Das Gotteshaus wurde von 1699 bis 1730 als Kirche für eine Gemeinschaft der Jesuiten erbaut. Nach der Vertreibung der Jesuiten aus Spanien im Jahr 1835 diente das Bauwerk u. a. als Kloster, als Fabrik und als Krankenhaus.

Da sich der Hauptaltar an der Westseite befindet, erstrahlt das von dem Bildhauer Duque Cornejo geschaffene Retabel im einfallenden Tageslicht. An den Namenstagen von San Estanislao und San Francisco fällt das Sonnenlicht auf die den beiden Heiligen geweihten kleineren Altäre.

Die Kuppel der Kirche ist mit prächtigen Fresken verziert, die Szenen aus dem Alten und Neuen Testament zeigen. Einige der Fresken schuf der wohl berühmteste spanische Barockmaler Lucas de Valdés.

Restaurants

ConTenedor
Gäste genießen Slow Food aus regionalen Zutaten.

G4 Calle San Luís 50 restaurante contenedor.com
€€€

Restaurante Eslava
Das preisgekrönte Restaurant bietet andalusische Küche.

D4 Calle Eslava 3
espacioeslava.com
€€€

Arte y Sabor
Die köstlichen Tapas in dem unprätentiösen Lokal vereinen spanische, marokkanische und mediterrane Einflüsse.

E4 Alameda de Hércules 85
arteysabor.es
€€€

Speisesaal des Palacio de las Dueñas, der Residenz der Herzöge von Alba

Shopping

Botellas y Latas
Der Delikatessenladen verkauft regionale Erzeugnisse, darunter Käse, Pasteten, iberischer Schinken, Olivenöl und Marmeladen. Auch Biere und Weine gehören zum Sortiment.
F5 Calle Regina 14
+34 954 29 31 22

Record Sevilla
Der Laden bietet eine fantastische Auswahl an neuen und gebrauchten Schallplatten, Kassetten, CDs und Memorabilien.
E5 Calle Amor de Dios 17
+34 954 38 77 02

Rompemoldes
In den Ateliers präsentieren und verkaufen Künstler und Kunsthandwerker ihre Arbeiten – Keramiken, Schmuck, Kleidung, Dekoratives und Gemälde. Die Werkstätten haben unterschiedliche Öffnungszeiten.
G3 Calle San Luís 70 rompemoldes.com

11 Palacio de las Dueñas
F5 Calle Dueñas 5
C5 +34 954 21 48 28
tägl. 10 – 20 (Okt – März: bis 18) 1. Jan, 6. Jan, 25. Dez lasduenas.es

Der im späten 15. Jahrhundert erbaute Renaissance-Palast der Herzöge von Alba zeigt Einflüsse der Gotik und des Mudéjar-Stils. Das Anwesen mit den bezaubernden Gärten und Höfen gilt als das schönste Sevillas. Der Dichter Antonio Machado (1875 – 1939), der in dem Palast geboren wurde, preist in vielen seiner Gedichte die Schönheit und Eleganz des Anwesens.

Die Salons sind mit Familienporträts und kostbaren Antiquitäten und Möbeln ausgestattet. Ein Raum ist der Geschichte der Feria de Abril *(siehe S. 47)* gewidmet.

12 Monasterio de Santa Paula
G4 Calle Santa Paula 11 C5 +34 954 54 00 22 Di – So 10 – 13
santapaula.es

Das Kloster zählt zu den wenigen in Sevilla, die öffentlich zugänglich sind. Es wurde 1475 gegründet. Heute leben 40 Ordensschwestern in dem Komplex. Klopfen Sie an der braunen Tür (Nr. 11) an der Calle Santa Paula, wenn Sie das Klostermuseum besichtigen möchten. Treppen führen zu zwei Ausstellungsräumen mit Gemälden und anderen sakralen Kunstwerken. Die Fenster in der zweiten Tür an der Calle Santa Paula bieten Blick auf den Kreuzgang, der während der nachmittäglichen Freistunde vom Lachen der Ordensschwestern widerhallt. In einem Raum beim Ausgang kann man von den Nonnen hergestellte Marmeladen kaufen.

Betätigen Sie die Klingel an der nahen Backsteinpforte, um die Klosterkirche zu besichtigen. Das Portal zieren gotische Bogen, Renaissance-Medaillons, Mudéjar-Mauerwerk und Werke des italienischen Künstlers Niculoso Pisano (1470 – 1529). Die

Die als Las Setas *bekannte Konstruktion Metropol Parasol*

geschnitzte Holzdecke über dem Hauptschiff datiert von 1623. Sehenswert sind auch die von Juan Martínez Montañés geschaffenen Statuen von Johannes dem Täufer und Johannes Evangelista.

⓭ Iglesia de Santa Catalina

📍 G5 🏛 Plaza Ponce de Léon 🚌 C5 📞 +34 954 21 74 41 🕐 nur zu Gottesdiensten (tägl. 10, 20; Sommer auch 21)

Vorbild für den im Mudéjar-Stil gestalteten Turm der Kirche, die im 14. Jahrhundert am Standort einer Moschee erbaut wurde, war die Giralda *(siehe S. 76f)*. Auf den üblichen Barockaufsatz wurde verzichtet. Das gotische Westportal mit Hufeisenbogen an der Calle Alhóndiga stammt von der Iglesia de Santa Lucía, die 1930 abgerissen wurde. Die Capilla Sacramental gestaltete Leonardo de Figueroa. Die Capilla de la Exaltacíon ziert eine von Pedro Roldán geschaffene Christusfigur.

⓮ Metropol Parasol

📍 F5 🏛 Plaza de la Encarnación 🚌 C5, 10, 11, 12, 15, 16, 20, 24, 27, 32 📞 Mirador: +34 606 63 52 14; Antiquarium: +34 955 47 15 80 🕐 Mirador: tägl. 10 – 23 (Fr, Sa bis 23:30); Antiquarium: Di – Sa 10 –19:30, So und Feiertage 10 – 13:30 🌐 setasdesevilla.com

Die als *Las Setas* (»Die Pilze«) bekannte moderne Holzkonstruktion wurde von dem deutschen Architekten Jürgen Mayer entworfen und von 2005 bis 2011 errichtet. Von dem begehbaren Dach (Mirador) eröffnet sich eine herrliche Aussicht. Auf dem Platz unterhalb des Mirador befinden sich Bars, Restaurants und ein Markt. Auf einer erhöhten Plaza finden Veranstaltungen statt.

Das Antiquarium im Untergeschoss präsentiert Relikte, die 1973 bei der geplanten Neubebauung des Areals mit Bürogebäuden entdeckt wurden. Dazu gehören römische Mauerreste und Säulenfragmente aus dem 1. Jahrhundert sowie die Ruinen eines maurischen Hauses aus dem 12. bis 13. Jahrhundert.

> **Schöne Aussicht**
> **Glockentürme**
>
> Es macht Spaß, vom Mirador des Metropol Parasol aus die Glockentürme der Stadt zu zählen – mit einem Getränk in der Hand, das man in einer Bar auf dem Platz gekauft hat.

> **Schon gewusst?**
>
> Der Metropol Parasol ist die wohl größte Holzkonstruktion der Welt.

Spaziergang durch La Macarena

Länge 1,5 km **Bus** 30, C5 **Dauer** 20 Minuten

Bei einem Spaziergang durch La Macarena erhält man Einblick in das Alltagsleben in Sevilla. Das von Urlaubern wenig frequentierte Viertel hat sich seinen authentischen Charakter bewahrt. Die Calle de la Feria, die Haupteinkaufsstraße von La Macarena, besucht man am besten morgens, wenn die Marktstände frisch mit Gemüse und Obst bestückt sind. Am frühen Abend, wenn die Gottesdienste abgehalten werden, bietet sich die Gelegenheit, die bezaubernden Kirchen in dem Viertel zu besichtigen. Danach kann man sich den Einheimischen anschließen, die sich in den Bars zu Drinks und Tapas einfinden.

Der im 15. Jahrhundert im Mudéjar-Stil erbaute **Palacio de las Dueñas** mit dem eleganten Innenhof ist Residenz der Herzöge von Alba. Deren Wappen ist, aus Fliesen gefertigt, über dem Eingang zu sehen *(siehe S. 102)*.

Der donnerstagvormittags an der **Calle de la Feria** stattfindende Mercadillo El Jueves geht auf den ältesten Markt in Sevilla zurück.

Die **Iglesia de San Juan de la Palma** ist eine kleine Kirche im Mudéjar-Stil. Der Glockenturm aus Backstein wurde 1788 hinzugefügt.

Schon gewusst?

Der Name La Macarena geht wohl auf die griechische Göttin Makaria zurück.

Die im **Convento de Santa Inés** lebenden Nonnen verkaufen leckeres Gebäck *(siehe S. 101)*.

Die **Iglesia de San Pedro** zeigt verschiedene Baustile. Der Maler Diego Velázquez wurde in der Kirche getauft *(siehe S. 100f)*.

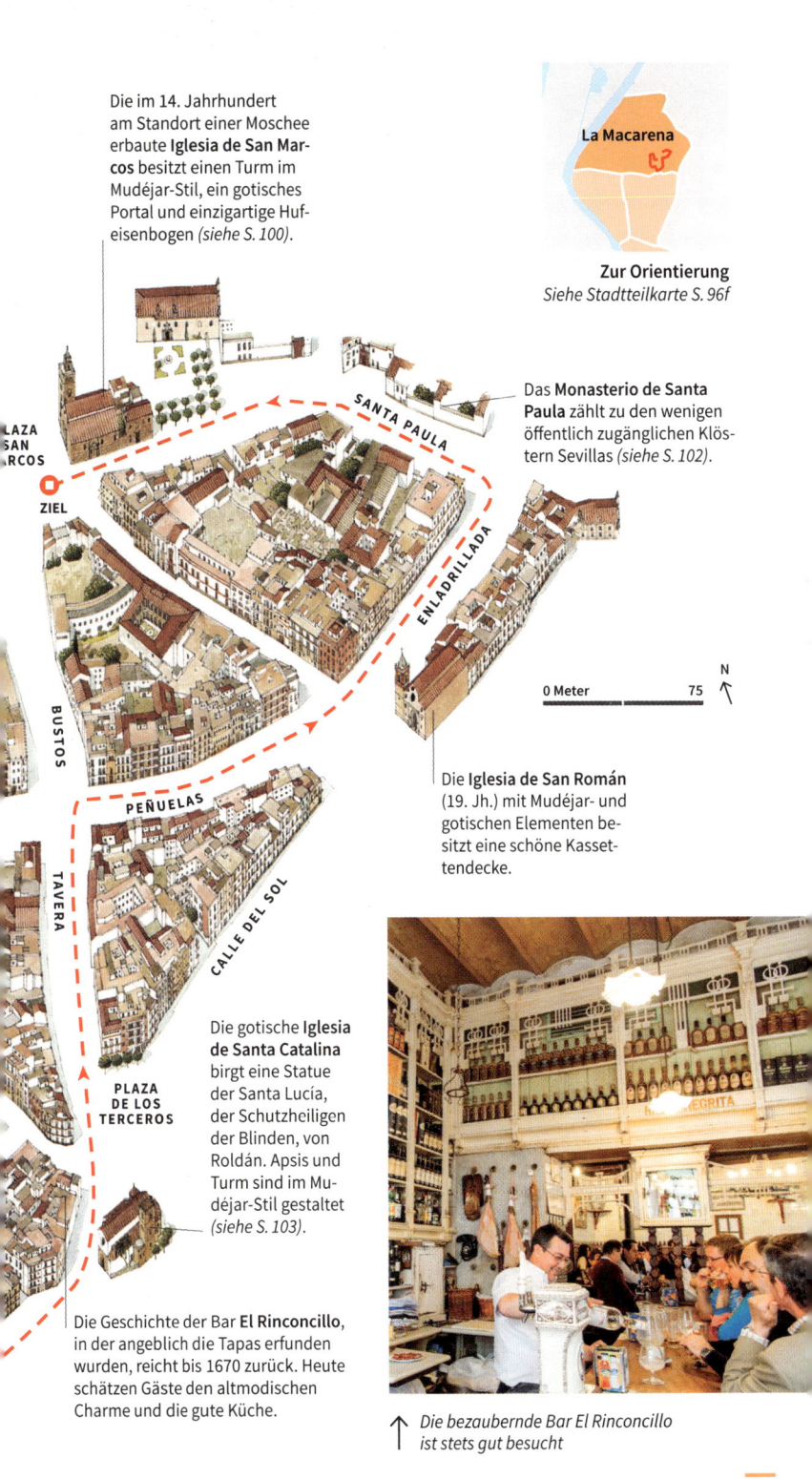

Die im 14. Jahrhundert am Standort einer Moschee erbaute **Iglesia de San Marcos** besitzt einen Turm im Mudéjar-Stil, ein gotisches Portal und einzigartige Hufeisenbogen *(siehe S. 100)*.

Zur Orientierung
Siehe Stadtteilkarte S. 96f

Das **Monasterio de Santa Paula** zählt zu den wenigen öffentlich zugänglichen Klöstern Sevillas *(siehe S. 102)*.

Die **Iglesia de San Román** (19. Jh.) mit Mudéjar- und gotischen Elementen besitzt eine schöne Kassettendecke.

Die gotische **Iglesia de Santa Catalina** birgt eine Statue der Santa Lucía, der Schutzheiligen der Blinden, von Roldán. Apsis und Turm sind im Mudéjar-Stil gestaltet *(siehe S. 103)*.

Die Geschichte der Bar **El Rinconcillo**, in der angeblich die Tapas erfunden wurden, reicht bis 1670 zurück. Heute schätzen Gäste den altmodischen Charme und die gute Küche.

↑ *Die bezaubernde Bar El Rinconcillo ist stets gut besucht*

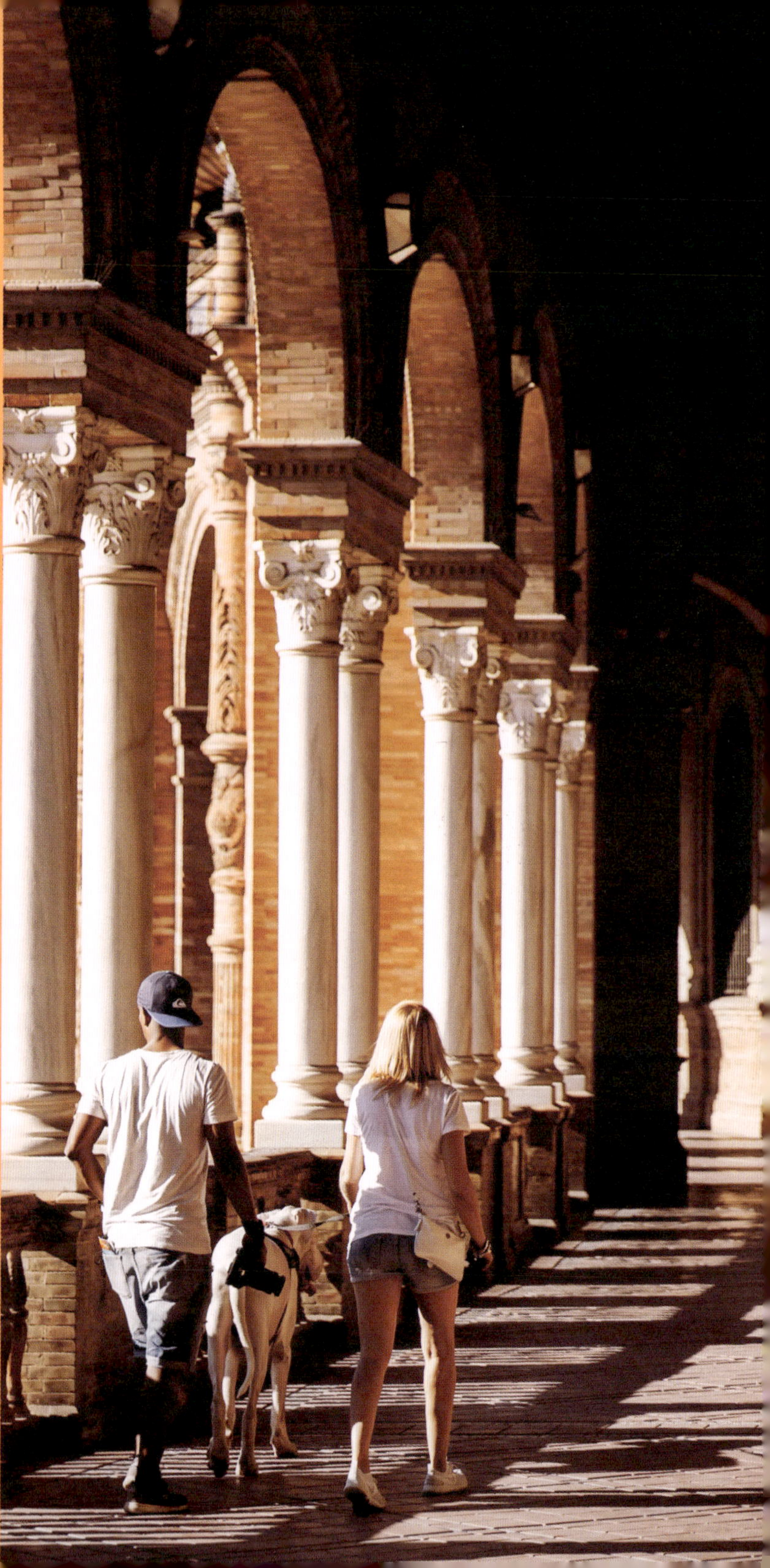

Kolonnade der Capitanía General an der Plaza de España (siehe S. 112)

Parque de María Luisa

Der Parque de María Luisa, der sich südlich des Stadtzentrums erstreckt, ist die größte Grünanlage Sevillas. Der Großteil des Geländes gehörte einst zum 1682 im Barockstil erbauten Palacio de San Telmo. Heute dient der Park mit dem alten Baumbestand, den Brunnen und den Blumenbeeten als Naherholungsgebiet. Er wird vor allem in den heißen Sommermonaten gerne aufgesucht. Auf dem Gelände des Prado de San Sebastián nördlich des Parks befand sich einst der *quemadero* – die Plattform, auf der viele Opfer der Inquisition verbrannt wurden. Die letzte Hinrichtung fand auf dem Gelände 1781 statt.

Viele der historischen Gebäude im Parque de María Luisa wurden für die Exposición Iberoamericana 1929 erbaut. Die Ausstellung präsentierte Exponate aus Spanien, Portugal und Südamerika in eigens errichteten Pavillons. Heute sind in den Gebäuden Museen, Botschaften, das Hauptquartier des Militärs und Bildungseinrichtungen untergebracht. Das Fünf-Sterne-Hotel Alfonso XIII und die halbkreisförmige Plaza de España verdeutlichen den Stolz Andalusiens, der sich damals in grandiosen Bauwerken manifestierte, am besten.

Die Real Fábrica de Tabacos im Parque de María Luisa wurde durch die Oper *Carmen* von Georges Bizet berühmt: Die weibliche Hauptfigur arbeitet in der Königlichen Zigarrenfabrik. Heute gehört das Gebäude zur Universidad de Sevilla.

El Arenal
Seiten 62–71

Santa Cruz
Seiten 72–93

Map Labels

- Jardines de Murillo
- Real Alcázar
- Judería
- Jardines del Alcázar
- Plaza de la Contratación
- San Gregorio
- Puerta de Jerez
- Calle San Fernando
- Puerta de Jerez
- ❷ Hotel Alfonso XIII
- Jardines de Cristina
- Puente de San Telmo
- Avenida de Roma
- Palos de la Frontera
- Paseo de las Delicias
- ❸ Universidad de Sevilla (Real Fábrica de Tabacos)
- Plaza Don Juan de Austria
- Prado de San Sebastián
- ❺ Palacio de San Telmo
- Jardines de San Telmo
- Calle La Rábida
- Glorieta de San Diego
- Infante Don Carlos
- Gral Primo de Rivera
- Avenida de Gran Capitán
- ❹ Teatro Lope de Vega
- Avenida del Perú
- Pabellón de Chile
- Pabellón de Perú
- Avenida de María Luisa
- Avenida de Isabel la Católica
- Plaza de España
- Guadalquivir
- Avenida de Chile
- Pabellón de Uruguay
- Costuero de la Reina
- Calle del Turia
- Calle del Monte Carmelo
- Calle Juan Sebastián Elcano
- Avda Conde de Colombia
- Avenida Rodríguez Caso
- Glorieta de los Marineros
- Monumento a los Marineros Voluntarios
- ❶ Parque de María Luisa
- Avenida Hernán Cortés
- Glorieta de las Cigarreras
- Puente del Generalísimo
- Virgen de Araceli
- Virgen de Robledo
- Muelle de las Delicias
- Avenida Santiago Montoto
- Avenida de Pizarro
- Avenida de Magallanes
- Museo de Artes y Costumbres Populares
- Plaza de América
- Museo Arqueológico
- Glorieta de México

Parque de María Luisa

0 Meter — 250

N

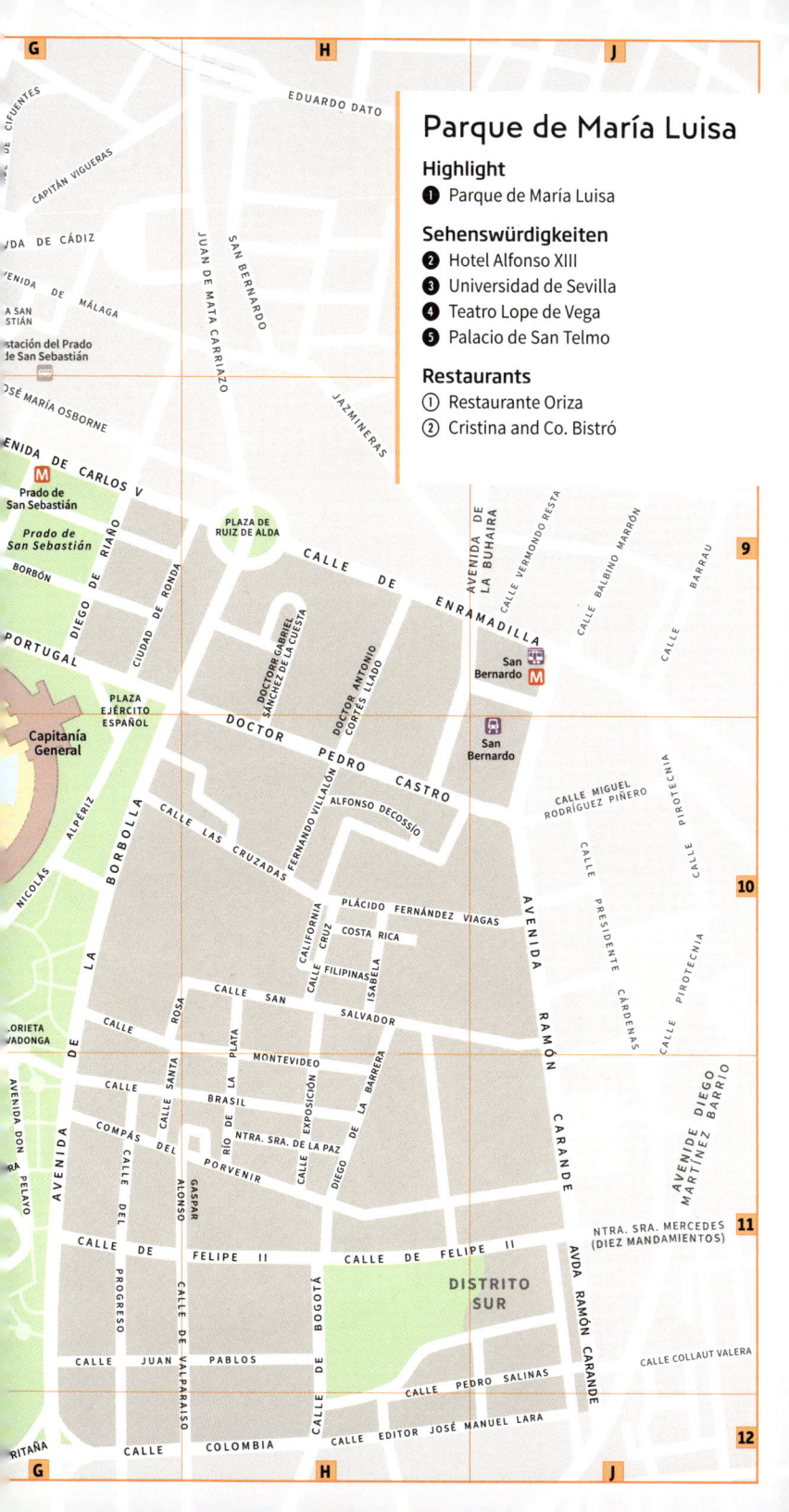

Parque de María Luisa

Highlight
1. Parque de María Luisa

Sehenswürdigkeiten
2. Hotel Alfonso XIII
3. Universidad de Sevilla
4. Teatro Lope de Vega
5. Palacio de San Telmo

Restaurants
1. Restaurante Oriza
2. Cristina and Co. Bistró

Parque de María Luisa

📍 F10 🏠 Paseo de las Delicias s/n Ⓜ️🚆 Prado de San Sebastián
🕐 tägl. 8 – 22 (Juli, Aug: bis 24)

Der Park mit plätschernden Brunnen, blühenden Blumen und schattigen Wegen bietet vor allem im Sommer Erholung von dem Staub und der Hitze in der Stadt.

Der Park trägt den Namen der Infantin María Luisa de Borbón, die der Stadt 1893 einen Teil des Grundstücks des Palacio de San Telmo überließ. Die Anlage wurde von Jean Forestier, dem Direktor des Bois de Boulogne in Paris, gestaltet. 1929 fand im Parque de María Luisa die Exposición Iberoamericana statt. Die beeindruckendsten Zeugnisse der für die Ausstellung durchgeführten Baumaßnahmen sind die mit *azulejos* geschmückte Plaza de España und die Plaza de América; beide wurden von dem Architekten Aníbal González entworfen. An der Plaza de América ist im Pabellón Mudéjar das Museo de Artes y Costumbres Populares untergebracht, das über andalusisches Kunsthandwerk informiert. Im Pabellón del Renacimiento präsentiert das Museo Arqueológico aus Itálica *(siehe S. 144)* stammende Artefakte.

Schon gewusst?

María Luisa de Borbón heiratete im Alter von 14 Jahren und bekam neun Kinder.

Vorbild für den mit Löwenstatuen versehenen Fuente de los Leones war der Brunnen im Patio de los Leones in der Alhambra *(siehe S. 216f)*.

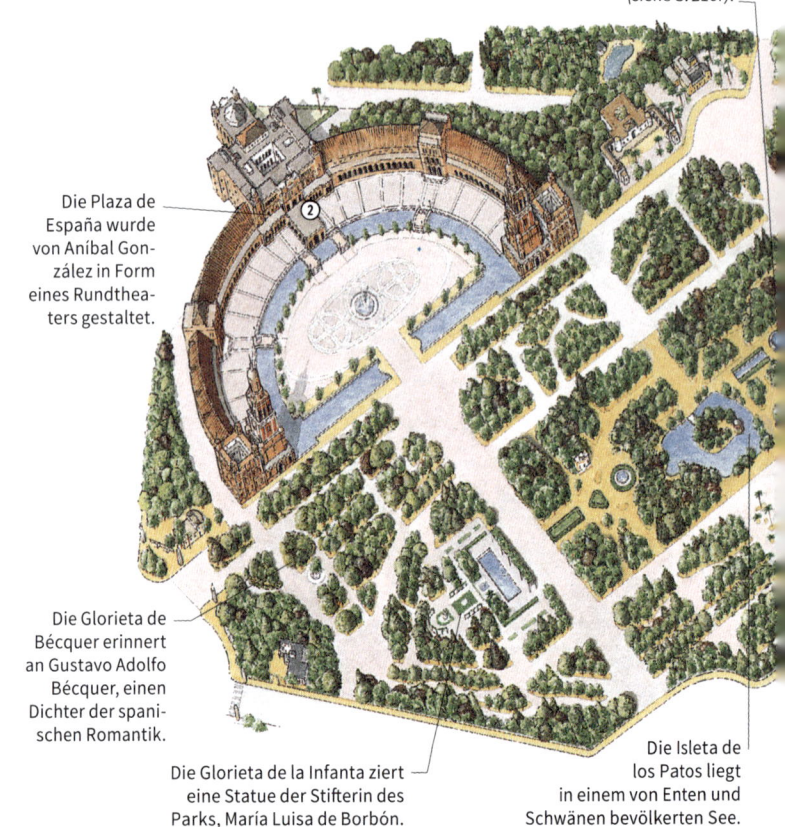

Die Plaza de España wurde von Aníbal González in Form eines Rundtheaters gestaltet.

Die Glorieta de Bécquer erinnert an Gustavo Adolfo Bécquer, einen Dichter der spanischen Romantik.

Die Glorieta de la Infanta ziert eine Statue der Stifterin des Parks, María Luisa de Borbón.

Die Isleta de los Patos liegt in einem von Enten und Schwänen bevölkerten See.

Highlight

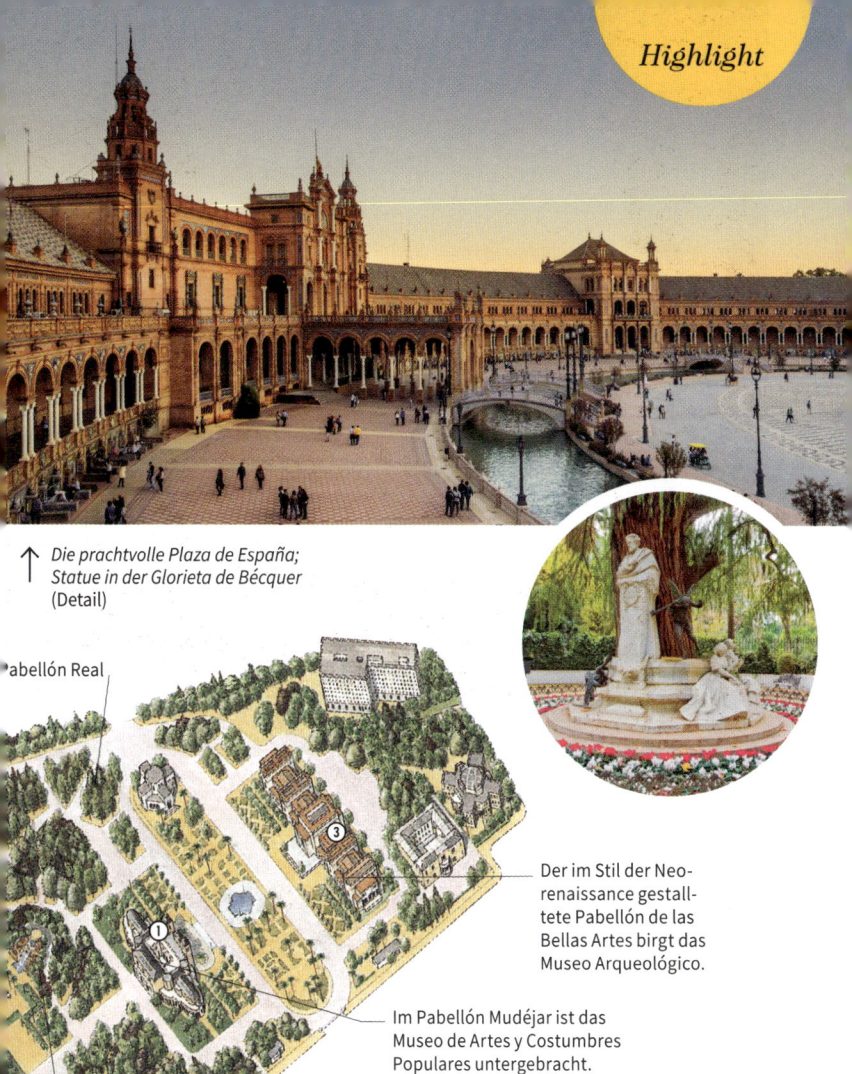

Die prachtvolle Plaza de España; Statue in der Glorieta de Bécquer (Detail)

Pabellón Real

Der im Stil der Neorenaissance gestaltete Pabellón de las Bellas Artes birgt das Museo Arqueológico.

Im Pabellón Mudéjar ist das Museo de Artes y Costumbres Populares untergebracht.

Der Monte Gurugú ist ein kleiner Berg mit Wasserfall.

Plaza de América

↑ *Im Parque de María Luisa gibt es Pavillons und schattige Wege*

Museo de Artes y Costumbres Populares

📍 F11 🏛 Pabellón Mudéjar, Plaza de América 🚌 1, 3, 6, 30, 31, 34, 37 📞 +34 955 03 53 25 🕐 Sep–Juni: Di–Sa 9–21, So 9–15; Juli, Aug: Di–So 9–15 🌐 museosdeandalucia.es

Das Museum im für die Exposición Iberoamericana 1929 erbauten Pabellón Mudéjar widmet sich den Traditionen und dem Handwerk Andalusiens. Es informiert über die Kunst des Goldschmiedens, über Lederverarbeitung und Böttcherei sowie über die Geschichte der *azulejos*. Besucher sehen eine Nachbildung eines Weinkellers in Huelva sowie antike Glaswaren und Keramiken.

Im Obergeschoss werden Kleidung (19. Jh.), Möbel, Musikinstrumente und landwirtschaftliche Geräte gezeigt. Flamenco, Stierkampf, die Feierlichkeiten in der Semana Santa und die Feria de Abril *(siehe S. 47)* sind Motive von ausgestellten Bildern.

Restaurant

La Casa del Estanque
Das Restaurant bietet internationale Küche und gute Cocktails.

🏠 Calle San Fernando 2
🌐 lacasadel
estanque.com

€€€

Bars

Terraza Bilindo
Die Bar liegt nahe der Plaza de América.

🏠 Paseo de las Delicias
🌐 terrazabilindo.com

Teterías al Sultan
Das nordafrikanische Teehaus ist bezaubernd.

🏠 Calle San Fernando 7
🌐 teteriasensevilla.es

② Plaza de España
📍 G10

Der imposante halbkreisförmige Platz wurde von Aníbal González als Herzstück der Exposición Iberoamericana 1929 *(siehe S. 107)* entworfen. Das Gebäude, vor dem sich die Plaza erstreckt, vereint Elemente der Renaissance, des Neobarock und des Neomudejár-Stils. Mit den beiden Türmen am Nord- und Südende zählt es zu den Wahrzeichen Sevillas.

Die Kolonnade weist Nischen auf, die mit faszinierenden *azulejos (siehe S. 88)* geschmückt sind, die für die spanischen Provinzen stehen und bedeutende historische Ereignisse darstellen. Das Barcelona gewidmete Bild beispielsweise zeigt Kolumbus, der nach seiner Rückkehr aus der Neuen Welt von Isabel I. und Ferdinand II. begrüßt wird. Der Seefahrer verbeugt sich vor den Monarchen, während Ureinwohner aus der Karibik, die mit ihm nach Spanien reisten, Geschenke darbringen. Thema des Madrid gewidmeten Bilds ist der Kampf gegen die napoleonischen Truppen während des Kriegs auf der Iberischen Halbinsel. In den Nischen befinden sich Bücherregale mit Werken, die über die jeweilige Provinz informieren, und von Besuchern gestifteten Bänden.

Den Kanal, der dem Halbrund des Gebäudes folgt, überspannen Fußgängerbrücken, die die einstigen Königreiche Kastilien, León, Aragón und Navarra reprä-

Fotomotiv
Szenenbild

In dem Film *Star Wars: Episode II – Angriff der Klonkrieger* dient die Plaza de España als Königsplatz auf dem Planeten Naboo. Posieren Sie auf dem Platz als Padmé Amidala und Anakin Skywalker.

Kolonnade an der Plaza de España; die Barcelona gewidmete Nische (kleines Bild)

sentieren. Wer an einer der Bootsfahrten teilnimmt, genießt herrliche Ansichten des Hauptgebäudes.

Die Plaza de España diente in vielen Filmen als Kulisse, zum Beispiel in *Lawrence von Arabien* (1962), *Star Wars: Episode II – Angriff der Klonkrieger* (2002) und *Der Diktator* (2012).

③ ♿
Museo Arqueológico
📍 G11 🏛 Pabellón del Renacimiento, Plaza de América 🚌 1, 3, 6, 30, 31, 34, 37 ☎ +34 955 12 06 32
🕒 wegen Renovierung
🌐 museosdeandalucia.es

Das archäologische Museum befindet sich im Pabellón del Renacimiento, den Aníbal González für die Exposición Iberoamericana 1929 entwarf. Das Gebäude wird zurzeit renoviert. Die Sammlung gliedert sich in drei Bereiche.

Eine Abteilung umfasst Exponate, die vom Paläolithikum bis zur frühen Römerzeit reichen. Dazu gehören Kopien des Goldschmucks aus dem Schatzfund von El Carambolo. Die von der Tartessos-Kultur (6. Jh. v. Chr.) gefertigten Objekte wurden 1958 bei Bauarbeiten nahe Sevilla entdeckt.

Die der Römerzeit gewidmete Abteilung birgt Funde aus Itálica *(siehe S. 144)*, darunter Statuen der Kaiser Trajan und Hadrian sowie eine Venus-Statue. Zu den Highlights zählt auch ein Mosaik (3. Jh. v. Chr.) aus Écija.

Zur Abteilung über das maurische Spanien gehören vorchristliche Sarkophage, westgotische Relikte und Funde aus Medina Azahara *(siehe S. 164)*.

← *Statue des römischen Kaisers Hadrian im Museo Arqueológico*

Den eleganten Innenhof des Hotels Alfonso XIII schmücken Orangenbäume und ein Brunnen ↑

> **Expertentipp**
> **Operntour**
>
> In über 100 Opern ist die Handlung in Sevilla angesiedelt. Bei Führungen mit Sopranistinnen kann man an Originalschauplätzen Arien hören (www.sevilla officialtours.com).

SEHENSWÜRDIGKEITEN

❷ Hotel Alfonso XIII
📍 E8 🏠 Calle San Fernando 2 🚇 Puerta de Jerez
🚌 C5 📞 +34 954 91 70 00
🌐 marriott.com

Das für die Exposición Iberoamericana 1929 erbaute Luxushotel ist nach König Alfonso XIII benannt, der bis 1931 Spanien regierte. Das im Regionalista-Stil gestaltete Bauwerk zeigt *azulejos* (siehe S. 88), Schmiedeeisen und kunstvolles Mauerwerk. Den von Kolonnaden umgebenen Innenhof ziert ein Brunnen. Die Restaurants und Bars des Hauses stehen Nicht-Hotelgästen offen.

❸ Universidad de Sevilla
📍 F9 🏠 Calle San Fernando 4 🚇 Puerta de Jerez, Prado de San Sebastián
🚌 5, 21, 34, C1, C2, C3, C4
📞 +34 954 55 10 00
🕐 Mo – Fr 8 – 20:30 🌐 us.es

Das Gebäude der Real Fábrica de Tabacos (Königliche Zigarrenfabrik) ist heute Teil der Universität von Sevilla. Im 19. Jahrhundert war die Fabrik ein beliebtes Ziel von Reisenden, die das »romantische« Spanien zu erleben suchten. Zu jener Zeit arbeiteten 3000 *cigarreras* in dem Unternehmen, das drei Viertel der in Europa produzierten Zigarren herstellte. Die Arbeiterinnen inspirierten Prosper Mérimée zu seiner Novelle *Carmen*, die Georges Bizet als Vorlage für seine Oper diente.

Die Fabrik ist nach dem El Escorial bei Madrid der größte Gebäudekomplex Spaniens. Die Anlage wurde 1728 bis 1771 nach Plänen von Ignacio Sala erbaut. Graben und Wachtürme zeugen von der Bedeutung, die man dem Schutz des königlichen Tabakmonopols beimaß. Rechts vom Haupteingang liegt das einstige Gefängnis, in dem Arbeiterinnen einsaßen, die Tabak entwendet hatten. Linker Hand befindet sich eine Kapelle.

Büsten von Kolumbus und Cortés am Hauptportal erinnern an die Entdeckung des Tabaks in der Neuen Welt. Dieser Fabrikteil diente als Wohnbereich. An das Vestibül grenzen zu beiden Seiten begrünte Höfe. Durch den Uhren- und den Brunnenhof gelangt man zu den einstigen Produktionshallen. Die Tabakblätter wurden auf den Dächern getrocknet und danach in von Eseln angetriebenen Mühlen zerkleinert.

1950 übernahm die Universität den Gebäudekomplex. Die Zigarrenfabrik bezog eine Produktionsstätte im Viertel Los Remedios. 2007 wurde sie geschlossen.

> **»Carmen«**
>
> Die *cigarreras*, die in Sevillas Zigarrenfabrik arbeiteten, inspirierten den französischen Schriftsteller Prosper Mérimée zu seiner Novelle *Carmen* (1845), die die tragische Geschichte einer Frau erzählt, die sich in einen Stierkämpfer verliebt und daraufhin von ihrem abgewiesenen Verehrer, einem Soldaten, ermordet wird. Georges Bizet diente dieses leidenschaftliche Liebesdrama als Vorlage für seine Oper *Carmen* (1975).

❹ Teatro Lope de Vega

📍 F9 🏛 Avenida María Luisa s/n 🚉Ⓜ Prado de San Sebastián 🚌 5, 21, 34, C1, C2, C3, C4 📞 +34 955 47 28 28 🕐 zu Vorstellungen 🌐 teatrolopedevega.org

Lope de Vega (1562–1635), oft »Shakespeare Spaniens« genannt, schrieb mehr als 1500 Theaterstücke. Das klassizistische Gebäude mit Säulen und Kolonnaden wurde als Casino und Theater für die Exposición Iberoamericana 1929 erbaut. Es wird heute noch für Theateraufführungen genutzt. Das benachbarte Café del Casino befindet sich in einem Ballsaal aus den 1920er Jahren.

❺ Palacio de San Telmo

📍 E9 🏛 Avenida de Roma 🚉Ⓜ Puerta de Jerez 🚌 3, 5, 21, 37, 41, C3, C4, C5 📞 +34 955 00 10 10 🕐 Do, Sa (nach tel. Vereinbarung) 🌐 juntadeandalucia.es

Der Palast wurde 1682 als Institut zur Ausbildung von Marineoffizieren erbaut. Er ist nach dem hl. Telmo, dem Schutzpatron der Seeleute, benannt. 1849 ging der Palast in den Besitz der Herzöge von Montpensier über. Bis 1893 war das Gebiet, auf dem sich heute der Parque de María Luisa *(siehe S. 110–113)* erstreckt, Teil des Anwesens. Von 1901 bis 1989 war in dem Palast eine Akademie ansässig. Heute ist das Gebäude Sitz der Junta de Andalucía, des andalusischen Regionalparlaments.

Das Portal an der Avenida de Roma ist das auffälligste bauliche Merkmal des Palasts. Es wurde von dem Architekten Antonio Matías de Figueroa im Stil des Churriguerismus, einer Spielart des Spätbarock, entworfen und 1734 fertiggestellt. Die ionischen Säulen sind von allegorischen Figuren der Künste und Wissenschaften umgeben. Über dem Eingang zeigt eine Statue den hl. Telmo, der ein Schiff und Seekarten in den Händen hält. Die Figur wird von Statuen des hl. Ferdinand mit Schwert und des hl. Hermenegildo de la Asunción, der ein Kreuz trägt, flankiert.

Die Skulpturen an der Nordfassade an der Avenida de Palos, die bedeutende Persönlichkeiten Sevillas zeigen, wurden 1895 von Susillo angefügt. Darunter finden sich Porträts großer Künstler wie Murillo, Velázquez und Montañés.

Restaurants

Restaurante Oriza

Das Restaurant ist in einer wunderschönen Villa aus dem 20. Jahrhundert untergebracht. Es bietet hervorragende andalusische und baskische Küche.

📍 F8 🏛 Calle San Fernando 41
🌐 restauranteoriza.com

€€€

Cristina and Co. Bistró

Die in dem Lokal servierten traditionellen Gerichte tragen eine moderne Note. Das Angebot reicht von vegetarischen Speisen über Eintöpfe bis zu Fleisch- und Fischgerichten. Welche Wahl man auch trifft, enttäuscht wird man mit Sicherheit nicht.

📍 F8 🏛 Calle San Fernando 19
📞 +34 606 41 64 58
🕐 Mi abends, Sa, So

€€€

←
Das beeindruckende Portal des Palacio de San Telmo an der Avenida de Roma

Spaziergang an der Universidad de Sevilla

Länge 2,5 km **Metro** Puerta de Jerez
Dauer 30 Minuten

Südlich der Puerta de Jerez stehen zwischen dem Fluss und dem Parque de María Luisa viele stattliche Gebäude. Die ältesten Bauwerke stehen unmittelbar mit dem Guadalquivir in Verbindung: Der Palacio de San Telmo wurde im 17. Jahrhundert als Institut zur Ausbildung von Marineoffizieren errichtet, der Bau der heute als Universidad de Sevilla dienenden Real Fábrica de Tabacos wurde durch die Tabaklieferungen aus der Neuen Welt initiiert. Für die Exposición Iberoamericana 1929 entstanden Pavillons in verschiedenen Baustilen und das luxuriöse Hotel Alfonso XIII. Das architektonisch vielfältige Viertel eignet sich hervorragend für einen Spaziergang.

Schon gewusst?

Der Guadalquivir ist mit 657 Kilometern der zweitlängste Fluss Spaniens.

Die Uferstraße **Paseo de las Delicias** grenzt an die Jardines de San Telmo. Der Name bedeutet »Weg der Freude«.

↑ Hof in dem Gebäudekomplex der ehemaligen Real Fábrica de Tabacos

Im **Pabellón de Chile** befindet sich heute die Escuela de Artes Aplicadas (Akademie für angewandte Kunst).

Pabellón de Uruguay

Der **Costurero de la Reina** (»Nähkästchen der Königin«) war einst ein Gartenhaus.

Denkmal für El Cano, der 1522 die erste Weltumsegelung zu Ende führte, nachdem Magellan auf der Reise ums Leben gekommen war.

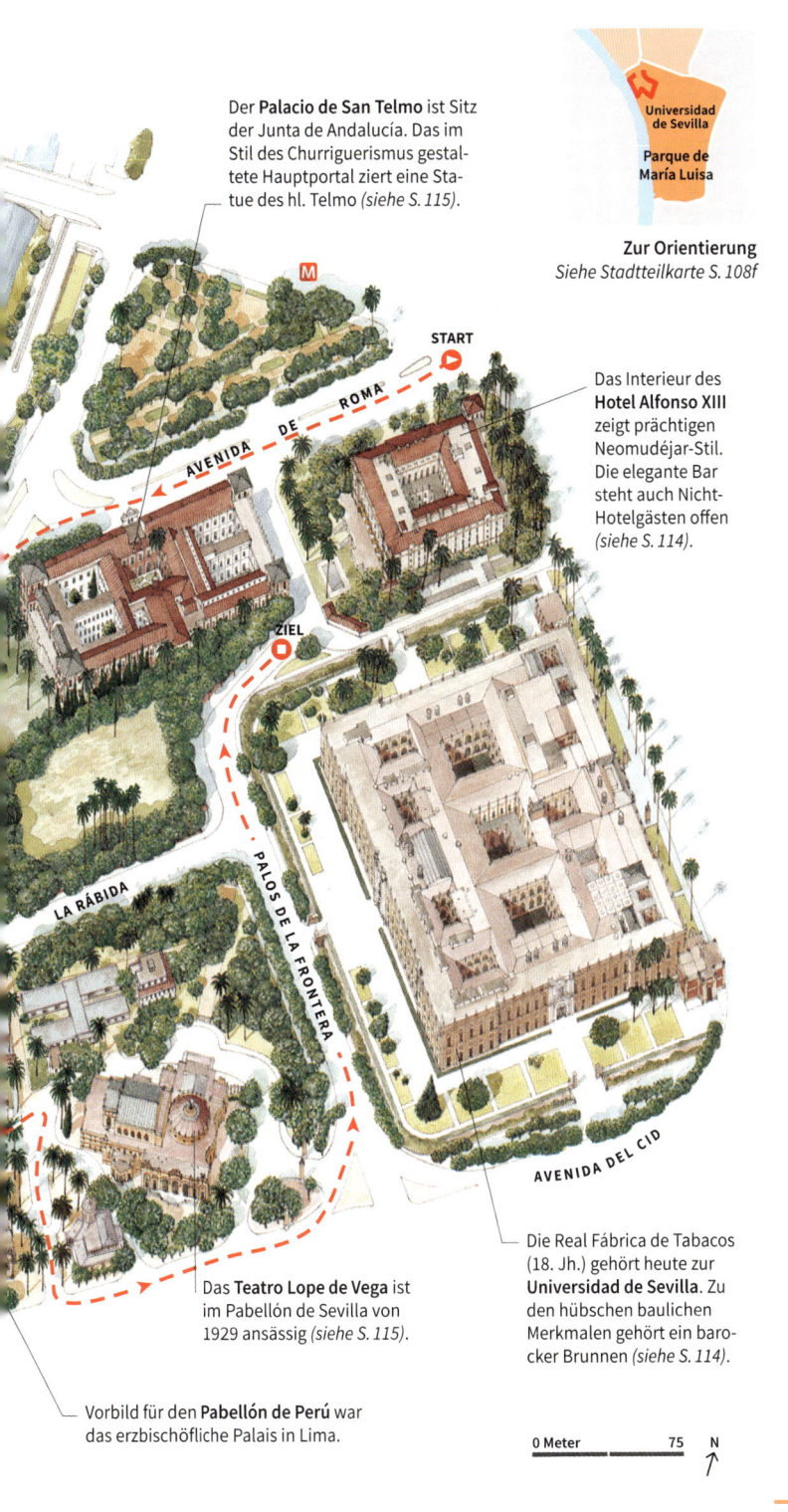

Der **Palacio de San Telmo** ist Sitz der Junta de Andalucía. Das im Stil des Churriguerismus gestaltete Hauptportal ziert eine Statue des hl. Telmo *(siehe S. 115)*.

Zur Orientierung
Siehe Stadtteilkarte S. 108f

Das Interieur des **Hotel Alfonso XIII** zeigt prächtigen Neomudéjar-Stil. Die elegante Bar steht auch Nicht-Hotelgästen offen *(siehe S. 114)*.

Die Real Fábrica de Tabacos (18. Jh.) gehört heute zur **Universidad de Sevilla**. Zu den hübschen baulichen Merkmalen gehört ein barocker Brunnen *(siehe S. 114)*.

Das **Teatro Lope de Vega** ist im Pabellón de Sevilla von 1929 ansässig *(siehe S. 115)*.

Vorbild für den **Pabellón de Perú** war das erzbischöfliche Palais in Lima.

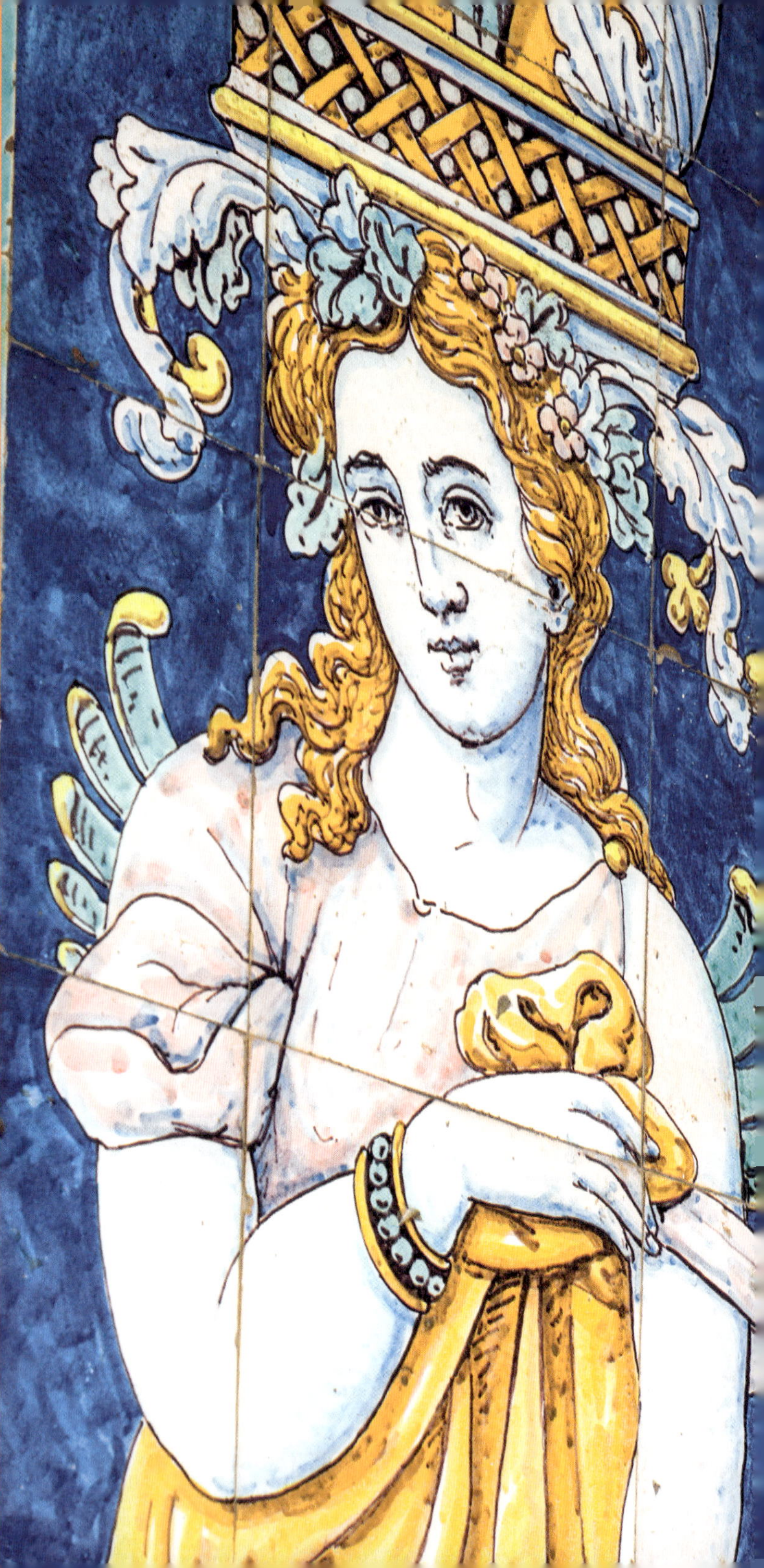

Bild an einem Haus in Triana

Triana

Die Viertel am Westufer des Guadalquivir vereinen Historie und Moderne. In Triana, dem nach dem Kaiser Trajan benannten Stadtteil, wurden schon in römischer Zeit Keramiken angefertigt. Das Gebiet ist seit je ein Arbeiterviertel, aus dem viele Stierkämpfer und Flamenco-Künstler stammen. Im 15. Jahrhundert wurde im Norden Trianas ein Kartäuserkloster erbaut – daher der spätere Name des Viertels: Isla de la Cartuja. Kolumbus wohnte einst in dem Gebiet und plante seine Heldentaten. La Cartuja wurde aufgrund der historischen Bedeutung zum Schauplatz der Expo '92. Auf dem Ausstellungsgelände wurde wenige Jahre später der Vergnügungspark Isla Mágica eröffnet.

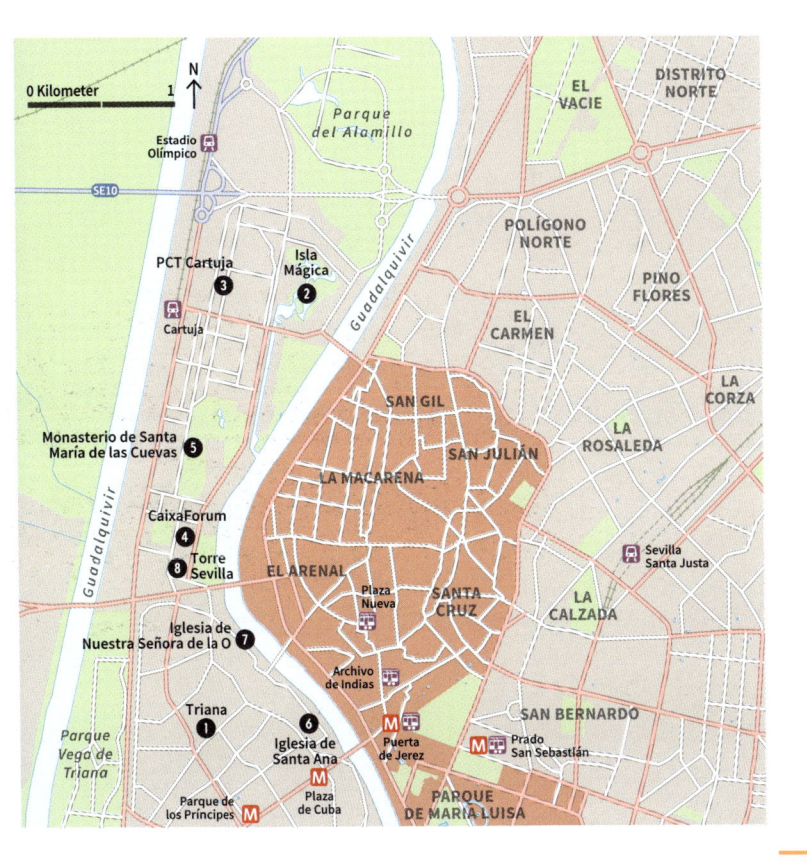

Highlight
1. Triana

Sehenswürdigkeiten
2. Isla Mágica
3. PCT Cartuja
4. CaixaForum
5. Monasterio de Santa María de las Cuevas
6. Iglesia de Santa Ana
7. Iglesia de Nuestra Señora de la O
8. Torre Sevilla

❶ Triana

🚇 Plaza de Cuba, Parque de los Príncipes 🚌 C1, C2, C3
Centro Cerámica Triana: 🏠 Calle Callao 16 📞 +34 954 34 15 82 🕐 Di – Sa 11–18, So 10–15
Centro Temático de la Tolerancia del Castillo de San Jorge: 🏠 Plaza del Altozano s/n
📞 +34 955 47 02 55 🕐 Di – Sa 11–18, So 10–15

Das nach dem römischen Kaiser Trajan benannte Viertel ist seit frühester Zeit für Töpferwaren bekannt. Noch heute verkaufen in dem Stadtteil Werkstätten Fliesen und Keramiken. Triana brachte viele berühmte Seefahrer, Stierkämpfer und Flamenco-Tänzer hervor. Das traditionelle Arbeiterviertel besitzt noch immer eine ganz eigene Atmosphäre.

Triana unterscheidet sich deutlich von den von prächtigen Bauten geprägten Vierteln, die das Zentrum Sevillas bilden. Der am westlichen Ufer des Guadalquivir gelegene Stadtteil ist jedoch nicht minder bezaubernd. Tagsüber laden die netten Gassen zu einem Spaziergang ein, abends locken lebhafte Bars und ein traumhafter Blick über den Guadalquivir. Das Centro Cerámica Triana informiert über die Geschichte der Keramikherstellung. Zu den Exponaten zählen von dem Architekten Aníbal González entworfene Fliesen sowie Öfen, Werkzeuge und Materialien aus dem 16. Jahrhundert. Im Castillo de San Jorge zeichnet das Centro Temático de la Tolerancia anhand von Gemälden und Schaubildern Ereignisse der Spanischen Inquisition nach.

> **Expertentipp**
> **Kunstkurs**
>
> Barro Azul vermittelt in 2,5-stündigen Kursen Grundlagen der Keramikherstellung. Teilnehmer können die von ihnen selbst bemalten Fliesen als Souvenir mit nach Hause nehmen (www.barroazul.es).

Boote auf dem Guadalquivir während der Velá de Santa Ana in Triana

Highlight

In der einstigen Manufaktur Cerámica Santa Ana informiert das **Centro Cerámica Triana** über die Historie des Kunsthandwerks.

Die **Capilla del Carmen** wurde 1926 von Aníbal González erbaut. Die kleine Kapelle steht am Westende des Puente de Isabel II.

Die Eisenbrücke **Puente de Isabel II**, auch Puente de Triana genannt, führt nach El Arenal.

Centro Temático de la Tolerancia del Castillo de San Jorge

An der **Plaza del Altozano** stehen Häuser mit glasverkleideten Balkonen *(miradores)*.

Die **Calle Betis** säumen Bars, Cafés und Clubs.

Capilla de los Marineros (Seemannskapelle)

Die **Calle Rodrigo de Triana** ist nach dem Seefahrer benannt, der 1492 Amerika sichtete.

Die **Iglesia de Santa Ana** (13. Jh.) ist die älteste Pfarrkirche Sevillas *(siehe S. 124f)*.

Blumengeschmückt und oft mit Wäsche an den Leinen – die **Calle Pelay Correa** hat authentisches Flair.

↑ *Das bezaubernde Viertel Triana*

Santa Justa und Santa Rufina

Die beiden Christinnen (3. Jh.) wurden Schutzpatroninnen von Sevilla, nachdem die Römer sie von Löwen zerfleischen ließen, da sie sich geweigert hatten, an einer Prozession zu Ehren der Venus teilzunehmen. Die beiden Frauen sind Thema vieler Arbeiten von Künstlern wie Antonio María Esquivel *(rechts)*.

SEHENSWÜRDIGKEITEN

❷
Isla Mágica
- Pabellón de España, Isla de la Cartuja
- C1, C2
- +34 902 16 17 16
- variierende Öffnungszeiten
- Nov – Mitte Apr
- islamagica.es

Der Vergnügungspark wurde 1997 eröffnet. Er nimmt einen Teil der Isla de la Cartuja ein, die Schauplatz der Expo '92 war. Auf der Insel befinden sich außerdem der Wissenschafts- und Technologiepark PCT Cartuja und das Monasterio de Santa María de las Cuevas *(siehe S. 124)*.

Thema des Parks sind die Entdeckungsreisen der spanischen Seefahrer, die im 16. Jahrhundert von Sevilla aus die Neue Welt erkundeten. Die erste der sechs Zonen des Parks ist dem Hafen von Sevilla gewidmet, die Puerta de América in der Karibik, ein Piratennest, ein Jungbrunnen, die verlorene Stadt El Dorado und Amazonien sind die Mottos der anderen Bereiche. Hauptattraktionen unter den Fahrgeschäften sind die Achterbahn »Jaguar«, in der man mit 85 km/h durch die Loopings rauscht, die Wildwasserbahn »Anaconda«, die »Rápidos de Orinoco« (»Stromschnellen«) und der 68 Meter hohe Turm »El Desafio«, von dem man im freien Fall hinabsaust. Der Bereich »La Fuente de la Juventud« (»Jungbrunnen«) mit Karussells und Piraten spricht Kleinkinder an.

Gegen Aufschlag kann man in vier weiteren Zonen Wasserspaß genießen. Der Bereich »Playa Quetzal« umfasst einen großen Pool mit Wellengang und einen Strand. Auf der »Isla de Tobagones« stehen Wasserrutschen. In der gemächlichen Strömung des »Río Lento« kann man sich wunderbar treiben lassen. »Mini Paraíso« ist für Kinder gedacht.

Außerdem gibt es Tanzshows und ein IMAX-Kino. Vorführungszeiten stehen auf der Website der Parks.

> **Schon gewusst?**
>
> Die Achterbahn »Jaguar« im Park Isla Mágica war der erste Inverted Coaster in Spanien.

❸
PCT Cartuja
- Calle Leonardo da Vinci
- C1, C2

Der Parque Científico y Tecnológico Cartuja (Wissenschafts- und Technologiepark Cartuja) nimmt den westlichen Teil des ehemaligen Expo-Geländes auf der Isla de la Cartuja ein. Besucher können bei einem Spaziergang entlang der Calle Leonardo da Vinci und der Anliegerstraßen einige der für die Expo '92 errichteten

→
Kettenkarussell im Vergnügungspark Isla Mágica

Das von Guillermo Vázquez Consuegra entworfene CaixaForum ↑

Pavillons von außen betrachten. Zugänglich sind die Gebäude nicht, da sie inzwischen als Firmensitze dienen.

Die Bauten südlich und östlich des Parque Alamillo gehören zur Universidad de Sevilla.

Im Süden des Gebiets erstrecken sich die Gärten des Monasterio de Santa María de las Cuevas. In dem Kloster aus dem 15. Jahrhundert ist nun das Centro Andaluz de Arte Contemporáneo untergebracht *(siehe S. 124)*.

CaixaForum

Centro Comercial Torre Sevilla, Calle López Pintado s/n 5, C1 +34 955 65 76 11 tägl. 10–20 (einige Feiertage bis 18) 1. Jan, 6. Jan, 25. Dez caixaforum.es

Das vielseitige Programm des modernen Kulturzentrums beinhaltet Ausstellungen, Filmvorführungen, Workshops und Lesungen. Das CaixaForum befindet sich unterhalb des Shoppingcenters am Fuß der 40 Stockwerke hohen Torre Sevilla *(siehe S. 125)*. Der Wolkenkratzer gehört der CaixaBank, die auch Träger des Kulturzentrums ist.

Das Zentrum umfasst zwei große Ausstellungsbereiche, ein Theater mit 273 Plätzen, zwei Mehrzweckhallen, einen Bereich für Veranstaltungen für Kinder, einen Souvenirladen mit einer exzellenten Auswahl an Büchern über Kunst und Design sowie ein Restaurant mit Tischen im Freien. Die viermal jährlich wechselnden Ausstellungen, an die Aktivitäten für Kinder gekoppelt sind, präsentieren überwiegend Werke aus der Sammlung moderner Kunst der CaixaBank.

Restaurants

Vega 10
Das gemütliche Restaurant überzeugt mit modernen Tapas-Variationen, einer umfangreichen Weinkarte, freundlichem Service und einem exzellenten Preis-Leistungs-Verhältnis.

Calle Rosario Vega 10
+34 954 23 77 48
So
€€€

Mariatrifulca
Das am Fluss gelegene Lokal serviert überwiegend Fisch, aber auch leckere Fleischgerichte.

Plaza del Altozano 1
+34 954 33 03 47
€€€

Restaurante El Duende
In dem eleganten Restaurant in einem der oberen Stockwerke der Torre Sevilla genießt man atemberaubende Aussicht und exquisite mediterrane Küche.

Torre Sevilla, Calle Gonzalo Jiménez Quesada 2, 34. Stock
restauranteelduendesevilla.com
mittags
€€€

Das CaixaForum in Sevilla ist das drittgrößte von insgesamt acht Kulturzentren, die die CaixaBank in Spanien betreibt. Es bietet jährlich etwa 1200 Veranstaltungen. Sonntags werden im Restaurant Speisen aus der Region des Künstlers serviert, dessen Werke in der aktuellen Ausstellung zu sehen sind. Der Blick von der Terrasse des Restaurants den Turm hinauf ist atemberaubend.

⑤ Monasterio de Santa María de las Cuevas

🏠 Avenida Américo Vespucio 2, Isla de la Cartuja 🚌 5, C1, C2 📞 +34 955 03 70 70
🕐 tägl. 11–21 (So, Feiertage bis 15:30) 📅 1. Jan, 6. Jan, 19. Apr, 1. Mai, 15. Aug, 24. Dez, 25. Dez, 31. Dez
🌐 museosdeandalucia.es

Das auch »La Cartuja« genannte Kloster wurde im 15. Jahrhundert vom Kartäuserorden erbaut. Es ist eng mit der Geschichte Sevillas verbunden. Kolumbus lebte und arbeitete in dem Kloster, von 1507 bis 1542 lag er in der Krypta der Klosterkirche,

Monasterio de Santa María de las Cuevas; Grabmäler in der Krypta (Detail) ↑

der Capilla de Santa Ana, bestattet. Bis 1836 wurde das Kloster von Mönchen bewohnt, die einige der schönsten Werke der Schule von Sevilla in Auftrag gaben, darunter Arbeiten von Montañés und Zurbarán, die heute im Museo de Bellas Artes *(siehe S. 66f)* zu sehen sind.

1841 richtete der Unternehmer Charles Pickman in dem Komplex eine Keramikfabrik ein. Nach Schließung der Manufaktur 1980 wurde das Kloster für die Expo '92 restauriert.

Sehenswert sind die Capilla de Afuera beim Haupteingang, die Casa Prioral mit einer Ausstellung über die Zeit der Restauration und der Kreuzgang im Mudéjar-Stil. Das Kapitelhaus birgt Marmorgrabsteine von einigen Förderern des Klosters.

Das im Kloster ansässige Centro Andaluz de Arte Contemporáneo (Teil des Museo de Arte Contemporáneo) zeigt Werke andalusischer Künstler des 20. Jahrhunderts. In Wechselausstellungen sind internationale Arbeiten – von Bildhauerei bis zu digitaler Kunst – zu sehen.

> **Expertentipp**
> **Jazz**
> Wer das Centro Andaluz de Arte Contemporáneo im Monasterio de Santa María de las Cuevas sonntagvormittags besucht, kann im Museumscafé an Tischen im Freien Jazzklängen lauschen.

⑥ Iglesia de Santa Ana

🏠 Calle Vázquez de Leca 1 📞 +34 954 27 08 85 🕐 Mo–Fr 10:30–13:30 (Fr ab 11)

Die Kirche (1276) war eine der ersten, die nach der *reconquista (siehe S. 50)* in Sevilla erbaut wurden. Im Lauf der Jahrhunderte wurde sie mehrfach baulich verändert. Heute ist sie für die Bewohner und die *cofradías* (religiöse Bruderschaften) von Triana ein wichtiges Zentrum.

Kindern, die in der *Pila de los Gitanos* im Baptisterium der Iglesia de Santa Ana getauft werden, wird angeblich Talent als Flamenco-Sänger gegeben.

Da das Gewölbe des Hauptschiffs jenem in der Kathedrale von Burgos ähnelt, war vermutlich in beiden Kirchen derselbe Baumeister tätig. Das Retabel (16. Jh.) an der Westseite schuf Alejo Fernández. Kindern, die in der *Pila de los Gitanos* (»Taufbecken der Zigeuner«) im Baptisterium getauft werden, wird angeblich Talent als Flamenco-Sänger gegeben.

❼
Iglesia de Nuestra Señora de la O
🏠 Calle de Castilla
📞 +34 954 33 75 39 🕐 tägl.

Die Kirche aus dem späten 17. Jahrhundert besitzt einen mit *azulejos* verzierten Glockenturm. Zu den Barockskulpturen im Inneren gehört eine Madonna mit Kind und silbernem Glorienschein, die Pedro Duque Cornejo (1677–1757) zugeschrieben wird. Auf einer Seite des Hochaltars befindet sich eine von Pedro Roldán (1624–1699) geschaffene Figurengruppe, die die hl. Anna, den hl. Joachim und die Jungfrau Maria zeigt. Die Figur des Jesus, der das Keuz trägt, an der Rückwand der Hauptkapelle stammt ebenfalls von Roldán.

Die Calle de Castilla, an der die Kirche steht, hat ihren Namen vom Castillo de San Jorge, das Sitz der Inquisition war. Heute befindet sich in der Burg das Centro Temático de la Tolerancia (siehe S. 120).

❽
Torre Sevilla
🏠 Calle Gonzalo Jiménez de Quesada 2 🚌 C1, C2, 6, 43
🌐 torre-sevilla.com

Von der im Süden der Isla de la Cartuja am Guadalquivir emporragenden Torre Sevilla eröffnet sich eine herrliche Aussicht. Der 180 Meter hohe Wolkenkratzer mit 40 Stockwerken wurde von dem argentinischen Architekten César Pelli entworfen. Der Bau war umstritten – die UNESCO votierte wegen der Zerstörung des Stadtbilds gegen die Errichtung. Das Fünf-Sterne-Hotel Torre Sevilla nimmt die oberen zwölf Stockwerke ein, die restlichen Etagen dienen als Büro- und Gewerbeflächen. Vom Dachgarten des benachbarten Shoppingcenters hat man den schönsten Blick auf die Torre Sevilla.

→

Die Torre Sevilla ist das höchste Gebäude in ganz Andalusien

Hotels

Hotel Zenit
Mit eleganten Zimmern, einem Pool auf der Dachterrasse, einem Solarium mit Blick über die Stadt und einem exzellenten Restaurant bietet das Haus preiswerten Luxus.

🏠 Calle Pagés del Corro 90 🌐 sevilla.zenithoteles.com
€€€

Eurostars Torre Sevilla
Von den Zimmern, die die oberen Stockwerke der Torre Sevilla einnehmen, genießt man eine grandiose Aussicht.

🏠 Gonzalo Jiménez Quesada 2
🌐 eurostarshotel company.com
€€€

ANDALUSIEN
ERLEBEN

Promenade in Málaga

| Huelva und Sevilla **132**

| Córdoba und Jaén **148**

| Cádiz und Málaga **174**

| Granada und Almería **210**

DIE REGIONEN ANDALUSIENS

Die autonome Region Andalusien im Süden Spaniens prägen beeindruckende Landschaften: Wüsten, Feuchtgebiete, schneebedeckte Berge und sonnenverwöhnte Sandstrände. Die Städte Andalusiens begeistern mit einer architektonischen Mischung von maurisch bis modern.

Huelva und Sevilla

Seiten 132–147

Im wenig besuchten Westen Andalusiens kann man tief in die Historie eintauchen: Die Arena in Itálica beschwört Bilder römischer Gladiatorenkämpfe herauf, in Carmona fühlt man sich in die Zeit der Araber zurückversetzt. An Huelvas Atlantikküste locken einsame, unberührte Strände, in den Dünen und Feuchtgebieten des Parque Nacional de Doñana kann man Wildtiere beobachten. In den zerklüfteten Bergen der Sierras im Norden finden Wanderer viele lohnenswerte Routen vor.

Entdecken
Unterwegs in der Natur

Sehenswert
Parque Nacional de Doñana

Genießen
Tour mit einem Fahrzeug mit Allradantrieb durch den Parque Nacional de Doñana

Córdoba und Jaén

Durch den Nordteil der beiden Provinzen verläuft die Sierra Morena, in deren Wäldern Hirsche und Wildschweine leben. Im Süden liegen Felder mit Sonnenblumen und Getreide. Die Städte begeistern mit der schönsten Architektur Andalusiens. Die Stadt Córdoba besitzt weltweit die größte Anzahl an Bauwerken, die zum UNESCO-Welterbe zählen. Dazu gehört die imposante Mezquita-Catedral. Anders als das maurische Córdoba ist die Provinz Jaén mit den reizenden Städten Úbeda und Baeza von der Renaissance geprägt.

Entdecken
Fantastische Architektur

Sehenswert
Córdoba, Jaén, Úbeda, Baeza

Genießen
Sternegucken in der Sierra Morena, einem UNESCO-Sternenlicht-Reservat

Cádiz und Málaga

Gegensätze prägen Andalusiens südliche Provinzen: Die Region Málaga kennzeichnen Felsplateaus, auf denen weiße Dörfer und verlassene Festungen liegen, ebenso wie schicke Seebäder. Im Hinterland der Costa del Sol erstrecken sich bewaldete Berge mit beeindruckenden Schluchten wie der Garganta del Chorro. Cádiz im Westen ist Heimat des Sherrys und reich an Weinbergen. In der Region ist die Nähe zu Afrika nicht nur wegen des Blicks über die Straße von Gibraltar, sondern auch in der Architektur erkennbar.

Entdecken
Bodegas und Strände

Sehenswert
Jerez de la Frontera, Cádiz, Ronda, Málaga

Genießen
Trauben zerstampfen in Jerez de la Frontera

Granada und Almería

Es gibt nur wenige Regionen, in denen man am selben Tag im Pulverschnee Ski fahren und im warmen Meerwasser schwimmen kann. In der Provinz Granada ist das möglich – an den Hängen der Sierra Nevada und an den wunderbaren Stränden an der Costa Tropical. Im subtropischen Wüstenklima der Region Almería kann man in einer Westernstadt Cowboy spielen oder an den Stränden im Parque Natural de Cabo de Gata entspannen. Auch die Städte sind unbedingt sehenswert, vor allem Granada mit der Alhambra.

Entdecken
Schnee und Sand

Sehenswert
Granada, Almería

Genießen
Skifahren in der Sierra Nevada

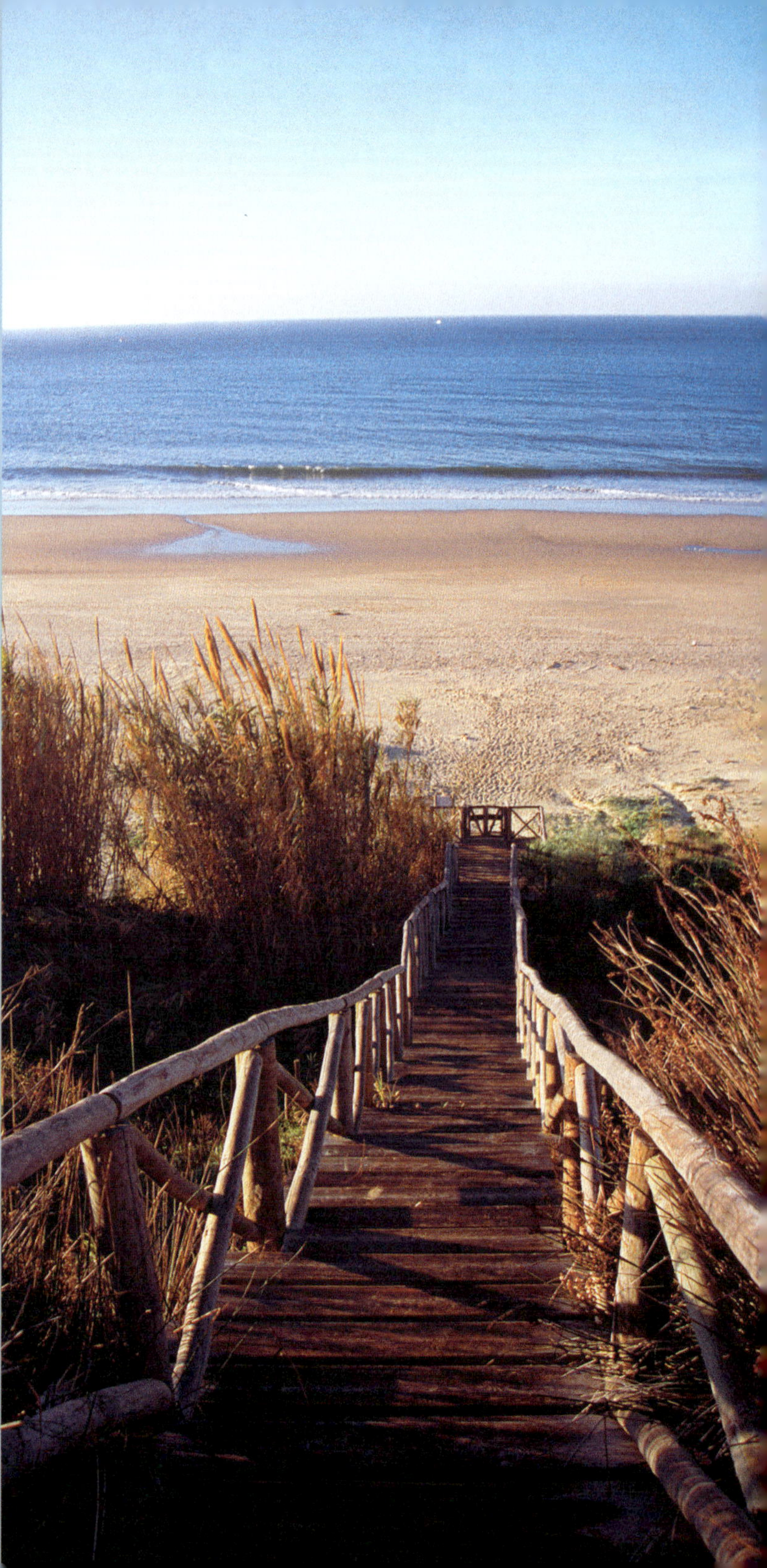

Strand von Mazagón (siehe S. 140)

Huelva und Sevilla

Im 3. Jahrhundert v. Chr. gründeten römische Legionen unter der Führung des Feldherrn Publius Cornelius Scipio Africanus in der Region Sevilla die Stadt Itálica. Viele weitere Siedlungen folgten. Später gehörte die Region zu al-Andalus, dem von den Mauren kontrollierten Teil Spaniens. Die aus Nordafrika stammenden muslimischen Herrscher errichteten weiß gekalkte, befestigte Städte wie Carmona. Nach der *reconquista*, der Rückeroberung des Landes durch die Christen, blieben maurische Traditionen in Form der Mudéjar-Architektur erhalten, die im 16. Jahrhundert in Städten wie Osuna mit Elementen der Renaissance und des Barock kombiniert wurde.

Die Provinz Huelva ist untrennbar mit einem anderen Kapitel der Welteroberung verbunden: 1492 brach Christoph Kolumbus von Palos de la Frontera zur seiner Reise gen Westen auf. Entlang der Nordgrenze von Huelva verläuft eine Bergkette, zu der die bewaldete Sierra de Aracena gehört. Im Jahr 1873 begann das britisch-australische Unternehmen Rio Tinto in dem Gebiet Eisen und Kupfer abzubauen. 1888 regte sich erstmals Widerstand gegen die durch den Bergbau verursachte Umweltverschmutzung. Bei der Protestkundgebung gegen die Missstände wurden 100 Menschen erschossen.

Heute sind die Regionen Huelva und Sevilla für die schöne Landschaft bekannt. In der Sierra Norte de Sevilla weiden Ziegen, Raubvögel kreisen am Himmel, und Bäche sprudeln durch Schluchten. Im Frühjahr blühen zahllose Wildblumen. Der Parque Nacional de Doñana umfasst die Feuchtgebiete an der Mündung des Guadalquivir. In dem Naturschutzgebiet leben zahlreiche Vögel, auf dem feuchten Boden gedeihen Sumpfpflanzen.

PORTUGAL
Moura
EN255
EN258
EN260
ER265
EN122
Fregenal de la Sierra
EX202
A66
Mones
Sierra Morena
Arroyomolinos de León
Embalse de Aracena
Santa Olalla del Cala
Rosal de la Frontera
N433
Aroche
N435
Jabugo
Aracena
Cortegana
Higuera de la Sierra
Chanza
N493
4 Sierra de Aracena
Santa Bárbara de Casa
Huelva
Paymogo
Cabezas Rubias
El Ronquillo
3 Minas de Riotinto
Zalamea la Real
El Castillo de las Guardas
Calañas
A478
HUELVA
Tharsis
A499
Alosno
Valverde del Camino
Odiel
Tinto
Guadiamar
Aznalcóllar
Villanueva de los Castillejos
Sanlúcar de Guadiana
Embalse de Sancho
San Bartolomé de la Torre
A495
El Condado 15
Sanlúcar la Mayor
A472
Guadiana
San Silvestre de Guzmán
Gibraleón
Trigueros
Niebla
La Palma del Condado
A49
Villablanca
N431
San Juan del Puerto
Bollullos Par del Condado
Pilas
Cartaya
Huelva 6
8 Moguer
Almonte
Lepe
Monasterio de la Rábida 9
11 Palos de la Frontera
10 Ayamonte
2 Isla Cristina
Punta Umbría 5
7 Mazagón
A483
Villafranca de Guadalquiv
12 El Rocío
1 Parque Nacional de Doñana
A494
Golfo de Cádiz (Golf von Cádiz)
21 Matalscañas
Guadalquivir
A471
Sanlúcar de Barrameda
Chipiona
A480
Atlantischer Ozean
El Puerto de Santa María
Cádiz
San Fernando
Chiclana de Fronte
0 Kilometer 25
N

Huelva und Sevilla

Highlight
1. Parque Nacional de Doñana

Sehenswürdigkeiten
2. Isla Cristina
3. Minas de Riotinto
4. Sierra de Aracena
5. Punta Umbría
6. Huelva
7. Mazagón
8. Moguer
9. Monasterio de la Rábida
10. Ayamonte
11. Palos de la Frontera
12. El Rocío
13. Lebrija
14. Itálica
15. El Condado
16. Sierra Norte
17. Écija
18. Estepa
19. Osuna
20. Carmona
21. Matalascañas

Im Winter machen Kubaflamingos im Parque Nacional de Doñana Station

Parque Nacional de Doñana

B4 Huelva und Sevilla Finca La Rocina, Carretera A-483, km 27,5, Almonte, +34 959 43 95 69; Palacio del Acebrón: Carretera A-483 del Rocío a Matalascañas, km 6, +34 600 14 46 25; El Acebuche: Carretera A-483 del Rocío a Matalascañas, km 12, +34 959 43 96 29; www.juntadeandalucia.es

Der Parque Nacional de Doñana umfasst zusammen mit den angrenzenden Schutzgebieten über 50 000 Hektar Schwemmland und Sanddünen. Er ist Heimat vieler Tierarten.

Das Gebiet war einst Jagdgrund der Herzöge von Medina Sidonia. Da es sich nicht für eine Besiedlung eignet, gedieh eine reiche Flora und Fauna. 1969 wurde das Areal unter Naturschutz gestellt. Zu den vielen im Park heimischen Tierarten gehören Damhirsche, Rothirsche und Spanische Kaiseradler. Wenn das Schwemmland nach der Trockenzeit überflutet wird, finden sich Tausende Zugvögel ein, darunter Rallenreiher und Kubaflamingos.

Den an der Küste gelegenen Bereich säumen bis zu 30 Meter hohe Dünen. Das bewaldete Gebiet Monte de Doñana, das sich hinter den Dünen erstreckt, ist Schutzraum für Luchse, Wildschweine und Hochwild.

Wer den inneren Parkbereich besuchen will, muss sich einer Führung anschließen (www.donanareservas.com). Die Anzahl Besucher ist streng limitiert. Es gibt aber drei markierte Pfade für Erkundungen auf eigene Faust.

Highlight

Letzter Schutzraum des Luchses

Der Luchs gehört zu den seltensten Säugetieren Europas. Im Parque Nacional de Doñana leben etwa 30 Iberische Luchse *(Lynx pardinus)*. Sie besitzen ein gelbbraunes Fell mit dunklen Flecken und spitze Ohren mit schwarzen Büscheln. Ein Forschungsprogramm widmet sich den Tieren. Die Raubkatzen ernähren sich von Hasen und Enten, manchmal auch von Rehkitzen.

←

Rallenreiher – mit dem charakteristischen blauen Schnabel – während der Brutzeit

Auf den Sanddünen im Parque Nacional de Doñana gedeihen Grasnelken
↓

Expertentipp
Markierte Pfade

Es gibt drei Strecken für Erkundungen ohne Führung: La Rocina – Charco de la Boca (3,5 km), Charco del Acebrón (ab Palacio Acebrón; 1,5 km) und ab El Acebuche um die Laguna del Acebuche (1,5 km).

SEHENSWÜRDIGKEITEN

❷
Isla Cristina
🅰 A3 🏙 Huelva 👥 21 000
📍 ℹ Calle San Francisco 12; +34 959 33 26 94; www.islacristina.org
🚪 Do

Die einstige Insel im Mündungsgebiet des Guadiana ist heute von Schwemmland umgeben. Der betriebsame Hafen ist Basis einer Fischfangflotte. Wegen des herrlichen Sandstrands ist Isla Cristina als Badeort beliebt geworden.

An der Hafenpromenade liegen einige Restaurants, die hervorragendes Seafood servieren.

Restaurants

Casa Rufino
Das Restaurant in Isla Cristina ist bezaubernd.
🅰 A3 📍 Avenida de la Playa s/n, Isla Cristina 🌐 restauranterufino.com
€€€

LPA The Culinary Bar
Das Lokal in Ayamonte serviert gutes Seafood.
🅰 A3 📍 Plaza la Lota 10, Ayamonte ☎ +34 633 66 76 03 🚪 Mo
€€€

Jesús Carrión Restaurante
Die Tapas und anderen Gerichte in dem Restaurant in Aracena haben eine kreative Note.
🅰 B2 📍 Calle Pozo de la Nieve 35, Aracena 🌐 jesuscarrionrestaurante.com
€€€

Schon gewusst?
Der NASA dient das Areal um Minas de Riotinto für Simulationen der Mars-Oberfläche.

---

❸
Minas de Riotinto
🅰 B3 🏙 Huelva 👥 3800
📍 ℹ Plaza de Minero s/n; +34 959 59 02 60; www.aytoriotinto.es

Das Bergbaudorf liegt an der N435 zwischen Huelva und der Sierra de Aracena. Die Minen werden seit phönizischer Zeit genutzt – schon die Griechen, Römer und Westgoten bauten die Eisen-, Kupfer- und Silbererzvorkommen ab.

Das **Museo Minero** informiert über die Minen und die Geschichte des Bergbau-Unternehmens Rio Tinto. An den Wochenenden kann man in historischen Waggons (um 1900) des Ferrocaril Turístico Minero Rundfahrten machen.

Museo Minero
📍 Plaza del Museo ☎ +34 959 59 00 25 🕐 tägl. 10:30–15, 16–19 🚫 1. Jan, 6. Jan, 25. Dez 🌐 parquemineroderiotinto.es

❹
Sierra de Aracena
🅰 B3 🏙 Huelva 🚌 El Repilado 🚌 Aracena ℹ Calle Pozo de la Nieve, Aracena; +34 663 93 78 77; www.aracena.es

Die Bergkette im Norden der Provinz Huelva zählt zu den wenig besuchten Gebieten Andalusiens. Die mit Korkeichen, Kastanien und wilden Olivenbäumen bewachsenen Hänge durchziehen reißende Wasserläufe und gewundene Bergstraßen.

Aracena, der Hauptort in dem Gebiet, liegt unterhalb einer verfallenen maurischen Festung am Fuß eines Bergs, der zahlreiche Höhlen aufweist. In der **Gruta de las Maravillas** (»Höhle der Wunder«) kann man einen See und Tropfsteinformationen bewundern.

Gruta de las Maravillas
📍 Calle Pozo de la Nieve, Aracena ☎ +34 663 93 78 76 🕐 tägl. 10–13:30, 15–18

❺
Punta Umbría
🅰 A3 🏙 Huelva 👥 15 000
📍 ℹ Avenida Ciudad de Huelva; +34 959 49 51 66
🌐 puntaumbria.es 🚪 Mo

Punta Umbría, der größte Ferienort an der Küste der Provinz Huelva, liegt auf ei-

Ein schattiger Plankenweg führt zum Strand von Punta Umbría

ner Landzunge mit schönem Sandstrand am Golf von Cádiz. In der Nähe der Stadt erstrecken sich die Marismas del Odiel. Das Mündungsdelta der Flüsse Odiel und Río Tinto ist UNESCO-Biosphärenreservat. Den Ort Punta Umbría ließ das britisch-australische Bergbau-Unternehmen Rio Tinto für seine Angestellten errichten. Heute werden die Villen von Spaniern als Urlaubsdomizile genutzt.

❻ Huelva

A3 Huelva 140 000
 i Calle Jesús Nazareno 21; +34 959 65 02 00; www.turismohuelva.org

Die von den Phöniziern als Onuba gegründete Hafenstadt erlebte unter den Römern eine Blütezeit. Ein zweiter Aufschwung setzte durch den Handel mit der Neuen Welt ein – bis Sevilla das Handelsmonopol erhielt. 1755 wurde die Stadt durch das Erdbeben von Lissabon nahezu vollständig zerstört. Von den Industriegebieten, die sich heute um den Hafen erstrecken, verschiffte früher das Bergbau-Unternehmen Rio Tinto Waren.

Vom nahe gelegenen Palos de la Frontera aus stach einst Kolumbus in See. Das **Museo de Huelva** informiert über den Entdecker und die Historie der Minas de Riotinto.

Museo de Huelva
♿ Alameda Sundheim 13 +34 959 65 04 24
 Di – Sa 9 – 21, Do 9 –15
 museosdeandalucia.es

Kolumbus in Andalusien

In dem Glauben, Indien über eine Westroute erreichen zu können, stach Christoph Kolumbus *(unten)* 1492 von Palos de la Frontera aus in See. Er wähnte sich am Ziel, als er auf den Bahamas an Land ging. Kolumbus unternahm von Andalusien aus drei weitere Seereisen. Er gelangte zum südamerikanischen Kontinent und zu den Mittelamerika vorgelagerten Inseln, die noch immer Westindische Inseln genannt werden.

Türkisfarbener See in der Gruta de las Maravillas, Sierra de Aracena

> **Fotomotiv**
> **Kostümbild**
> Bei der Fería Moguer 1900, die am dritten Februarwochenende zu Ehren des Dichters Juan Ramón Jiménez stattfindet, bieten die historische Kleidung tragenden Bewohner der Stadt tolle Fotomotive.

❼ Mazagón

A4 Huelva 4000
 Edificio Mancomunidad, Avenida de los Conquistadores s/n; +34 959 37 60 44 Fr

Der Badeort an der Costa de la Luz liegt relativ abgeschieden 23 Kilometer südöstlich von Huelva. Er ist von Kiefernwäldern umgeben. Im Winter ist der Ort verwaist – Magazón erwacht im Sommer zum Leben, wenn vorwiegend spanische Urlauber den weitläufigen, wenn auch oft windigen Strand aufsuchen. Angeln und Segeln sind beliebte Aktivitäten. Selbst im Sommer ist es möglich, in Magazón Ruhe und Beschaulichkeit zu genießen – bei langen Strandspaziergängen am Atlantik oder in den Sanddünen.

Moguer bezaubert mit hübschen Straßen und blumengeschmückten Innenhöfen

❽ Moguer

A3 Huelva 22 000
 Calle Andalucía 17; +34 959 37 18 98 Do

Die weiß getünchten Häuser, das klassizistische Rathaus und die Einsiedelei Nuestra Señora de Montemayor (16. Jh) bezaubern. Die **Casa Museo Zenobia y Juan Ramón Jiménez** informiert über der Literaturnobelpreisträger Juan Ramón Jiménez, der in Moguer geboren wurde. Das **Monasterio de Santa Clara** (14. Jh.) besitzt einen Kreuzgang im Mudéjar-Stil. Auch Küche, Speise- und Schlafsaal kann man sehen.

Casa Museo Zenobia y Juan Ramón Jiménez
 Calle Juan Ramón Jiménez 10 +34 959 37 21 48 variierende Öffnungszeiten casamuseozenobiajuanramonjimenez.com

Monasterio de Santa Clara
 Plaza de las Monjas +34 959 37 01 07 nur Führungen (Di – So) monasteriodesantaclara.com

❾ Monasterio de la Rábida

A3 Diseminado de la Rábida s/n, Huelva von Huelva +34 959 35 04 11 Di – So 10 – 18 1. Jan., 5. Jan, 6. Jan, 24. Dez, 25. Dez, 31. Dez monasteriodelarabida.com

1491 fand ein entmutigter, aus Genua stammender See-

Der Strand von Mazagón lädt zu langen Spaziergängen am Atlantik und durch die Dünen ein

fahrer in dem Franziskanerkloster Zuflucht: König Fernando II. und Königin Isabella I. hatten ihm für seinen Plan, eine Westroute nach Indien zu finden, die Unterstützung verweigert. Der Prior Juan Pérez, Beichtvater der Königin, führte ein Umdenken herbei. Ein Jahr später erreichte der Seemann Amerika. Sein Name war Christoph Kolumbus.

Das auf maurischen Ruinen erbaute Kloster (15. Jh.) ist heute Gedenkstätte für Kolumbus. Fresken von Daniel Vásquez Díaz (1930) rühmen den Seefahrer. Die Sala de las Banderas birgt Kästchen mit Erde aus allen Ländern Lateinamerikas.

❿ Ayamonte

🅐 A3 🏠 Huelva 👥 21 000
🚌 ℹ️ Plaza de España 1; +34 959 32 07 37 🛒 Sa

Ehe die Straßenbrücke über den Río Guadiana 1992 eröffnet wurde, musste jeder, der von Andalusien in die portugiesische Region Algarve fahren wollte, Ayamonte durchqueren. Die Autofähre über die Flussmündung ist noch in Betrieb. Wagemutige können auch an der Zipline von **Límite Zero** über die Grenze nach Portugal sausen.

Límite Zero
♿ 🏠 Avenida de Portugal, Sanlúcar de Guadiana
📞 +34 670 31 39 33 🕐 Online-Buchung vorab erforderlich 🌐 limitezero.com

⓫ Palos de la Frontera

🅐 A3 🏠 Huelva 👥 11 000
🚌 ℹ️ Paraje de la Rábida s/n; +34 959 49 46 64 🛒 Sa

Die unscheinbare Agrarstadt ist wegen ihrer Verbindung mit Christoph Kolumbus für Besucher interessant. Von dem Hafen legte der Entdecker am 3. August 1492 mit

Schon gewusst?
Das Trinkwasser für die *Santa María* wurde dem Brunnen in Palos de la Frontera entnommen.

dem Flaggschiff *Santa María* ab, begleitet von den Karavellen *Pinta* und *Niña*, deren Kapitäne, Martín und Vicente Pinzón, Brüder aus Palos waren. Auf dem Hauptplatz der Stadt steht ein Denkmal für Martín Pinzón, dessen Wohnhaus ist heute ein Museum, die **Casa Museo de Martín Alonso Pinzón**. In der Iglesia de San Jorge (15. Jh.) hörte Kolumbus die Messe, ehe er in See stach.

Casa Museo de Martín Alonso Pinzón
♿ 🏠 Calle Colón 24
📞 +34 959 10 00 41
🕐 Mo – Fr 10 –14

Hotels

Parador Mazagón
Das Hotel in Mazagón bietet mit Pools und Spa Entspannung.

🅐 A4 🏠 Carretera San Juan del Puerto-Matalascañas, km 31, Mazagón
🌐 parador.es
€€€

Finca Buen Vino
Die bezaubernde Pension in der Sierra de Aracena bietet auch Kochkurse an.

🅐 B2 🏠 Carretera N433, km 95, Los Marines
🌐 fincabuenvino.com
€€€

Complejo Pequeño Rocío
Die aus 22 Chalets und hübschen Gärten bestehende Anlage in El Rocío ist ruhig gelegen.

🅐 B4 🏠 Avenida de la Canaliega s/n, El Rocío
🌐 complejopequenorocio.es
€€€

141

Mit Bougainvilleen bewachsene Pergola an einem Platz in Ayamonte (siehe S. 141)

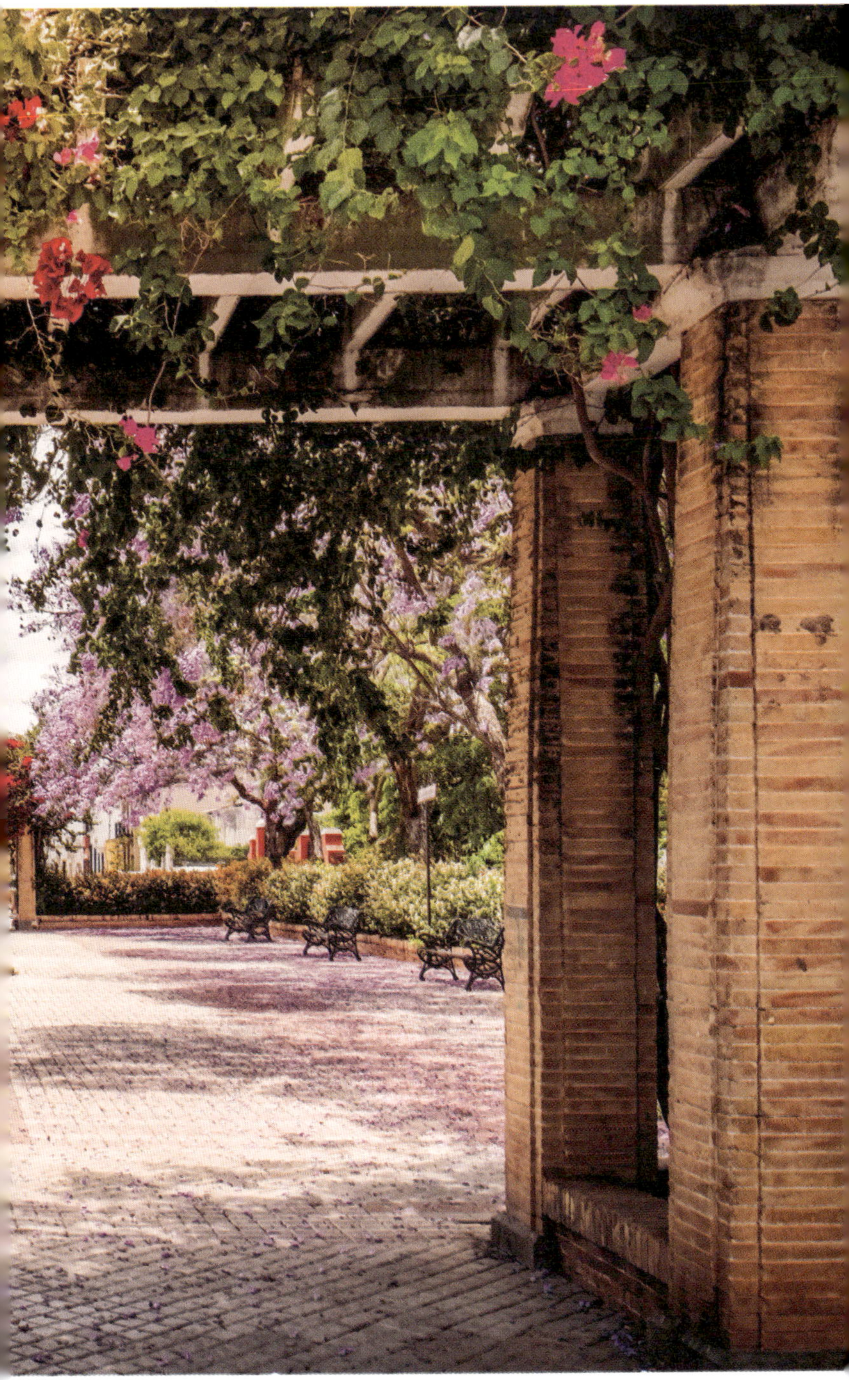

Romería del Rocío; Santuario de Nuestra Señora del Rocío (Detail)

⓬ El Rocío

🅐 B4 🏠 Huelva 👥 1600
🚌 ℹ️ Calle Alonso Pérez, Almonte; +34 959 45 15 03
🛍️ Fr

Während der Romería del Rocío *(siehe S. 46)* finden sich fast eine Million Menschen in dem Ort ein. Die meisten sind Pilger, die aus ganz Spanien mit dem Bus oder Auto, zu Pferd, auf Ochsenkarren oder zu Fuß herbeiströmen. Ziel der Wallfahrt ist die Kirche Santuario de Nuestra Señora del Rocío, die eine Marienstatue birgt, der seit 1280 heilende Kräfte zugeschrieben werden. Zu den Pilgern gesellen sich Besucher, die das Fest mit Wein und Musik genießen.

> 📷 **Fotomotiv**
> **Prozession**
>
> Während der Romería del Rocío kann man vom Ufer des Quema aus schöne Fotos von den Pilgern machen, die auf geschmückten Ochsenkarren und Pferdewagen die Brücke überqueren.

⓭ Lebrija

🅐 B4 🏠 Sevilla
👥 28 000 🚌 ℹ️ Casa de Cultura, Calle Tetuán 15; +34 955 97 40 68 🛍️ Di

Der hübsche, von einer Stadtmauer umgebene Ort bietet Blick auf die Weinberge von Jerez de la Frontera. Kopfsteinpflasterstraßen führen zur Iglesia de Santa María de la Oliva. Die Moschee (12. Jh.) wurde von Alfonso X zur Kirche geweiht.

⓮ Itálica

🅐 B3 🏠 Avenida de Extremadura 2, Santiponce, Sevilla 🚌 von Sevilla
📞 +34 600 14 17 67 🕐 Apr – Mitte Juni: Di – Sa 9 – 21, So 9 –15; Mitte Juni – Mitte Sep: Di – So 9 –15; Mitte Sep – März: Di – Sa 9 –18, So 9 –15
🚫 1. Jan, 6. Jan, 1. Mai, 9. Dez, 24. Dez, 25. Dez, 31. Dez 🌐 museosde andalucia.es

Das von Publius Cornelius Scipio Africanus 206 v. Chr. gegründete Itálica war eine der ersten römischen Städte in Hispanien. Es wuchs zum Militärstützpunkt und kulturellen Zentrum an. Die römischen Kaiser Trajan und Hadrian wurden in Itálica geboren. Hadrian ließ Marmortempel und andere prächtige Bauwerke errichten.

Vermutlich führte eine Veränderung des Laufs des Guadalquivir zum Bedeutungsverlust der Stadt. Nach dem Niedergang des Römischen Reichs verfiel Itálica.

Im Zentrum der Anlage befinden sich Relikte des einst 25 000 Besucher fassenden Amphitheaters. Eine Ausstellung zeigt einige Artefakte, die meisten beherbergt jedoch das Museo Arqueológico in Sevilla *(siehe S. 113)*. Die Straßen und Villen sind gut erhalten, von den Tempeln und Bädern ist wenig verblieben, da Steine und Marmor als Baumaterial geplündert wurden.

⓯ El Condado

🅰 B3 🅰 Huelva 🚉🚌 Palma del Condado ℹ Plaza de España 14, Palma del Condado; +34 959 40 24 09; www.lapalmadelcondado.org

Die hügelige Region östlich von Huelva, die die Orte Niebla, El Palma del Condado, Bollullos Par del Condado und Rociana del Condado umfast, gehört zu den besten Weinbaugebieten Andalusiens.

Rund um Niebla bedecken Weinberge das Land. Um die größten *bodegas* sind Dörfer entstanden. Im **Centro del Vino Condado de Huelva** kann man sich über Produktionstechniken informieren und die zum Kauf angebotenen Weine probieren.

Bollullos Par del Condado und El Palma del Condado stehen beispielhaft für die in der Region produzierten jungen Weißweine.

Centro del Vino Condado de Huelva
🅰 Calle San José 2, Bollullos Par del Condado
📞 +34 959 41 38 75
🕐 Mo 9–15, Di – Fr 9–15, 16–19, So 10–14, 16–19

⓰ Sierra Norte

🅰 C2 🅰 Sevilla 🚉 Estación de Cazalla y Constantina 🚌 Constantina; Cazalla ℹ Plaza del Dr. Manuel Nosea 1, Cazalla de la Sierra; +34 954 88 35 62

Die raue Gebirgskette im Norden der Provinz Sevilla ist Teil der Sierra Morena, die die natürliche Grenze zwischen Andalusien und den Ebenen von La Mancha

> Im Centro del Vino Condado de Huelva kann man sich über die Weinherstellung informieren und die Weine vor dem Kauf probieren.

und der Extremadura bildet. In dem dünn besiedelten, im Sommer relativ kühlen Gebiet kann man gut der Hitze Sevillas entkommen.

Cazalla de la Sierra, der Hauptort der Region, hat kosmopolitisches Flair. Er wird an den Wochenenden gern von jungen *sevillanos* aufgesucht. Cazalla de la Sierra ist Ursprungsort des Liquor de Guindas, einer Mischung aus Kirschlikör und Anis mit gewöhnungsbedürftigem Geschmack.

Die beschauliche Kleinstadt Constantina bietet schöne Ausblicke auf die umliegende Landschaft. Die auf einem Hügel liegende Burgruine sorgt für romantisches Flair.

Shopping

Embutidos y Quesos Corral
Der Delikatessenladen in der Sierra Norte bietet Köstliches.
🅰 C2 🅰 Calle Virgen del Monte 26, Cazalla de la Sierra 📞 +34 647 58 23 55

Agroalimentaria Virgen del Rocío
Die Kooperative in Almonte verkauft Weine, Essig und Olivenöl.
🅰 B3 🅰 Avenida de los Cabezudos 1, Almonte
🌐 cooperativa.raigal.es

Sombrerería Simón Vidosa
Der Hutladen ist der älteste in Huelva.
🅰 A3 🅰 Calle José Nogales 15, Huelva
📞 +34 664 03 42 53

→ *Malerischer See in der unberührten Landschaft der Sierra Norte*

❶ Écija

🅐 C3 🏠 Sevilla 👥 40 000
🏛 ℹ Palacio de Benamejí;
Calle Elvira 1a; +34 955 90
29 33; www.turismoecija.
com 📅 Do

Die Stadt am Río Genil trägt wegen ihres extrem heißen Klimas den Spitznamen »Bratpfanne Andalusiens«. Auf der Plaza de España spenden Palmen wohltuenden Schatten. Auf dem Platz kann man vor allem abends wunderbar entspannen und die Passanten beobachten.

Aufgrund der elf barocken Kirchtürme, die vielfach mit *azulejos* (siehe S. 88) verziert sind, wird Écija auch »Stadt der Türme« genannt. Die Türme der Iglesia de Santa María an der Plaza de España und der Iglesia de San Juan sind besonders schön.

Die Fassade des **Palacio de los Marqueses de Peñaflor** ist im Barockstil gehalten und mit einer schmiedeeisernen Balustrade versehen. Das aus Marmor erbaute Portal wird von Säulen flankiert.

Palacio de los Marqueses de Peñaflor
🏠 Calle Caballeros 32
📞 +34 954 83 02 73
🕒 Mo – Sa 10 –14:30 (Sa auch 20 – 22), So 10 –15

↑ *Die Plaza de España in Écija wird vor allem abends zum Flanieren aufgesucht*

20 000
Tonnen *mantecados*, *polvorones* und anderes Gebäck werden pro Jahr in Estepa produziert.

❷ Estepa

🅐 D3 🏠 Sevilla 👥 12 000
🏛 ℹ Calle Aguilar y Cano;
+34 955 91 27 17; www.
estepa.es 📅 Mo, Mi, Fr

Der Überlieferung nach begingen fast alle Einwohner von Estepa 207 v. Chr. beim Einmarsch der römischen Truppen Selbstmord. Heute präsentiert sich die Kleinstadt beschaulich. Estepa ist für die Produktion der Gebäcksorten *mantecado* und *polvorón* bekannt. Die Straßen säumen Villen, die mit schwarzen Fenstergittern versehen sind. Nach einem Spaziergang lohnt eine Rast auf dem Hauptplatz, an dem die Iglesia del Carmen steht. Die Barockkirche beitzt eine schwarz-weiße Fassade.

←

Der im Barockstil gestaltete Glockenturm der Iglesia de San Juan in Écija

❸ Osuna

🅐 C3 🏠 Sevilla 👥 18 000
🚌 ℹ Calle Sevilla 37;
+34 954 81 57 32; www.
osuna.es 📅 Mo

2014 wurden in der verschlafenen Kleinstadt Schlüsselszenen der Fernsehserie *Game of Thrones* gedreht. Einige Bewohner standen dem Trubel kritisch gegenüber, die meisten begrüßten jedoch den aus den Dreharbeiten resultierenden Aufschwung der Wirtschaft und des Fremdenverkehrs. Viele Fans der Serie besuchen die Drehorte, zum Beispiel die Stierkampfarena, die in der Serie die Kampfarena von Meereen repräsentiert. Im Stadtmuseum gibt es eine unterhaltsame Ausstellung über die Filmproduktion.

Osuna erlebte als römische Garnisonsstadt eine erste Blütezeit. Unter den Mauren verfiel die Stadt. Im 16. Jahrhundert erlangte sie durch die Herzöge von Osuna wieder Bedeutung. Die Herzöge ließen prächtige Gebäude errichten, darunter die Stiftskirche Colegiata de Santa María, die ein barockes Retabel und Gemälde von José de Ribera birgt, die Escuela Universitaria de Osuna und der beeindruckende Palacio del Marqués de la Gomera.

⓴ Carmona

🅐 C3 🄰 Sevilla 🄼 29 000
🚍 🄸 Alcázar de la Puerta de Sevilla; +34 954 19 09 55; www.turismo.carmona.org
🗓 Mo, Do

Carmona ist die erste größere Stadt, die man auf der Fahrt von Sevilla Richtung Osten (A4) erreicht. Durch die Puerta de Sevilla gelangt man in das von maurischen Stadtwällen umgebene Zentrum mit kopfsteingepflasterten Straßen und Kirchen im Mudéjar-Stil.

An der prächtigen Plaza de San Fernando steht das im Renaissance-Stil erbaute Ayuntamiento de Carmona. In der Nähe befindet sich das heutige Rathaus (18. Jh.), dessen Innenhof römische Mosaike zieren. Die Iglesia de Santa María la Mayor (15. Jh.) wurde auf den Fundamenten einer Moschee erbaut. Dominiert wird die Stadt von den Ruinen des Alcázar del Rey Pedro, eines Forts von Pedro I (»Pedro der Grausame«). Der Palast innerhalb der Festungsmauern ist nun ein schöner Parador.

Am Stadtrand liegt der **Conjunto Arqueológico de Carmona**, eine römische Nekropole. Ein Museum zeigt Urnen und Grabbeigaben wie Schmuck und Statuen.

Conjunto Arqueológico de Carmona

🄰 Avenida Jorge Bonsor 9
📞 +34 600 14 36 32 🕐 Apr–Mitte Juni: Di–Sa 9–21, So 9–15; Mitte Juni–Mitte Sep: Di–So 9–15; Mitte Sep–März: Di–Sa 9–18, So 9–15 🗓 1. Jan, 6. Jan, 1. Mai, 9. Dez, 24. Dez., 25. Dez, 31. Dez
🌐 museosdeandalucia.es

㉑ Matalascañas

🅐 B4 🄰 Huelva 🄼 2700 🚍
🄸 Parque Dunar; +34 959 43 00 86

In dem Ferienort genießen Tausende Besucher tagsüber den Strand und die Sportmöglichkeiten, abends wird in den Clubs getanzt. Der Ort liegt abgeschieden zwischen dem Parque Nacional de Doñana *(siehe S. 136f)* und Wäldern und Dünen.

↓ *Der Alcázar del Rey Pedro in Carmona*

Restaurants

Casa Curro
Das Lokal in Osuna bietet exzellente Tapas.
🅐 C3 🄰 Plaza Salitre 5, Osuna 📞 +34 955 82 07 58 🗓 Mo
€€€

Aires de Doñana
Das Restaurant in El Rocío verwendet nur regionale Zutaten.
🅐 B4 🄰 Avenida de la Canaliega 1, El Rocío
🌐 airesdedonana.com
€€€

La Yedra
In dem romantischen Lokal in Carmona begeistern nicht zuletzt die Desserts.
🅐 C3 🄰 Calle General Freire 6, Carmona
🌐 restaurantelayedra.es
€€€

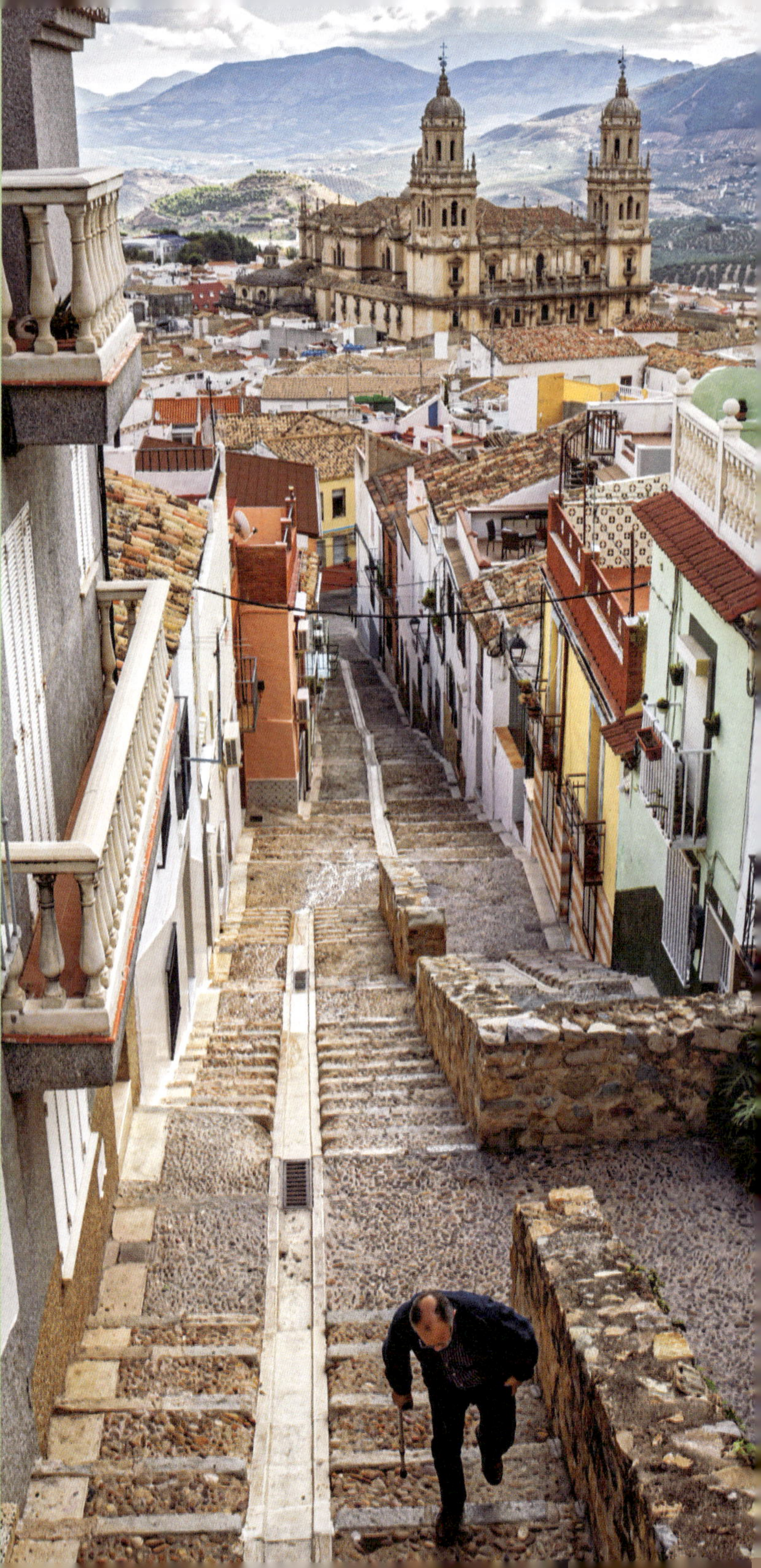

Blick auf die Kathedrale von Jaén (siehe S. 158)

Córdoba und Jaén

Die beiden Regionen sind seit prähistorischer Zeit besiedelt. Unter den Römern erlangte vor allem die Stadt Córdoba große Bedeutung: Sie war Hauptstadt der römischen Provinz Baetica, die das heutige Andalusien und die Extremadura umfasste. Ihre größte Blüte erlebte die Stadt jedoch als Zentrum des Kalifats von Córdoba – des islamischen Staats, den die Araber auf der Iberischen Halbinsel gründeten. Córdoba wuchs rasch zur größten und kulturell bedeutendsten Stadt Europas heran. Sie war auf dem gesamten Kontinent als Zentrum der Gelehrsamkeit bekannt, vor allem in den Bereichen Mathematik, Naturwissenschaften und Literatur.

Durch die *reconquista* wurden Córdoba und Jaén im 13. Jahrhundert Teil des christlichen Herrschaftsgebiets. Während die weiter nördlich gelegenen Regionen unter den neuen Machthabern florierten, erlebten Córdoba und Jaén einen Niedergang.

Während der Napoleonischen Kriege auf der Iberischen Halbinsel (1808–14) wurden beide Regionen von französischen Truppen besetzt. Im 20. Jahrhundert hatte der Spanische Bürgerkrieg auf Jaén besonders schreckliche Auswirkungen: Da die Stadt der Zweiten Spanischen Republik gegenüber loyal blieb, wurde sie auf Geheiß der faschistischen Rebellen bombardiert.

Heute stellt der Fremdenverkehr in beiden Regionen einen wichtigen Wirtschaftsfaktor dar. Jaén ist für die Produktion von exzellentem Olivenöl bekannt.

Córdoba und Jaén

Huelva und Sevilla
Seiten 132–147

Cádiz und Málaga
Seiten 174–209

Córdoba und Jaén

Highlights
1. Córdoba
2. Jaén
3. Úbeda
4. Baeza

Sehenswürdigkeiten
5. Montilla
6. Medina Azahara
7. Castillo de Almodóvar del Río
8. Montoro
9. Aguilar de la Frontera
10. Palma del Río
11. Priego de Córdoba
12. Cabra
13. Alcalá la Real
14. Lucena
15. Baena
16. Cástulo
17. Baños de la Encina
18. La Carolina
19. Cazorla
20. Desfiladero de Despeñaperros
21. Andújar
22. Real Santuario Virgen de la Cabeza
23. Parque Natural de Cazorla, Segura y Las Villas
24. Segura de la Sierra

Der Puente Romano führt in Córdoba über den Guadalquivir

❶
Córdoba

🅰 D3 🏙 326 000 🚆🚌 ℹ Plaza del Triunfo s/n; +34 902 20 17 74; www.turismodecordoba.org
🛒 Di, Fr, So 🎭 Karneval (Feb), Semana Santa (Ostern), Cruces de Mayo, Festival de los Patios (Mai)

Córdoba war Geburtsort des römischen Philosophen Seneca und Zentrum des mächtigen Kalifats von Abd ar-Rahman III. (10. Jh.). Die geschichtsträchtige Stadt begeistert Besucher.

① ♿
Museo Arqueológico

🏠 Plaza de Jerónimo Páez 7
📞 +34 957 35 55 17 🕐 Sep–Juni: Di–Sa 9–21, So 9–15; Juli, Aug: Di–So 9–15
🚫 1. Jan, 6. Jan, 1. Mai, 24. Dez, 25. Dez, 31. Dez
🌐 museosdeandalucia.es

Das in einem Renaissance-Gebäude untergebrachte Museum präsentiert Relikte eines Amphitheaters sowie römische Mosaike und Töpferwaren. Außerdem sind Funde aus maurischer Zeit zu sehen. Zu den Highlights gehören die Bronzefigur eines Hirsches (10. Jh.) aus der Medina Azahara *(siehe S. 164)* sowie eine Marmorbüste des Kaisers Augustus aus dem 1. Jahrhundert.

②
Alcázar de los Reyes Cristianos

🏠 Calle Caballerizas Reales s/n 📞 +34 957 42 01 51
🕐 Mitte Juni – Mitte Sep: Di–Sa 8:30–15, So 8:30–14:30; Mitte Sep – Mitte Juni: Di–Sa 8:30–20:45, So 8:30–14:30

Die Festungs- und Palastanlage wurde im Jahr 1328 für Alfonso XI. erbaut. Während der *reconquista* trieben Isabel I. und Ferdinand II. von dem Palast aus die Rückeroberung Granadas voran. Der Spanischen Inquisition diente der Bau als Gefängnis. Die hübschen Gärten mit Teichen und Brunnen sind im Juli und August auch abends zugänglich.

③ ♿
Sinagoga

🏠 Calle Judíos 20 📞 +34 957 20 29 28 🕐 Mitte Juni – Mitte Sep: Di–So 9–15:30; Mitte Sep – Mitte Juni: Di–Sa 9–20:30, So 9–15:30

Das um 1315 im Mudéjar-Stil errichtete Bauwerk ist eine von drei Synagogen aus dieser Zeit, die in Spanien erhalten sind; die anderen beiden befinden sich in Toledo. Besonders sehenswert sind die Empore und die Stuckarbeiten mit hebräischen Inschriften. Die Synagoge liegt in der Judería, dem jüdischen Viertel Córdobas, das sich seit maurischer Zeit kaum verändert hat. Auf einem nahe gelegenen Platz zeigt eine Bronzestatue den jüdischen Gelehrten Maimonides, der im 12. Jahrhundert großen Einfluss besaß.

Schon gewusst?

Der Name Córdoba geht wohl auf das phönizische *kartuba* (»blühende Stadt«) zurück.

④ Torre de la Calahorra

- Puente Romano s/n
- +34 957 29 39 29
- Mai–Sep: tägl. 10–14, 16:30–20:30; Okt–Apr: tägl. 10–18
- torrecalahorra.es

Der Turm (14. Jh.) steht am Ende des Puente Romano. Die Brücke wurde von den Mauren auf römischen Fundamenten erbaut. Das Museum im Turm informiert über die Rolle Córdobas als Hauptstadt des von Abd ar-Rahman III. gegründeten Kalifats (10. Jh.).

⑤ Museo de Bellas Artes

- Plaza del Potro 1
- +34 957 10 36 59
- Sep–Juni: Di–Sa 9–21, So 9–15; Juli, Aug: Di–Sa 9–15
- 1. Jan, 6. Jan, 1. Mai, 24. Dez, 25. Dez, 31. Dez
- museosdeandalucia.es

Das Museum im einstigen Armenkrankenhaus zeigt Skulpturen des einheimischen Künstlers Mateo Inurria und Werke von Zurbarán.

⑥ Palacio de Viana

- Plaza de Don Gome 2
- +34 957 49 67 41
- Sep–Juni: Di–Sa 10–19, So 10–15; Juli, Aug: Di–So 9–15
- palaciodeviana.com

In dem Palast (17. Jh.), der einst den Herzögen von Viana gehörte, kann man Wandteppiche, Gemälde und Porzellan besichtigen. Das 1981 von einer Bank erworbene Gebäude wurde weitgehend im Originalzustand belassen. Es gibt 14 Innenhöfe und einen wunderschönen Garten.

⑦ Baños del Alcázar Califal

- Campo Santo de los Mártires
- +34 608 15 88 93
- Di–Fr 8:15–20, Sa 8:15–18, So 8:15–14:45

Die arabischen Bäder, die auf Geheiß von al-Hakam II. angelegt wurden, gehörten zu dem Umayyaden-Palast, der später durch den Alcázar de los Reyes Cristianos ersetzt wurde. Sie sind wie römische Bäder aufgebaut – mit kalten, warmen und heißen Räumen. Ein Museum erklärt die gesellschaftliche und religiöse Bedeutung, die die Bäder besaßen.

Highlight

Restaurants

Casa Pepe de la Judería

Das seit 1928 existierende Restaurant mit dem blumengeschmückten Innenhof ist äußerst beliebt.

- Calle Romero 1
- restaurantecasapepedelajuderia.com

€€€

Mercado Victoria

Der Delikatessenmarkt bietet regionale Speisen und Erzeugnisse.

- Paseo de la Victoria 3
- mercadovictoria.com

€€€

Mezquita-Catedral de Córdoba

📍 Calle Torrijos 10 📞 +34 957 47 05 12 🕐 März – Okt: Mo – Sa 10 –19, So 8:30 –11:30, 15 –19; Nov – Feb: Mo – Sa 10 –18, So 8:30 –11:30, 15 –18
🌐 mezquita-catedraldecordoba.es

Die riesige, später zur Kathedrale umgeweihte Moschee zeugt von der ehemals großen Bedeutung des Islam auf der Iberischen Halbinsel.

785 bis 787 ließ Abd ar-Rahman I., der Gründer des Kalifats von Córdoba, an der Stätte einer westgotischen Kathedrale eine Moschee errichten. Im Lauf der Jahrhunderte wurde das Bauwerk erweitert. Im 10. Jahrhundert fügte al-Hakam II. den prächtigen *mihrab* (Gebetsnische) und die *maqsūra* (Bereich des Kalifen) hinzu. Im 16. Jahrhundert – nach der *reconquista* – ließ Carlos I im Zentrum der Anlage eine Kathedrale erbauen.

Die Puerta del Perdón, ein Eingangstor im Mudéjar-Stil wurde 1377 unter christlicher Herrschaft erbaut.

Die Torre del Alminar, der Glockenturm (93 m), steht an der Stelle des ursprünglichen Minaretts. Wer die Treppen erklimmt, genießt eine herrliche Aussicht.

Im Patio de los Naranjos wachsen Orangenbäume. In dem Hof reinigten sich die Gläubigen vor dem Gebet.

← *Blick über den Guadalquivir auf die Mezquita-Catedral*

Die Puerta de San Esteban befindet sich in einer von der westgotischen Kathedrale verbliebenen Mauer.

← *Im Inneren der Mezquita-Catedral stehen prächtige Säulen und Bogen*

Highlight

Maurische Bogen

Hufeisenbogen wurden erstmals von den Westgoten beim Kirchenbau verwendet. Die Mauren modifizierten die Bogen und setzten sie als tragende Elemente bei großen Bauvorhaben wie der Mezquita-Catedral in Córboba ein. Spätere Bogen zeigen kunstvolle Verzierungen sowie Abwandlungen der Hufeisenbogenform.

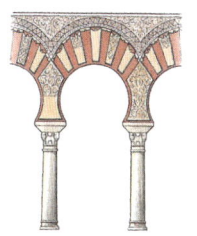

Zeit des Kalifats, Mezquita-Catedral

Zeit der Almohaden, Real Alcázar
(siehe S. 78f)

Bogen im Mudéjar-Stil, Real Alcázar
(siehe S. 78f)

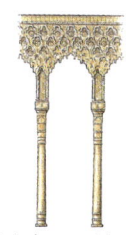

Zeit der Nasriden, Alhambra
(siehe S. 216f)

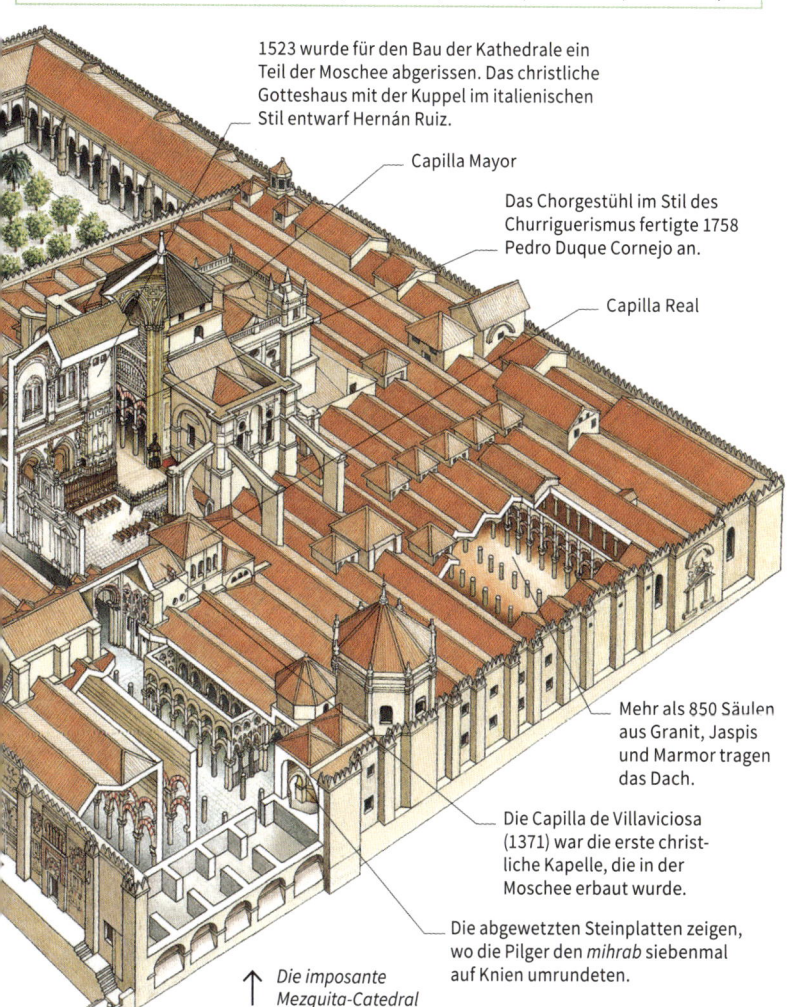

1523 wurde für den Bau der Kathedrale ein Teil der Moschee abgerissen. Das christliche Gotteshaus mit der Kuppel im italienischen Stil entwarf Hernán Ruiz.

Capilla Mayor

Das Chorgestühl im Stil des Churriguerismus fertigte 1758 Pedro Duque Cornejo an.

Capilla Real

Mehr als 850 Säulen aus Granit, Jaspis und Marmor tragen das Dach.

Die Capilla de Villaviciosa (1371) war die erste christliche Kapelle, die in der Moschee erbaut wurde.

Die abgewetzten Steinplatten zeigen, wo die Pilger den *mihrab* siebenmal auf Knien umrundeten.

↑ *Die imposante Mezquita-Catedral*

Spaziergang durch Córdoba

Länge 2 km **Dauer** 30 Minuten
Bahnhof Córdoba

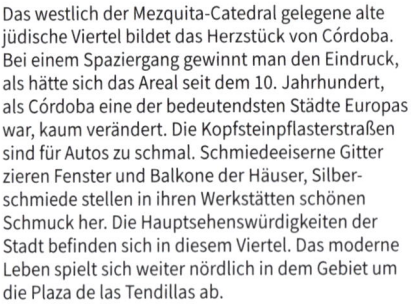

Das westlich der Mezquita-Catedral gelegene alte jüdische Viertel bildet das Herzstück von Córdoba. Bei einem Spaziergang gewinnt man den Eindruck, als hätte sich das Areal seit dem 10. Jahrhundert, als Córdoba eine der bedeutendsten Städte Europas war, kaum verändert. Die Kopfsteinpflasterstraßen sind für Autos zu schmal. Schmiedeeiserne Gitter zieren Fenster und Balkone der Häuser, Silberschmiede stellen in ihren Werkstätten schönen Schmuck her. Die Hauptsehenswürdigkeiten der Stadt befinden sich in diesem Viertel. Das moderne Leben spielt sich weiter nördlich in dem Gebiet um die Plaza de las Tendillas ab.

Die im Mudéjar-Stil gestaltete **Capilla de San Bartolomé** ist mit *azulejos* geschmückt.

Die **Sinagoga**, eine von drei in Spanien erhaltenen Synagogen des Mittelalters, zieren hebräische Inschriften *(siehe S. 152)*.

In der **Casa de Sefarad** informiert ein Kulturzentrum über die Geschichte der Juden in Spanien.

↑ *Die Capilla de San Bartolomé zieren prächtige* azulejos

In den Gärten **Alcázar de los Reyes Cristianos** schaffen Wasserbecken und Springbrunnen eine bezaubernde Atmosphäre *(siehe S. 152)*.

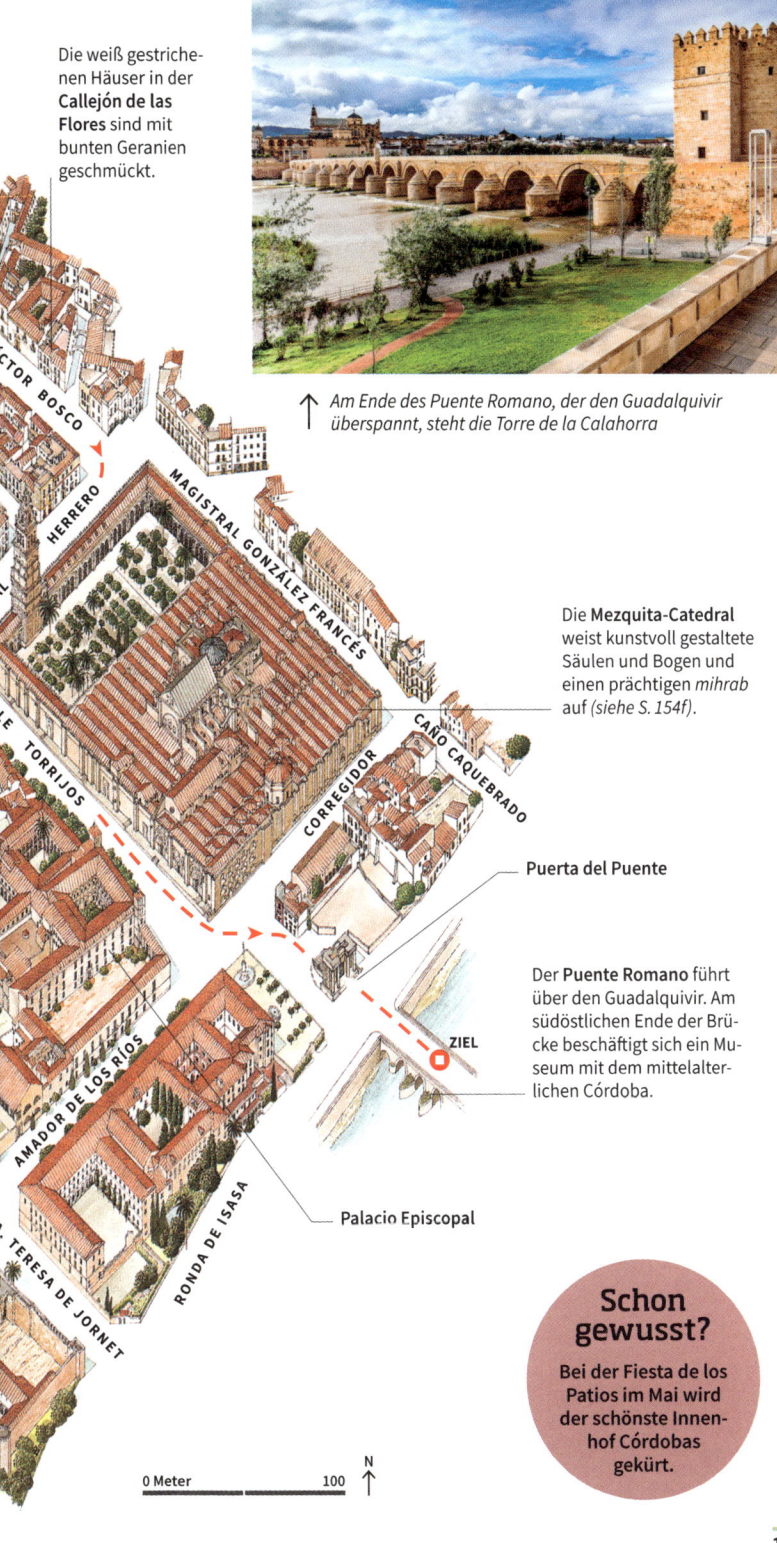

Die weiß gestrichenen Häuser in der **Callejón de las Flores** sind mit bunten Geranien geschmückt.

↑ *Am Ende des Puente Romano, der den Guadalquivir überspannt, steht die Torre de la Calahorra*

Die **Mezquita-Catedral** weist kunstvoll gestaltete Säulen und Bogen und einen prächtigen *mihrab* auf *(siehe S. 154f)*.

Puerta del Puente

Der **Puente Romano** führt über den Guadalquivir. Am südöstlichen Ende der Brücke beschäftigt sich ein Museum mit dem mittelalterlichen Córdoba.

Palacio Episcopal

0 Meter 100

N ↑

Schon gewusst?

Bei der Fiesta de los Patios im Mai wird der schönste Innenhof Córdobas gekürt.

157

❷
Jaén

🆔 E3 👥 113 000 🚉 🚌 ℹ️ Calle Maestra 8; +34 953 19 04 55; www.turjaen.org 🛍️ Do 🎭 Semana Santa (Ostern), Festividad de Nuestra Señora de la Capilla (11. Juni), Feria de San Lucas (18. Okt), Romería de Santa Catalina (25. Nov)

Die jahrhundertelang von Mauren und Christen umkämpfte Stadt lockt heute mit hübschen Läden und Tapas-Bars.

①
Catedral de Jaén
🏛️ Plaza Santa María 📞 +34 953 23 42 33 🕐 Mo – Fr 10 – 14, 16 – 19, Sa 10 – 14, 16 – 17:30, So 10 – 11:30, 16 – 17:30 🌐 catedraldejaen.org

Die Kathedrale wurde im 16. Jahrhundert von Andrés de Vandelvira, der viele der prächtigen Gebäude in Úbeda *(siehe S. 160f)* schuf, entworfen. Die beiden Türme, die die Westfassade flankieren, wurden im 17. Jahrhundert hinzugefügt. Freitags von 10:30 bis 12 und von 17 bis 18 Uhr ist in der Kathedrale das Lienzo del Santo Rostro zu sehen. Es heißt, die hl. Veronika habe Jesu Gesicht mit diesem Tuch getrocknet, das seither dessen Abdruck trägt.

②
Centro Cultural Baños Árabes
🏛️ Palacio Villardompardo, Plaza Santa Luisa de Marillac 📞 +34 953 24 80 68 🕐 Di – Sa 9 – 22, So 9 – 15 🚫 1. Jan, 6. Jan, 24. Dez, 25. Dez, 31. Dez 🌐 banosarabesjaen.es

Die Bäder (11. Jh.) sind mit sternförmigen Fenstern und einer halbkugelförmigen Kuppel versehen.

③
Capilla de San Andrés
🏛️ Calle San Andrés s/n 📞 +34 636 82 90 88 🕐 nach tel. Anmeldung

Die Kapelle ließ Gutiérrez González, der Schatzmeister von Papst Leo X., im 16. Jahrhundert erbauen. Sie birgt eine von Maestro Bartolomé gefertigte schmiedeeiserne Chorschranke.

④
Real Monasterio de Santa Clara
🏛️ Calle Santa Clara 7 📞 +34 953 19 09 57

Das im 13. Jahrhundert unmittelbar nach der Rückeroberung der Stadt durch die Christen gegründete Kloster birgt ein Christusbild aus

---

Olivenöl

Seit die Phönizier oder die Griechen den Olivenbaum in Spanien einführten, wird in Andalusien Speiseöl hergestellt. Jaén ist Zentrum der Produktion. In der Stadt werden jährlich 200 000 Tonnen Öl abgefüllt. Ab Dezember werden die Oliven – meist von Hand – geerntet.

In der von Olivenhainen umgebenen Stadt Jaén ragt die Kathedrale empor

Bambus (16. Jh.), das in Ecuador angefertigt wurde. Die Ordensschwestern verkaufen köstliche Kuchen.

⑤
Basílica Menor, Iglesia de San Ildefonso

🏠 Plaza San Ildefonso s/n
📞 +34 953 19 03 46 🕐 Mo–Fr 8:30–12 (Fr bis 11), 18–21:30, Sa 9–13, 19–21:30, So 8:30–14, 19–21:30

An der gotischen Fassade zeigt ein Mosaik die Jungfrau Maria über der 1430 von den Mauren belagerten Stadt. Eine andere Fassade ist im Plateresken, eine dritte im klassizistischen Stil gestaltet.

Den Hochaltar der Kirche schufen Pedro und José Roldán. Eine Kapelle birgt die Virgen de la Capilla, die Schutzheilige von Jaén.

⑥
Castillo de Santa Catalina

🏠 Carretera al Castillo
📞 +34 953 12 07 33 🕐 Juli–Sep: Mo–Sa 10–14, 17–21, So 10–15; Okt–Juni: Mo–Sa 10–18, So 10–15

Angeblich errichtete der römische Kaiser Hannibal auf dem Felsen einen Turm. Die später von den Mauren erbaute Feste wurde 1246 von Fernando III eingenommen. Es entstand eine große Burg mit riesigen Wällen. Neben der restaurierten Festung befindet sich heute ein Parador. Die Torre del Homenaje bietet herrlichen Blick auf die Sierras Morena und Nevada.

Highlight

⑦
Museo de Jaén

🏠 Paseo de la Estación 29
📞 +34 953 10 13 66 🕐 Sep–Juni: Di–Sa 9–21, So 9–15; Juli, Aug: Di–So 9–15
🚫 1. Jan, 6. Jan, 1. Mai, 24. Dez, 25. Dez, 31. Dez
🌐 museosdeandalucia.es

In das Gebäude sind Relikte der Iglesia de San Miguel und die Fassade eines Kornspeichers (16. Jh.) integriert. Zu den Exponaten zählen griechisch-römische Keramiken und ein altchristlicher Sarkophag. Auf der nahen Plaza de las Batallas erinnert ein Denkmal an die Siege über die Mauren und Napoléon.

Shopping

Pepitina Ruiz Silk
Der Laden verkauft handgearbeitete Kleidungsstücke, Schals, Fächer und andere Accessoires aus Seide.

🏠 Paseo de la Estación 14 🌐 pepitinaruizseda.com

Oleoteca Jaén
Neben 50 Sorten Olivenöl gehören weitere regionale Delikatessen und Kunsthandwerksobjekte zum Sortiment.

🏠 Calle Maestra 9
📞 +34 953 82 34 24

Galería de Vinos Caldos
Die Weinhandlung bietet spanische und internationale Sorten.

🏠 Calle Cerón 12
🌐 vinosjaen.com

Das Portal des Hospital de Santiago flankieren zwei Türme

③
Úbeda

E2 Jaén 34 000 Plaza de Andalucía 5; +34 953 77 92 04; www.turismodeubeda.com Fr Semana Santa (Ostern)

Úbeda wuchs im 16. Jahrhundert unter dem Schutz von Juan Vázquez de Molina und anderen Staatsmännern zur prächtigen Renaissance-Stadt an. Die Altstadt umgeben 852 erbaute maurische Mauern. Úbeda ist UNESCO-Welterbestätte.

①
Hospital de Santiago
Avenida Cristo Rey +34 953 75 08 42 tägl. 10–14, 17–21 (Juli: Mo–Sa; Aug: Mo–Fr)

Das auf Geheiß des Bischofs von Jaén um 1562 erbaute Krankenhaus entwarf Andrés de Vandelvira, der dem Spanischen Barockstil sein typisches strengeres Gepräge verlieh. In dem Gebäude finden heute Kulturveranstaltungen statt.

②
Museo Arqueológico
Casa Mudéjar, Calle Cervantes 6 953 10 86 23 Sep–Juni: Di–Sa 9–21, So 9–15; Juli, Aug: Di–So 9–15 1. Jan, 6. Jan, 1. Mai, 24. Dez, 25. Dez, 31. Dez museosdeandalucia.es

Die in dem Museum präsentierten Exponate reichen von der Jungsteinzeit bis zur Zeit der Mauren. Zu sehen sind beispielsweise Grabsteine aus dem 1. Jahrhundert. Das Museum ist in einem prächtigen Palast aus dem 15. Jahrhundert untergebarcht.

③
Iglesia de San Pablo
Plaza Primero de Mayo 39 Di–Sa 6:30–19:30, So 10:30–13

In der Kirche beeindrucken die Apsis aus dem 13. Jahrhundert und eine wunderschöne Kapelle aus dem 16. Jahrhundert. Der im Plateresken Stil gestaltete Turm wurde 1537 vollendet.

> **Expertentipp**
> **Partnerstädte**
> Bei einem Aufenthalt in der Region sollte man unbedingt auch Úbedas Partnerstadt Baeza *(siehe S. 162f)* besuchen, die ebenfalls prächtige Renaissance-Bauten besitzt.

④ Sacra Capilla del Salvador

🏠 Plaza Vázquez de Molina ☎ +34 609 27 99 05 🕐 variierende Öffnungszeiten 🌐 fundacionmedinaceli.org

Die Erlöserkapelle wurde im 16. Jahrhundert für den Staatssekretär Francisco de los Cobos erbaut. Obwohl sie im Spanischen Bürgerkrieg geplündert wurde, birgt sie einige Kostbarkeiten, darunter einen silbernen Kelch, den Carlos I Cobos schenkte. Hinter der Kapelle befinden sich Cobos' Palast, der eine Renaissance-Fassade besitzt, und das Hospital de los Honrados Viejos.

⑤ Basílica Menor, Santa María de los Reales Alcázares

🏠 Plaza Vázquez de Molina s/n ☎ +34 953 75 65 83 🕐 variierende Öffnungszeiten 🌐 santamariadeubeda.es

Die am Standort einer Moschee errichtete Kirche (13. Jh.) hat einen gotischen Kreuzgang und ein Portal romanischen Stils. Im nahen Cárcel del Obispo (»Bischofsgefängnis«) wurden Nonnen zur Strafe eingesperrt.

⑥ Parador de Úbeda

🏠 Plaza Vázquez de Molina s/n ☎ +34 953 75 03 45 🌐 parador.es

Der Palast aus dem 16. Jahrhundert wurde im 17. Jahrhundert stark verändert. Die einstige Residenz von Fernando Ortega Salido, Dekan von Málaga und Kaplan der Sacra Capilla del Salvador, ist nun ein Hotel. Das Gebäude ist auch unter dem Namen Condestable Dávalos bekannt. Der Innenhof ist öffentlich zugänglich.

⑦ Palacio de las Cadenas

🏠 Plaza Vázquez de Molina s/n ☎ +34 953 75 04 40 🕐 Mo–Fr 8–14:30

Der von Vandelvira für Vázquez de Molina erbaute »Palast der Ketten« ist heute das Rathaus der Stadt. Der Name geht auf die Eisenketten zurück, die einst an den Säulen am Hauptportal befestigt waren. Am Eingang stehen zwei steinerne Löwen.

Highlight

Hotels

Zenit El Postigo Inn
Das moderne Hotel bietet geräumige Zimmer, einen Pool und einen hübschen Garten.

🏠 Calle de El Postigo 5 🌐 elpostigo.zenithoteles.com

€€€

Hotel Palacio de Úbeda
In den Zimmern des Fünf-Sterne-Hotels stehen Himmelbetten. Es gibt ein Spa und ein Restaurant.

🏠 Calle de Juan Pasqua 4 🌐 palaciodeubeda.com

€€€

Baeza

E2 Jaén 15 800 Plaza del Pópulo s/n; +34 953 77 99 82; www.ubedaybaezaturismo.com Di Semana Santa (Ostern), Feria (Mitte Aug)

Die von Olivenhainen umgebene Stadt ist durch ihren Reichtum an Renaissance-Bauwerken gekennzeichnet. Bei einem Spaziergang durch die Gassen der Altstadt, die seit 2003 zum UNESCO-Welterbe zählt, stößt man auf prächtige Paläste, Kirchen und Häuser. Das historische Flair von Baeza begeistert Besucher.

Die von den Römern Beatia genannte Stadt war später Teil des Kalifats von Córdoba. Baeza wurde 1226 während der *reconquista* von Fernando III als erste Stadt in Andalusien von den Mauren zurückerobert. Da die Stadt, in der sich kastilische Ritter niederließen, bei der Christianisierung der Region eine zentrale Rolle spielte, wurde sie »königliches Falkennest« genannt. Baezas Blütezeit im Mittelalter fand im 16. Jahrhundert ihren Höhepunkt, als Andrés de Vandelvira prächtige Bauwerke errichtete. Besonders beeindruckend ist die Kathedrale, die 1567 von de Vandelvira umgestaltet wurde und in der Capilla Sagrario eine kunstvolle Chorschranke von Bartolomé de Jaén aufweist. Partnerstadt von Baeza ist das nahe gelegene Úbeda *(siehe S. 160f)*, das ebenfalls zum Welterbe der UNESCO gehört.

> **Schon gewusst?**
>
> In der Provinz Jaén werden 20 Prozent des weltweit produzierten Olivenöls hergestellt.

← *Kopfsteingepflasterte Gasse in Baeza mit der Antigua Universidad im Hintergrund*

Highlight

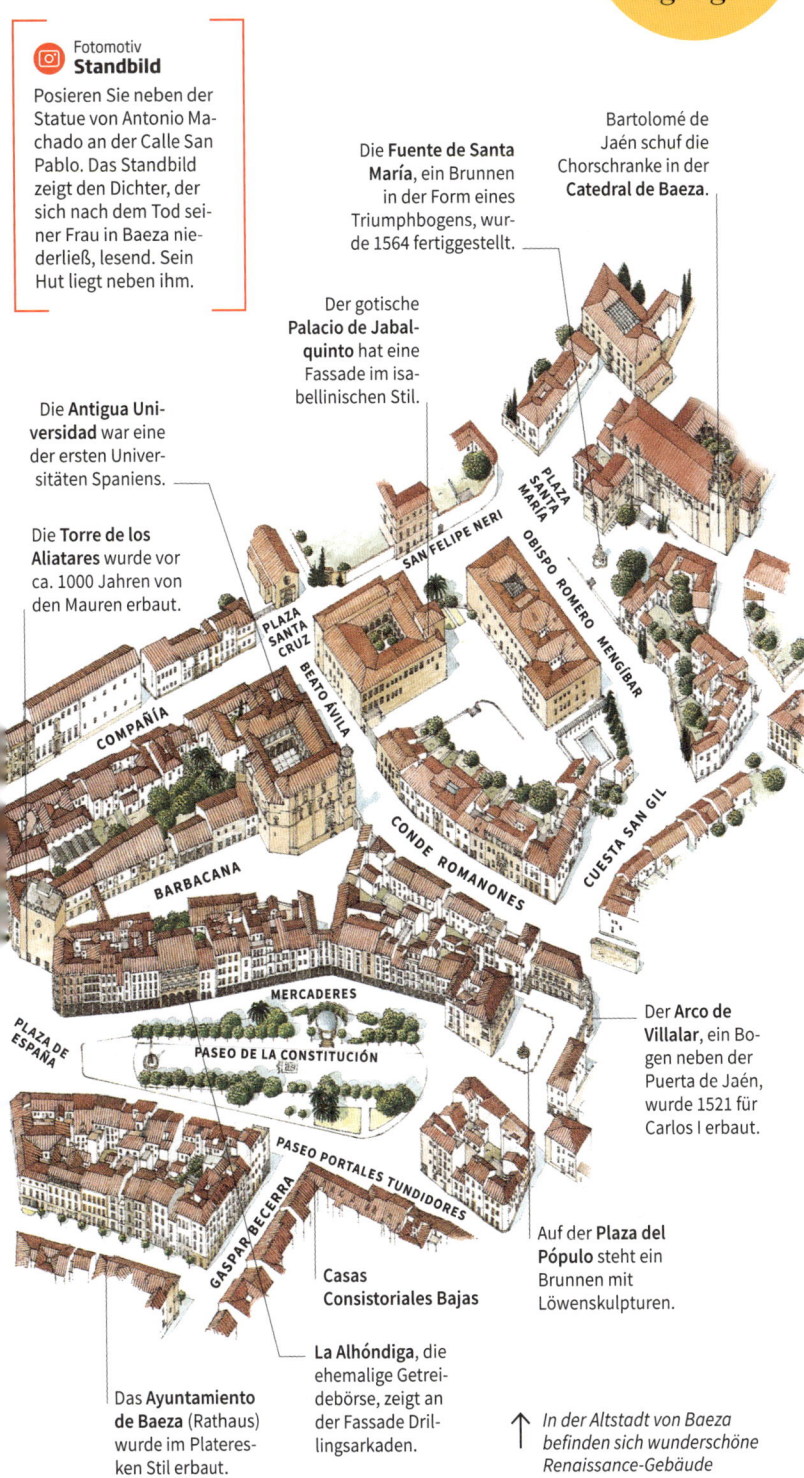

📷 Fotomotiv
Standbild

Posieren Sie neben der Statue von Antonio Machado an der Calle San Pablo. Das Standbild zeigt den Dichter, der sich nach dem Tod seiner Frau in Baeza niederließ, lesend. Sein Hut liegt neben ihm.

Die **Fuente de Santa María**, ein Brunnen in der Form eines Triumphbogens, wurde 1564 fertiggestellt.

Bartolomé de Jaén schuf die Chorschranke in der **Catedral de Baeza**.

Der gotische **Palacio de Jabalquinto** hat eine Fassade im isabellinischen Stil.

Die **Antigua Universidad** war eine der ersten Universitäten Spaniens.

Die **Torre de los Aliatares** wurde vor ca. 1000 Jahren von den Mauren erbaut.

Der **Arco de Villalar**, ein Bogen neben der Puerta de Jaén, wurde 1521 für Carlos I erbaut.

Auf der **Plaza del Pópulo** steht ein Brunnen mit Löwenskulpturen.

Casas Consistoriales Bajas

La Alhóndiga, die ehemalige Getreidebörse, zeigt an der Fassade Drillingsarkaden.

Das **Ayuntamiento de Baeza** (Rathaus) wurde im Platteresken Stil erbaut.

↑ *In der Altstadt von Baeza befinden sich wunderschöne Renaissance-Gebäude*

SEHENSWÜRDIGKEITEN

❺
Montilla
D3 Córdoba 23 000
 Calle Iglesia; +34 672 78 05 21 Fr

Montilla ist Zentrum eines Weinbaugebiets, in dem exzellenter Fino produziert wird. Diese Sherry-Art wird nicht durch Alkoholzusatz verstärkt. Die Bodega Alvear und andere Hersteller heißen Besucher willkommen.

Das Schloss von Montilla datiert aus dem 18. Jahrhundert. Die Casa del Inca wurde nach Garcilaso de la Vega (»El Inca«), dem Sohn eines Konquistadoren und einer adeligen Inka, benannt. Das Gebäude aus dem 16. Jahrhundert beherbergt heute die Stadtbibliothek.

❻
Medina Azahara
D3 Carretera Palma del Río, km 5,5, Córdoba
 +34 699 34 11 42
 Jan – Juni: Di – Sa 9 –18 (Apr – Juni: bis 21), So 9 –15; Juli – Mitte Sep: Di – So 9 –15; Mitte Sep – Dez: Di – Sa 9 –18, So 9 –15 medinaazahara.org

Der maurische Palast wurde im 10. Jahrhundert für Abd ar-Rahman III., den ersten Kalifen von Córdoba, erbaut und nach dessen Gattin Azahara benannt. Das Baumaterial wurde von 10 000 Arbeitern und 15 000 Maultieren aus Nordafrika und Andalusien herbeigeschafft.

Die Räume waren mit Alabaster, Ebenholz, Jaspis und Marmor ausgekleidet. 1010 plünderten die Berber den Palast. Die erhaltenen Ruinen vermitteln noch einen vagen Eindruck von der einstigen Pracht.

> **Schon gewusst?**
> Die Medina Azahara wurde schon im 10. Jahrhundert mit sanitären Anlagen ausgestattet.

> **Fotomotiv**
> **Filmadel**
> Das Castillo de Almodóvar del Río fungierte in der TV-Serie *Game of Thrones* als Kulisse für den Sitz des Hauses Tyrell. Von der Straße, die zur Burg führt, kann man herrliche Fotos von dem Bauwerk machen.

❼
Castillo de Almodóvar del Río
C3 Córdoba +34 957 63 40 55 Mo – Fr 11 – 14:30, 16 – 20 (Okt – März: bis 19), Sa, So 11 – 20 (Okt – März: bis 19) castillodealmodovar.com

Die gut erhaltene Burg bietet schon während der Fahrt nach Almodóvar del Río einen beeindruckenden Anblick. Teile des maurischen Bauwerks reichen bis in das 8. Jahrhundert zurück. Von dem Burghügel eröffnen sich herrliche Ausblicke auf die Stadt und die umliegenden

↑ Ernte der Rebsorte Pedro Ximénez in der Region um Montilla

Baumwollfelder. Es lohnt sich, an einer der exzellenten Führungen teilzunehmen.

⑧ Montoro

🅐 D2 🏛 Córdoba 👥 9300
🚌 ℹ️ Calle Corredera 25; +34 957 16 00 89; www.montoro.es 🛍 Di

Die aus der Zeit der Griechen und Phönizier stammende Stadt erstreckt sich an einer Biegung des Guadalquivir über fünf Hügel. Olivenanbau, Lederverarbeitung und Sattlerei sind die wichtigsten Wirtschaftszweige. Die steil ansteigenden Straßen verleihen der Stadt ihren Reiz. An der Plaza de España sind das Ayuntamiento de Montoro, einst Sitz der Herzöge, und die gotische Mudéjar-Kirche Iglesia de San Bartolomé sehenswert.

⑨ Aguilar de la Frontera

🅐 D3 🏛 Córdoba 👥 13 000
🚌 ℹ️ Cuesta de Jesús 2; +34 957 66 17 71

In der seit römischer Zeit existierenden Stadt werden Keramiken, Wein und Olivenöl hergestellt. An der 1810 angelegten achteckigen Plaza de San José im Zentrum der Stadt befinden sich das Rathaus, ein barocker Uhrturm und Herrenhäuser.

⑩ Palma del Río

🅐 C3 🏛 Córdoba 👥 21 500
🚌 ℹ️ Plaza Mayor de Andalucía s/n; +34 957 64 43 70; www.palmadelrio.es 🛍 Di

Die Römer gründeten an dieser Stelle – an der Route von Córdoba nach Itálica *(siehe S. 144)* – eine Siedlung. Die Stadtmauer (12. Jh.) datiert aus der Zeit der Almohaden.

Die barocke Iglesia de la Asunción wurde im 18. Jahrhundert erbaut. Das Monasterio de San Francisco ist heute ein Hotel – Gäste speisen im ehemaligen Refektorium (15. Jh.) des Franziskanerklosters.

In Palma del Río wurde El Cordobés, einer der berühmtesten Toreros Spaniens, geboren. Seine Biografie *… oder du wirst Trauer tragen* vermittelt einen Eindruck von der Stadt und von der Zeit nach dem Spanischen Bürgerkrieg.

Bars

Mirador Tierra de Frontera
In der Bar auf der Terrasse des kleinen Hotels in Alcalá la Real werden hausgebraute Biere ausgeschenkt und einige Speisen angeboten. Man genießt eine herrliche Aussicht.

🅐 E3 🏛 Calle Santo Domingo de Silos 30, Alcalá la Real
📞 +34 650 68 35 60

Bodega Alvear
Das älteste Weingut stellt aus der Rebsorte Pedro Ximénez Fino, Oloroso und Amontillado her. Montags und sonntags werden Führungen und Weinproben angeboten.

📍 D3 🏛 Avenida María Auxiliadora, Montilla
🌐 alvear.es

← *Gottesdienstbesucher vor der Iglesia de la Asunción, Palma del Río*

Restaurants

La Pianola Casa Pepe
Das gemütliche Restaurant in Priego de Córdoba serviert leckere Eintöpfe sowie Fisch- und Fleischgerichte. Sonntagmittags gibt es Paella.

🅐 D3 🏠 Calle Obispo Caballero 6, Priego de Córdoba 📞 +34 957 70 04 09 🕐 Mo

€€€

Bar Carrasquilla
In dem Lokal in Montilla kann man nach zarten Fleischgerichten und köstlichem Seafood himmlische Desserts genießen.

🅐 D3 🏠 Calle Feria 1, Montilla 📞 +34 957 65 00 50 🕐 Di

€€€

⓫ Priego de Córdoba

🅐 D3 🏠 Córdoba 👥 22 400 🚌 ℹ️ Plaza de la Constitución 3; +34 957 70 06 25; www.turismodepriego.com 🕐 Sa

Die bezaubernde Kleinstadt liegt in einer fruchtbaren Ebene am Fuß des La Tiñosa, des höchsten Bergs in der Provinz Córdoba. Sie wird wegen der vielen barocken Bauwerke »Joya del Barroco Cordobés« (»Juwel des cordobesischen Barock«) genannt. Überall sind Arbeiten aus Gold und Schmiedeeisen sowie kunstvolle Schnitzereien zu bestaunen.

Die Altstadt war einst eine maurische Siedlung. Als im 18. Jahrhundert die Seidenherstellung florierte, setzte die Blütezeit von Priego de Córdoba ein. Es wurden elegante Häuser und prächtige Barockkirchen erbaut.

An der maurischen Festung, die auf römischen Fundamenten ruht, grenzt der Barrio de la Villa, das mittelalterliche Viertel der Stadt. Weiß getünchte Häuser säumen die Gassen und blumengeschmückten Plätze. Der Paseo Colombia führt zur Adarve, einer langen Promenade, die Blick auf die umliegende Landschaft bietet.

Die Iglesia de la Asunción zählt zu den eindrucksvollsten Bauwerken der Stadt. Die ursprünglich gotische Kirche wurde im 18. Jahrhundert im Stil des Barock umgestaltet. Glanzstück ist die 1784 von dem einheimischen Künstler Francisco Javier Pedrajas mit Stuckarbeiten und Figuren reich verzierte Kapelle in der Sakristei.

Auch die Iglesia de la Aurora zeigt prächtigen Barockstil. Samstags um Mitternacht zieht die in Umhänge gehüllte Bruderschaft Nues-

> Priego de Córdoba trägt wegen der vielen barocken Bauwerke den Beinamen »Juwel des cordobesischen Barock«.

Die Häuser der Altstadt von Priego de Córdoba sind mit Blumen geschmückt ↑

tra Señora de la Aurora singend durch die Straßen und sammelt Spenden.

Die barocke Fuente del Rey (»Königsbrunnen«) mit drei großen Becken zieren neben einer Neptungruppe viele weitere Statuen.

Im Mai wird in Priego de Córdoba jeden Sonntag mit einer Prozession des Endes einer Pestepedemie vor vielen Jahrhunderten gedacht.

⑫ Cabra

D3 Córdoba 20 300
 Calle Mayor 1; +34 957 52 34 93; www.turismo.cabra.eu Mo

Die von Feldern und Olivenhainen umgebene Stadt war im 3. Jahrhundert Bischofssitz. Die auf einer Anhöhe gelegene Burg beherbergt heute eine Schule. Außerdem sind einige Herrenhäuser und die Iglesia de Santo Domingo mit der Barockfassade sehenswert. Die Fuente del Río, die Quelle des Flusses Cabra, wird gern zum Picknicken aufgesucht.

⑬ Alcalá la Real

E3 Jaén 21 600
 Palacio Abacial, Avenida de las Mercedes; 953 58 20 77 Di

Die Stadt war während der *reconquista* ein wichtiger Truppenstützpunkt des Ordens von Calatrava. Die maurische, von den Herrschern Granadas erbaute Fortaleza de la Mota (14. Jh.) wurde später erweitert. Von der auf dem Berg La Mota gelegenen Burgruine genießt man wunderbare Ausblicke auf die historische Stadt und die Umgebung.

Die wichtigsten Sehenswürdigkeiten der Stadt – der im Renaissance-Stil erbaute Palacio Abacial und die Fuente de Carlos V – befinden sich am Hauptplatz.

↑ *Barocker Altar in der Capilla del Sagrario der Iglesia de San Mateo, Lucena*

⑭ Lucena

D3 Córdoba 42 500
 Palacio de los Condes de Santa Ana, Calle San Pedro 42; +34 957 51 32 82; www.turlucena.com Mi

Lucena war unter den Kalifen von Córdoba ein wichtiges Zentrum des Handels und der Lehre – mit einer unabhängigen jüdischen Gemeinde. Heute ist die Stadt für die Produktion von Messing- und Kupferwaren, Möbeln und Keramiken bekannt.

Die Iglesia de Santiago mit barockem Turm wurde 1503 am Standort der Synagoge erbaut. Die Torre del Moral ist der einzige verbliebene Turm einer maurischen Burg. Die Iglesia de San Mateo besitzt eine Sakristei im prächtigen Barockstil. Am ersten Sonntag im Mai wird in Lucena die Virgen de Araceli mit einem Fest geehrt.

⑮ Baena

D3 Córdoba 19 000
 Virrey del Pino 5; +34 957 67 17 57; www.baena.es Do

Die Stadt ist seit römischer Zeit für ihr Olivenöl bekannt. Die Iglesia Santa María la Mayor ist sehenswert, ebenso die Casa del Monte – ein mit Arkaden versehenes Herrenhaus aus dem 18. Jahrhundert, das an der Plaza de la Constitución neben dem modernen Rathaus steht.

Schon gewusst?

In der Karwoche ziehen 2000 Trommler durch die Straßen von Baena.

❶⑥ Cástulo

🅰 E2 🏛 Carreta Linares – Torreblascopedro (JV-3003), km 3,3, Jaén 🚌 von Linares und Jaén 📞 +34 953 10 60 74 🕐 Mitte Juni – Aug: Di – So 9 – 15; Sep – Mitte Juni: Di – Sa 9 – 21, So 9 – 15 🚫 1. Jan, 6. Jan, 1. Mai, 9. Dez, 24. Dez, 25. Dez, 31. Dez 🌐 museosde andalucia.es

Die Ruinen liegen sieben Kilometer südlich von Linares. An der Stätte wurden Spuren menschlicher Besiedelung aus der Jungsteinzeit sowie Relikte von Hütten aus der Kupferzeit und Werkzeuge aus der Bronzezeit entdeckt. Das Museo Arqueológico de Linares zeigt Funde, darunter eine iberische Löwenskulptur und die Patena de Cristo aus dem 4. Jahrhundert, eine der frühesten Christus-Darstellungen.

Auf einem Felsen nahe Cazorla befinden sich die Ruinen der Burg La Iruela ↑

❶⑦ Baños de la Encina

🅰 E2 🏛 Jaén 👥 2600 🚌 von Linares und Jaén ℹ Avenida José Luis Messía 2; +34 953 61 33 38; www.bdelaencinaturismo.com

Das bezaubernde Dorf wird vom Castillo de Burgalimar dominiert. Die Festung wurde ab dem Jahr 967 auf Geheiß des Kalifen von Córdoba al-Hakam II. erbaut. Die auf einem Hügel gelegene Festung mit 15 Türmen und hohen Mauern ist wahrlich imposant.

> **Schöne Aussicht**
> **Castillo de Burgalimar**
> Von den Mauern der maurischen Festung eröffnet sich ein toller Blick auf die Ziegeldächer und Windmühlen von Baños de la Encina sowie auf die umliegenden Olivenhaine.

❶⑧ La Carolina

🅰 E2 🏛 Jaén 👥 15 000 🚌 🍴 Di, Fr

An dem Ort ließen sich 1767 Siedler aus Deutschland und Flandern nieder – mit dem Auftrag, das Gebiet urbar und für Reisende sicherer zu machen. Der für das Projekt verantwortliche Minister von Carlos III, Pablo de Olavide, ließ auf dem Hauptplatz einen Palast errichten. Vor der Stadt erinnert ein Denkmal an die Schlacht bei Las Navas (1212), in der Alfons VIII., König von Kastilien, maurische Truppen besiegte.

❶⑨ Cazorla

🅰 F3 🏛 Jaén 👥 7400 🚌 ℹ Paseo de Santa María; +34 953 71 01 02; www.cazorla.es/turismo 🍴 Mo, Sa

Als die Römer in den Bergen nach Silber schürften, war Cazorla wohlhabend. Heute ist der Ort Ausgangspunkt für Wanderungen im Parque Natural de Cazorla, Segura y Las Villas *(siehe S. 170)*.

Das Stadtbild prägen moderne Bauten, lohnenswert ist jedoch ein Spaziergang durch die kleinen Straßen von der Plaza de la Corredera zur zauberhaften Plaza Santa María. Auf einem Hügel nahe der Stadt befindet sich das **Castillo de la Yedra**, das ein Volkskundemuseum beherbergt. An der Straße zum Parque Natural de Cazorla, Segura y Las Villas steht die malerische Burgruine La Iruela. Am 14. Mai gedenken die Einheimischen San Isicios, der aus Cazorla stammte. Er war einer der sieben Apostel, die vor der Ankunft der Mauren das Christentum predigten.

Castillo de la Yedra
🏛 Camino del Castillo s/n 📞 +34 953 10 14 02 🕐 Mitte Juni – Mitte Sep: Di – So 9 – 15; Mitte Sep – Mitte Juni: Di – Sa 9 – 20:30, So 9 – 15

Shopping

Sierra Sur Artesanos
Der bezaubernde Laden in Alcalá la Real bietet handgeschnitzte Holzwaren und andere Souvenirs.

🅰 E3 📍 Calle Fernando el Católico 12, Alcalá la Real ☎ +34 953 45 77 55

Arciri s.c.a
In der Werkstatt in Andújar werden wunderschöne handbemalte Keramiken produziert und verkauft.

🅰 E2 📍 Calle Juan Ramón Jiménez 3, Andújar ☎ +34 953 51 13 71

Casa Mohedo
Der Geruch von frisch gegerbtem Leder durchströmt den Laden in Montoro, der handgearbeitete Schuhe und Accessoires anbietet.

🅰 D2 📍 Calle Corredera 39, Montoro 🌐 mohedo.es

⓴ Desfiladero de Despeñaperros

🅰 E2 📍 Jaén ℹ Besucherzentrum: Carretera Santa Elena – Miranda del Rey (JA-7102), km 2, Santa Elena, Jaén; +34 658 56 05 07

Der Desfiladero de Despeñaperros ist der einzige Durchbruch durch die Sierra Morena. Im 19. Jahrhundert nutzten Soldaten, Postkutschen und Maultierkarawanen den Pass – Raubüberfälle kamen häufig vor. Heute führen die Autovía de Andalucía und eine Eisenbahnlinie durch die Schlucht. Während der Fahrt sieht man die Felsformationen *Los Órganos* (»Die Orgelpfeifen«) und *Salto del Fraile* (»Affensprung«). Das Gebiet ist bei Wanderern und Campern beliebt.

㉑ Andújar

🅰 E2 📍 Jaén 👥 37 000 🚆 🚌 ℹ Torre del Reloj, Plaza de Santa Maria; +34 953 50 49 59; www.turismo deandujar.com 🚫 Di

Die ursprüngliche Stadt Isturgi wurde im Punischen Krieg von den Truppen Scipios zerstört. Die Brücke mit 15 Bogen, die in Andújar den Guadalquivir überspannt, stammt noch von den römischen Eroberern.

Die gotische Iglesia de San Miguel am Hauptplatz zieren Malereien von Alonso Cano. Die Iglesia Santa María la Mayor mit Renaissance-Fassade und Mudéjar-Turm birgt das Gemälde *Christus am Ölberg* (ca. 1605) von El Greco.

Andújar ist für traditionelle Keramiken bekannt.

> Der Desfiladero de Despeñaperros ist der einzige Durchbruch durch die Sierra Morena. Früher nutzten Soldaten, Postkutschen und Maultierkarawanen den Pass.

㉒ ♿ Real Santuario Virgen de la Cabeza

🅰 E2 📍 Padres Trinitarios, Jaén ☎ +34 953 54 90 15 🕐 tägl. 🌐 santuariovirgen cabeza.org

Die Wallfahrtskirche (13. Jh.) liegt von Eichenwäldern und Rinderfarmen umgeben nördlich von Andújar in der Sierra Morena. Sie birgt ein Marienbild, das der Legende nach der Apostel Petrus nach Spanien sandte. Am letzten Sonntag im April pilgern Tausende zu der Kirche. Das Marienbild wird auf einem geschmückten Wagen durch die Menge getragen.

23
Parque Natural de Cazorla, Segura y Las Villas

F2 Jaén Cazorla
 Plaza de Santa María, Cazorla; +34 953 71 01 02; www.sierrasdecazorla seguraylasvillas.es

Das 214 336 Hektar große Naturschutzgebiet fasziniert mit dichten Wäldern, tosenden Flüssen und einer reichen Tierwelt. In dem Bergland mit 2000 Meter hohen Gipfeln entspringt der Guadalquivir. Der Fluss durchquert im Norden ein malerisches Tal, ehe er den Stausee Tranco de Beas erreicht und im Atlantik mündet.

Autos sind nur auf der Hauptstraße erlaubt. Die meisten Besucher erkunden das Gebiet zu Fuß, im **Centro de Visitantes Torre del Vinagre** kann man Adressen von Fahrradverleihern erfragen. Es gibt auch Möglichkeiten zum Angeln und Jagen.

Centro de Visitantes Torre del Vinagre
 Carretera del Tranco, km 49, Torre del Vinagre +34 953 71 30 17 tägl. 10–14, 16–19 (Juli, Aug: 17–20)

> **Schon gewusst?**
> Der Parque Natural de Cazorla, Segura y Las Villas ist das größte Naturschutzgebiet Spaniens.

24
Segura de la Sierra

F2 Jaén 1800
 Paseo P. Genaro Navarro 1; +34 953 48 07 84; www.seguradelasierra.es

Das 1200 Meter hoch gelegene Dorf wird vom **Castillo de Segura de la Sierra** dominiert. Der Blick von den Wällen der maurischen Burg auf die Berge ist herrlich. Unterhalb liegt eine aus dem Felsen gehauene Stierkampfarena. Das in Segura de la Sierra produzierte Olivenöl ist eine von vier Sorten in Spanien, die die Bezeichnung *Denominación de Origen Controlada* tragen.

Castillo de Segura de la Sierra
 Calle Castillo +34 627 87 79 19 März – Mitte Okt: tägl.; Mitte Okt – März: variierende Öffnungszeiten

↑ *Plankenweg im Parque Natural de Cazorla, Segura y Las Villas*

Hotels

Coto del Valle
In dem Spa-Hotel im Zentrum des Parque Natural de Cazorla kann man bei wunderbarer Aussicht entspannen.

F3 Carretera del Tranco, km 34,3, Cazorla cotodel valle.com

€€€

Molino la Nava
Zu der Frühstückspension in einer einstigen Olivenmühle (18. Jh.) in Montoro gehört ein hübscher Garten. Es werden Sternenbeobachtungen angeboten.

D2 Camino La Nava 6, Montoro molinonava.com

€€€

Tiere im Parque Natural de Cazorla, Segura y Las Villas

Die Kalksteinfelsen und Flusswiesen im Parque Natural de Cazorla, Segura y Las Villas sind Lebensraum zahlreicher Tierarten. Die meisten Spezies sind in der Region heimisch, einige wurden jedoch zu Jagdzwecken angesiedelt. In dem Naturschutzgebiet leben über 100 Vogelarten, darunter sehr seltene – der Park ist neben den Pyrenäen das einzige Habitat des Bartgeiers in Spanien. In den ausgedehnten Wäldern gedeihen viele Pflanzen wie die endemische *Viola cazorlensis*, die zwischen Felsen wächst.

Vögel

Im Parque Natural de Cazorla, Segura y Las Villas sieht man viele Vögel am Himmel kreisen. Zu den größten Arten zählt der »König der Lüfte« genannte Steinadler *(Aquila chrysaetos)*, der sich von kleinen Säugetieren ernährt. Auch Gänsegeier *(Gyps fulvus)* stürzen vom Himmel herab, wenn sie Beutetiere erspähen. Mit ein bisschen Glück bekommt man die seltenste in dem Natuschutzgebiet heimische Vogelart, den Bartgeier *(Gypaetus barbatus)*, zu sehen. Die Greifvögel ernähren sich von Aas. Oft lassen Sie aus einer gewissen Höhe Knochen auf Felsen fallen, damit diese zerbrechen. Dann fressen sie das Mark.

Säugetiere

Die vielseitige Landschaft des Naturschutzgebiets bietet zahlreichen Säugetieren Lebensraum. Rothirsche *(Cervus elaphus)* wurden 1952 wieder angesiedelt. Im Herbst kann man sie grasen sehen. Der Iberische Steinbock *(Capra pyrenaica)* bevorzugt felsiges Terrain. Die wenigen verbliebenen Exemplare erscheinen nur in der Morgendämmerung zum Äsen. Fischotter *(Lutra lutra)* sind an den Flüssen und Seen bei Tagesanbruch und abends zu sehen. Wildschweine *(Sus scrofa)* verstecken sich tagsüber im Wald und gehen nachts auf Nahrungssuche.

1 *Gänsegeier im Parque Natural de Cazorla, Segura y Las Villas.*

2 *Nur männliche Rothirsche entwickeln ein Geweih.*

3 *Iberische Steinböcke leben auf bis zu 3000 Metern Höhe.*

4 *An den Flüssen des Naturschutzgebiets sind Fischotter heimisch.*

5 *Wildschweine ernähren sich auch von kleinen Säugetieren.*

Tour durch die Sierra Morena

Länge 190 km **Rasten** In einigen Dörfern an der Strecke, etwa in Fuente Obejuna, gibt es Restaurants und Bars
Strecke Manche Straßen sind steil mit engen Kurven

Die Sierra Morena erstreckt sich im Norden Andalusiens. Diese Tour führt durch die Provinz Córdoba – über Berge mit Eichen- und Kiefernwäldern, in denen Jäger auf der Hirsch- und Wildschweinpirsch sind, und durch das Valle de los Pedroches, eine Ebene, in der Störche auf Kirchtürmen nisten. Die wenig besuchte Gegend ist dünn besiedelt. Bei der Tagestour durch die abgeschiedene Region präsentiert sich Andalusien von einer vielen gänzlich unbekannten Seite.

In **Belalcázar** ragt der mächtige Turm (1466) einer Burgruine empor. Um 1480 wurde in dem Ort Sebastián de Belalcázar, der Eroberer Nicaraguas, geboren.

Die Iglesia de San Juan Bautista in **Hinojosa del Duque** wird »Catedral de la Sierra« genannt. Die riesige Kirche vereint Elemente von Gotik und Renaissance.

Peñarroya-Pueblonuevo war einst ein Zentrum des Eisen- und Kupferabbaus.

Auf der Plaza Lope de Vega in **Fuente Obejuna** wird oft das Stück des Dichters aufgeführt, das vom Aufstand in diesem Dorf erzählt.

Von der Burg (13. Jh.) in **Bélmez** genießt man herrliche Aussicht.

← *Die Burgruine von Bélmez steht auf einem Hügel*

Zur Orientierung
Siehe Karte S. 150f

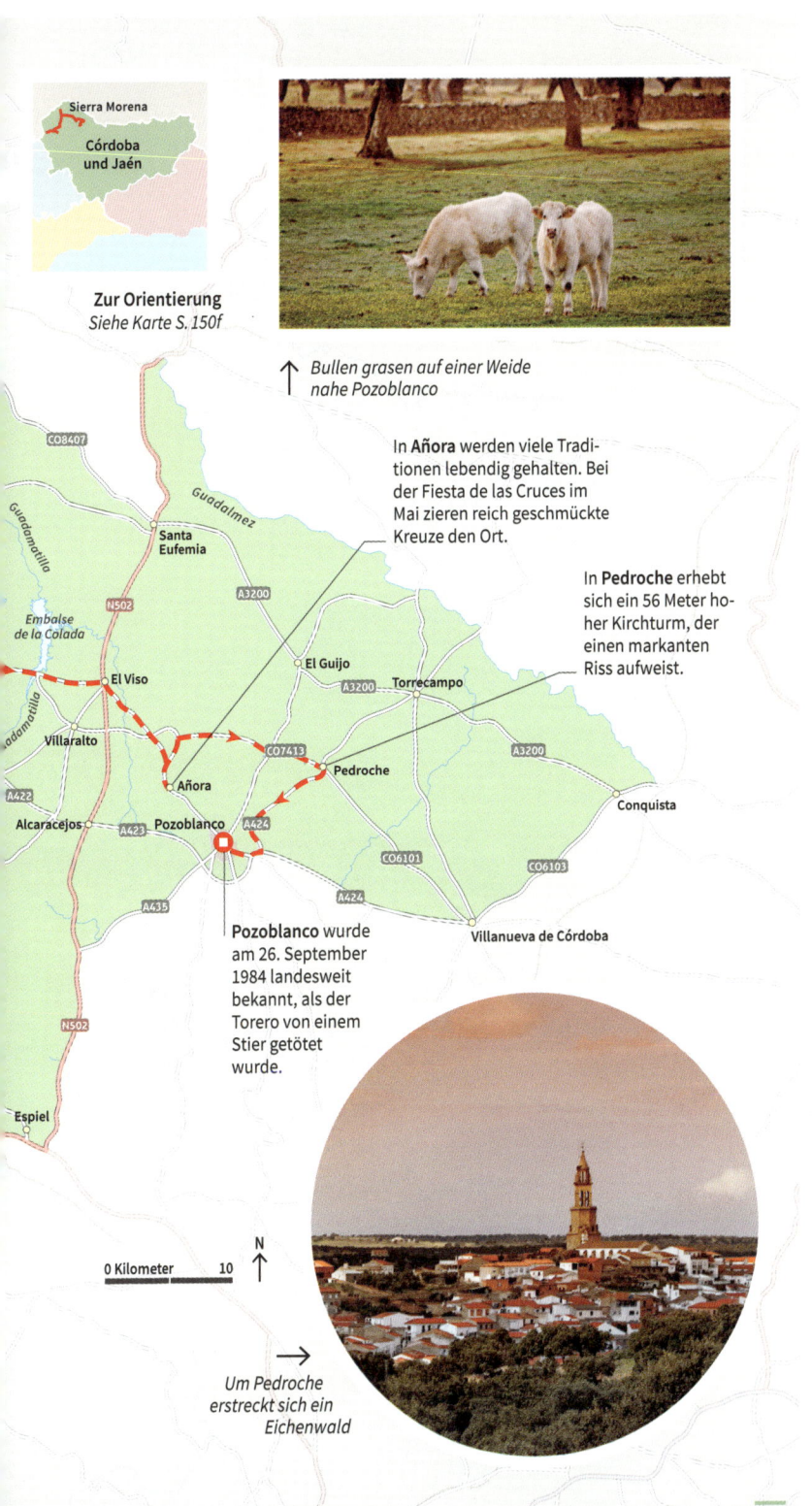

↑ *Bullen grasen auf einer Weide nahe Pozoblanco*

In **Añora** werden viele Traditionen lebendig gehalten. Bei der Fiesta de las Cruces im Mai zieren reich geschmückte Kreuze den Ort.

In **Pedroche** erhebt sich ein 56 Meter hoher Kirchturm, der einen markanten Riss aufweist.

Pozoblanco wurde am 26. September 1984 landesweit bekannt, als der Torero von einem Stier getötet wurde.

→ *Um Pedroche erstreckt sich ein Eichenwald*

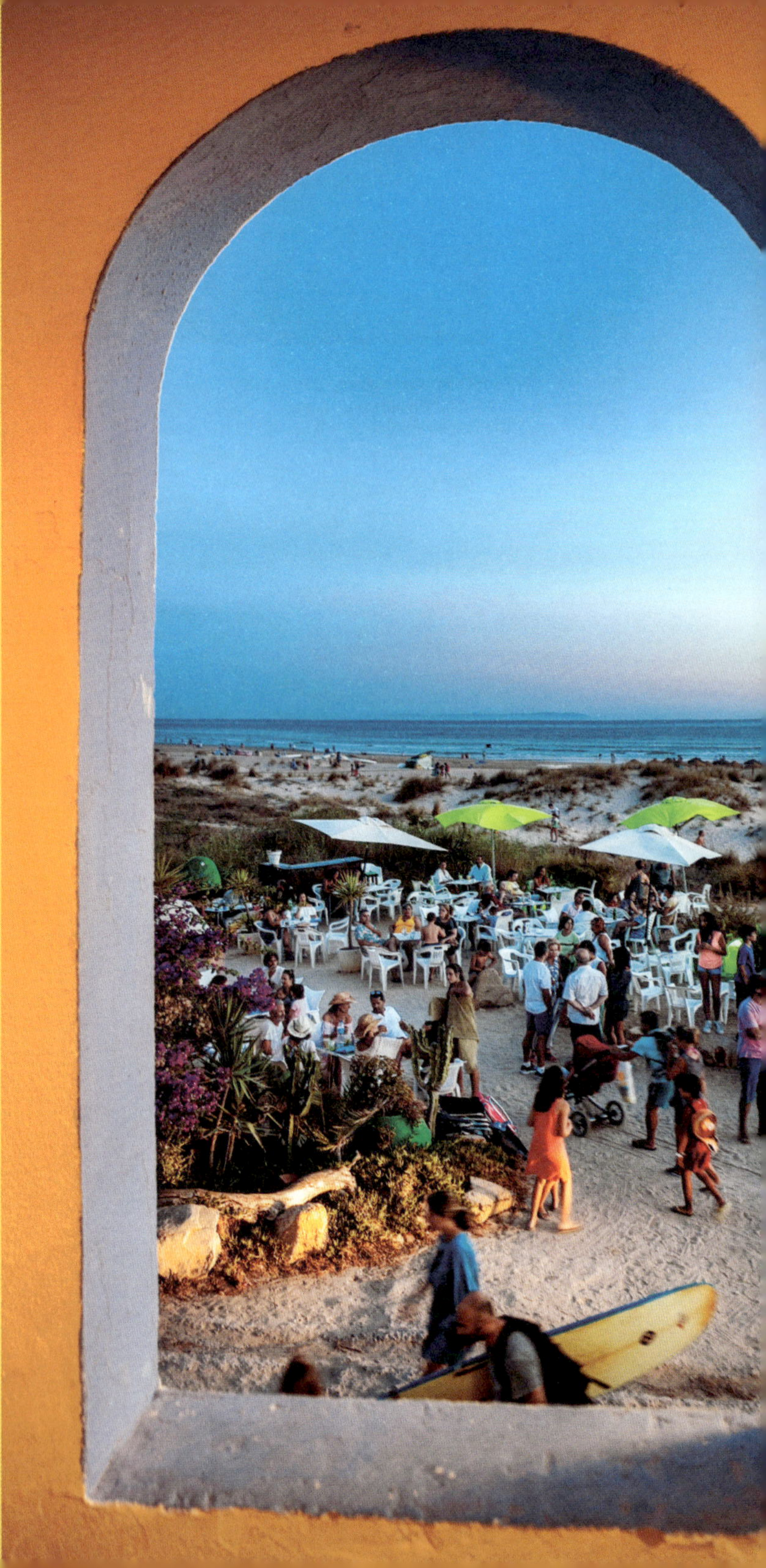

Strandbar in Zahara de los Atunes nahe Barbate (siehe S. 193)

Cádiz und Málaga

Cádiz wurde um 1100, Málaga um 770 v. Chr. von den Phöniziern gegründet. Die beiden Städte zählen somit zu den ältesten Europas. Ihre Lage an der Küste lockte immer neue Eroberer an: Ehe die Iberische Halbinsel ab 711 von arabischen Stämmen beherrscht wurde, nahmen die Griechen, Karthager, Westgoten und Byzantiner Cádiz und Málaga ein.

Die Region wurde als eine der letzten von den Christen zurückerobert: Cádiz gehörte bis 1262 zum muslimischen Herrschaftsgebiet, Málaga wurde bis 1487 als Teil des Emirats von Granada von den Nasriden regiert.

Nach der *reconquista* erlangte die Hafenstadt Cádiz und mit ihr die gesamte Region Wohlstand und Ansehen. Christoph Kolumbus brach 1493 und 1502 von Cádiz zu seiner zweiten und vierten Entdeckungsreise auf. 1717 ging das Monopol für den Handel mit der Neuen Welt von Sevilla an Cádiz über. 1812 wurde in Cádiz die erste spanische Verfassung öffentlich verkündet.

Málaga war im 19. Jahrhundert beliebtes Ziel von englischen Reisenden, die im Winter das warme Klima genossen. In den 1960er Jahren entstanden im Zuge der Förderung des Fremdenverkehrs an der Costa del Sol zahlreiche Hotelburgen, Torremolinos wurde zum Synonym für preiswerten Pauschaltourismus. Das weiter südlich gelegene Marbella hingegen entwickelte sich zum exklusiven Ferienort für Filmstars und andere Prominente. Die beiden Städte sind noch immer beliebte Ferienorte. Von Bergdörfern und Weinbergen umgeben, zeigen sie heute jedoch deutlich ruhigeren Charme.

Cádiz und Málaga

Huelva und Sevilla
Seiten 132–147

Orte auf der Karte:

- Alcalá de Guadaíra
- Marchena
- Arahal
- La Puebla de Cazalla
- Utrera
- Morón de la Frontera
- El Coronil
- Las Arcas
- Puerto Serrano
- Olvera
- Villamartín
- Algodonales
- Seten
- Espera
- Bornos
- Zahara de la Sierra
- Ronda la Vieja ⑱
- Arcos de la Frontera ⑰
- Embalse de Bornos
- Grazalema
- Ronda
- Trebujena
- Sanlúcar de Barrameda ⑦
- Chipiona ⑥
- Jerez de la Frontera ①
- Aeropuerto de Jerez
- Embalse de los Hurones
- Ubrique
- Pueblos Blancos
- Rota
- El Puerto de Santa María ⑧
- Embalse del Guadalcacín
- Algar
- Cádiz ②
- Puerto Real
- San Fernando
- Chiclana de la Frontera
- Medina Sidonia ⑤
- Paterna de Rivera
- Alcalá de los Gazules
- Jimena de la Frontera
- Gaucín
- Estepona
- Manilva
- Embalse de Barbate
- Embalse de Guadarranque
- Sotogrande ⑯
- Conil de la Frontera
- Vejer de la Frontera ⑨
- Barbate ⑫
- Zahara de los Atunes
- Facinas
- Parque Natural de Los Alcornocales ⑬
- San Roque
- Los Barrios
- La Línea de la Concepción ⑮
- Gibraltar ⑭
- Baelo Claudia ⑩
- Algeciras
- Tarifa ⑪
- Punta de Tarifa
- Costa de la Luz
- Atlantischer Ozean
- Estrecho de Gibraltar (Straße von Gibraltar)
- Punta Almina
- Ceuta ㉞
- Tanger ㊱
- **MAROKKO**
- Cherafate
- Anjra
- M'diq
- Martil
- Tétouan
- Assilah

0 Kilometer 20 — N ↑

Cádiz und Málaga

Highlights
1. Jerez de la Frontera
2. Cádiz
3. Ronda
4. Málaga

Sehenswürdigkeiten
5. Medina Sidonia
6. Chipiona
7. Sanlúcar de Barrameda
8. El Puerto de Santa María
9. Vejer de la Frontera
10. Baelo Claudia
11. Tarifa
12. Barbate
13. Parque Natural de Los Alcornocales
14. Gibraltar
15. La Línea de la Concepción
16. Sotogrande
17. Arcos de la Frontera
18. Ronda la Vieja
19. Parque Natural Sierra de las Nieves
20. Garganta del Chorro
21. Paraje Natural Torcal de Antequera
22. Álora
23. Archidona
24. Antequera
25. Fuente de Piedra
26. Nerja
27. La Axarquía
28. Montes de Málaga
29. Benalmádena
30. Marbella
31. Fuengirola
32. Torremolinos
33. Estepona
34. Ceuta
35. Melilla
36. Tanger

Im Schachbrettmuster gepflasterter Platz in Jerez de la Frontera

Jerez de la Frontera

B4 Cádiz 213 000 Edificio Los Arcos, +34 956 33 88 74; www.turismojerez.com Mo
Festival de Flamenco (März), Semana Santa (Ostern), Feria del Caballo (Mai), Fiestas de la Vendimia (Sep)

Die für die Sherry-Produktion berühmte Stadt ist von Weinbergen umgeben. In den Bodegas kann man bei Führungen die mit Fässern gefüllten Keller besichtigen und Fino, Amontillado und Oloroso probieren.

① Fundación Real Escuela Andaluza de Arte Ecuestre

Avenida Duque de Abrantes s/n +34 956 319 635 variierende Öffnungs- und Vorführungszeiten realescuela.org

Die Königlich-Andalusische Reitschule ist in einem wunderschönen Gebäude aus dem 19. Jahrhundert ansässig. Sie zählt zu den renommiertesten Reitschulen der Welt. In Vorführungen kann man die andalusischen Pferde, die bis zur Hohen Schule geritten werden, prunkvoll ausstaffiert zu Musik »tanzen« sehen. Die beiden Museen auf der Anlage informieren über die Reitkunst und präsentieren Kutschen.

② Museos de la Atalaya

Calle Cervantes 3 +34 956 18 21 00 nur Führungen: Mo – Fr 9:30, 10:30, 11:30, 12:30, 13:15 museosdelaatalaya.com

Das Museum zählt zu den außergewöhnlichsten und originellsten in ganz Spanien. Im »Palacio del Tiempo« (»Palast der Zeit«) sind über 300 Uhren ausgestellt, die in Spanien, England und Frankreich gefertigt wurden und bis ins 17. Jahrhundert zurückreichen. Bei den 50-minütigen Führungen alle Uhren zur vollen oder halben Stunde gleichzeitig läuten zu hören, ist ein eindrucksvolles Erlebnis.

③ Catedral de Jerez

Plaza de Encarnación s/n +34 662 18 75 11 Apr – Sep: Mo – Sa 10 – 20 (Mo bis 18:30), So 13:30 – 20; Okt – März: tägl. 10 – 18:30 (So ab 13:30) catedraldejerez.es

Die Catedral de Nuestro Señor San Salvador de Jerez de la Frontera befindet sich an der Stelle einer Stiftskirche, die 1264 nach der Rückeroberung der Stadt durch die Christen errichtet wurde. Das Bauwerk (17. Jh) vereint Stilelemente von Gotik, Barock und Klassizismus. 1984 wurde die Kirche von Papst Johannes Paul II. zur Kathedrale erhoben. Zu den im Museum ausgestellten Werken zählt eine Madonnenfigur von Zurbarán.

Sehenswert sind auch der Patio de Naranjos mit duftenden Orangenbäumen und eine Geheimtreppe, die mittlerweile nirgendwohin führt.

Wer den auf den Fundamenten eines Minaretts erbauten Glockenturm erklimmt, genießt einen herrlichen Blick auf die Stadt.

④

Alcázar de Jerez de la Frontera

Alameda Vieja s/n +34 956 14 99 55 tägl. 9:30–14:30 (Juli – Sep: Mo – Fr bis 17:30) 1. Jan, 6. Jan, 25. Dez

Der Palast ist eines der wenigen aus der Zeit der Almohaden verbliebenen Bauwerke in Spanien. Er zählt zu den bedeutendsten Sehenswürdigkeiten der Stadt. Bei einem Spaziergang durch die wunderschönen Gärten, die der Duft von Oliven- und Orangenbäumen, von Zypressen und Jasmin erfüllt, fühlt man sich ins 12. Jahrhundert zurückversetzt.

Zu den erhaltenen Bereichen der Palastanlage gehören die Arabischen Bäder und die Mezquita mit dem Minarett, dem Platz, auf dem sich die Gläubigen vor dem Moscheebesuch reinigten, und dem Gebetssaal. Im Turm des barocken Palacio de Villavicencio, der 1664 im Zuge einer Renovierung der Palastanlage erbaut wurde, befindet sich eine Camera obscura.

⑤

Centro Andaluz de Documentación del Flamenco

Palacio de Pemartín, Plaza de San Juan 1 +34 956 90 21 34 Mo – Fr 9 – 14 Feiertage centroandaluzdeflamenco.es

Das in einem Palast aus dem 15. Jahrhundert untergebrachte Zentrum informiert anhand von Ausstellungen und audiovisuellen Vorführungen über die Geschichte des andalusischen Tanzes (siehe S. 85). Im Innenhof treten oft Flamenco-Ensembles auf.

Highlight

Bodegas

Bodegas Real Tesoro
Die preisgekrönte Bodega wurde 1897 vom Marques del Real Tesoro gegründet.
Carretera Nacional IV, km 640
grupoestevez.es

Bodegas González Byass
Die seit dem 19. Jahrhundert existierende Bodega kann man mit einem Zug erkunden.
Calle Manuel María González 12
tiopepe.com

Bodegas Fundador
In der Bodega (18. Jh.) wird die Marke Harvey produziert.
Calle Puerta de Rota s/n grupoemperadorspain.com

Das am Atlantik gelegene Cádiz mit der Kathedrale im Hintergrund ↑

❷
Cádiz

🅰 B4 🚇 116 000 🚌 🚆 ℹ️ Paseo de Canalejas s/n; +34 956 24 10 01; www.cadizturismo.com 📅 Mo
🎭 Karneval, Semana Santa (Ostern), Festividad de la Santísima Virgen del Rosario (7. Okt)

Die auf einer Landzunge am Atlantik gelegene Stadt zählt zu den ältesten Europas. Der Sage nach wurde sie von Herkules gegründet. Historische Belege weisen die Phönizier als Erbauer der um 1100 v. Chr. entstandenen, ursprünglich Gadir genannten Siedlung aus. Im Jahr 1812 wurde in Cádiz, das kurzzeitig den Status der Hauptstadt Spaniens besaß, die erste Verfassung des Landes veröffentlicht.

In Cádiz laden die hübschen Gärten und Plätze am Ufer sowie die Gassen der Altstadt zu einem Bummel ein. Während des Karnevals präsentiert sich die Stadt bunt und fröhlich – mit Umzügen, Musik und Tanz.

→ *Die Catedral de Cádiz mit der von Juan Daura gestalteten Kuppel*

①
Catedral de Cádiz
🏠 Plaza de la Catedral s/n
📞 +34 956 28 61 54
🕐 variierende Öffnungszeiten 🌐 catedraldecadiz.com

Die im Stil des Barock und des Klassizismus erbaute Kathedrale ist eine der größten Spaniens. In der Casa de la Contaduría sind sakrale Kunstwerke zu sehen.

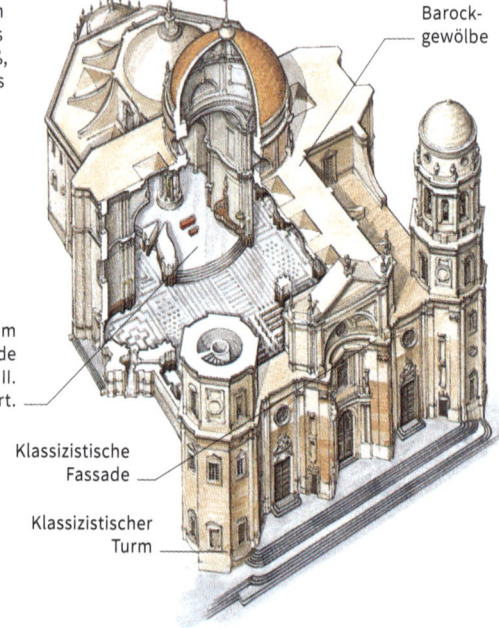

Barockgewölbe

Der Altar im Chorraum wurde von Isabel II. mitfinanziert.

Klassizistische Fassade

Klassizistischer Turm

Das Museum widmet sich der Geschichte der Stadt. Es birgt zudem eine der größten Galerien des Landes und eine Puppenausstellung.

③
Torre Tavira
🏠 Calle Marqués del Real Tesoro 10 📞 +34 956 21 29 10 🕐 variierende Öffnungszeiten 🌐 torretavira.com

In dem Wachtturm (18. Jh.) befindet sich heute eine Camera obscura.

④
Oratorio de San Felipe Neri
🏠 Calle Santa Inés s/n
📞 +34 662 64 22 33
🕐 Sep–Juni: Di–Fr 10:30–14, 16:30–20, Sa 10:30–14, So 10–13; Juli, Aug: Di–Fr 10:30–14, 17:30–20:30, Sa 10:30–14, So 10–12

In der Kirche (18. Jh.) legte 1812 während der Napoleonischen Kriege ein Interimsparlament den Grundstein für die Staatsform der parlamentarischen Demokratie in Spanien.

Schon gewusst?
Der englische Dichter Lord Byron bezeichnete Cádiz als »Sirene des Ozeans«.

②
Museo de Cádiz
🏠 Plaza de Mina s/n
📞 +34 856 10 50 23
🕐 Di–Sa 9–21, So 9–15
🚫 1. Jan, 6. Jan, 1. Mai, 24. Dez, 25. Dez, 31. Dez
🌐 museosdeandalucia.es

Highlight

Restaurants

Freiduría Cervecería Las Flores
Das schlichte Lokal ist auf Seafood spezialisiert.

🏠 Plaza Topete 4
📞 +34 956 22 61 12

€€€

Balandro
In dem Lokal genießt man zum Blick auf die Bucht von Cádiz leckere Fleischgerichte.

🏠 Alameda Apodaca 22 🌐 restaurante balandro.com

€€€

El Faro
Die Probiermenüs in dem Seafood-Restaurant im Hafenviertel sind empfehlenswert.

🏠 Calle de San Félix 15
🌐 elfarodecadiz.com

€€€

Spaziergang durch Cádiz

Länge 4 km **Dauer** 90 Minuten
Bahnhof Cádiz

Dieser Spaziergang beginnt am Ayuntamiento de Cádiz (Rathaus) und führt durch 3000 Jahre Stadtgeschichte, die schon immer untrennbar mit dem Meer verbunden war. Von der Plaza de San Juan de Dios geht es an der Bucht von Cádiz entlang in das Zentrum mit den hübschen Gassen und Plätzen hinein. Die Route führt vorbei am Fischmarkt und dem bekanntesten Seafood-Restaurant der Stadt. Sie endet an der Catedral de Cádiz, die herrlichen Blick auf den Atlantik bietet.

In dem Park **Alameda de Apodaca** stehen große Drachenbäume.

Im **Baluarte de la Candelaria** befindet sich ein Zentrum für moderne Kunst.

Der **Parque Genovés** an der Avenida Carlos III bezaubert mit Formschnittanlagen, einem Freilichttheater und einem Café.

Vom **Parador de Cádiz**, einem modernen Hotel am Ende des Parks, führt der Weg ins Zentrum der Stadt.

Oratorio de San Felipe Neri *(siehe S. 181)*

Die **Torre Tavira** (18. Jh.) ist nach dem ersten Turmwächter, Antonio Tavira, benannt *(siehe S. 181)*.

An der **Playa de la Caleta** befinden sich ein Badehaus aus dem 19. Jahrhundert und eine Seefahrtsschule.

Die **Calle Campo del Sur** säumen pastellfarbene Häuser.

An der Calle Venezuela lohnt ein Abstecher ins Fischerviertel zum Restaurant **El Faro**, dem berühmtesten Seafood-Lokal in der Region *(siehe S. 181)*. Auch die Tapas-Bar ist exzellent.

0 Meter 300

N

Straßencafé nahe der Catedral de Cádiz

Die Calle Fernando el Católico führt zu den **Murallas de San Carlos**, den Stadtmauern. Genießen Sie den Blick aufs Meer.

Biegen Sie rechts ab in die **Calle Honduras**.

Verweilen Sie auf der **Plaza de España**. Das Monument a las Cortes auf dem Platz erinnert an das Interimsparlament von 1812.

Die Calle Nueva führt zur Calle San Francisco, auf der man die **Plaza de San Francisco** erreicht, einen der hübschen kleinen Plätze der Stadt.

Biegen Sie in die **Calle Nueva** ein, die sich im Shoppingviertel von Cádiz befindet.

Der Spaziergang beginnt am **Ayuntamiento de Cádiz**. Das klassizistische Rathaus (1799) entwarf der Architekt Torcuato Benjumeda.

Erklimmen Sie einen der Glockentürme der **Catedral de Cádiz** und genießen Sie die grandiose Aussicht *(siehe S. 180)*.

Ayuntamiento de Cádiz, Plaza San Juan de Dios

> **Schon gewusst?**
>
> In Ronda befindet sich das Grab des Regisseurs und Schauspielers Orson Welles.

③
Ronda

⚠ C4 ◆ Málaga 🚆 34 000 🏨 🚌 ℹ Paseo de Blas Infante s/n; +34 952 18 71 19; www.turismoderonda.es 🛑 So 🎉 Fiesta Romería Virgen de la Cabeza (Mai), Feria de Málaga (Aug), Feria de Pedro Romero (Sep)

Die Lage der Stadt auf einem Felsplateau oberhalb einer tiefen Schlucht ist spektakulär. In Ronda fanden einst Banditen und Rebellen Zuflucht. Die reiche Geschichte und die atemberaubende Kulisse machen die Stadt seit Langem für Besucher interessant. Ernest Hemingway und Orson Welles suchten Ronda regelmäßig auf.

Da Ronda aufgrund der erhöhten Lage schwer einzunehmen war, eroberten die Christen die Stadt 1485 als eine der letzten in Spanien von den Muslimen zurück. In der Altstadt, La Ciudad – einem maurischen *pueblo blanco* mit weiß getünchten Häusern, schmiedeeisernen Fenstergittern und kopfsteingepflasterten Gassen –, liegen die meisten Sehenswürdigkeiten. Dazu zählt der Palacio de Mondragón mit einem von Arkaden gesäumten Innenhof, den maurische Mosaike und Stuckarbeiten zieren (die anderen Palastteile wurden nach der *reconquista* umgestaltet). Im Stadtteil El Mercadillo befindet sich die Plaza de Toros, eine der ältesten und wichtigsten Stierkampfarenen Spaniens. Sie wurde 1785 eingeweiht. Die im September stattfindende Corrida Goyesca lockt Tausende Besucher in die Arena, Millionen verfolgen die Kämpfe im Fernsehen.

> **Stierkampf**
>
> Die Plaza de Toros in Ronda ist eine der bedeutendsten Arenen des Landes. Die rituelle Tötung von Stieren ist Teil der kulturellen Identität Südspaniens, aus Tierschutzgründen aber umstritten. Man sollte nur *corridas* besuchen, in denen ein erfahrener Torero den Tod des Tieres rasch und »sauber« herbeiführt (siehe S. 245).

> Da Ronda aufgrund der erhöhten Lage schwer einzunehmen war, eroberten die Christen die Stadt erst 1485 von den Muslimen zurück.

Highlight

Der Puente Nuevo verbindet die Altstadt und den jüngeren Teil von Ronda

Der **Convento de Santo Domingo** war Sitz der Spanischen Inquisition in der Region.

Die **Casa del Rey Moro** ist ein Herrenhaus aus dem 18. Jahrhundert.

Die Renaissance-Fassade des **Palacio del Marqués de Salvatierra** schmücken bizarre Bilder.

Der **Puente Nuevo** wurde im 18. Jahrhundert erbaut.

Minarete de San Sebastián, Relikt einer Moschee (14. Jh.)

Zur **Iglesia Santa María la Mayor** gehören ein Minarett (13. Jh.) und eine Gebetsnische.

SANTO DOMINGO
MARQUÉS DE SALVATIERRA
CALLE ARMIÑÁN
TENORIO
CARMEN
PLAZA DEL CAMPILLO
PLAZA DUQUESA DE PARCENT

→ *La Ciudad, die Altstadt von Ronda*

Ayuntamiento de Ronda

Palacio de Mondragón

Stadtansicht Málagas mit modernen Bauten und der Stierkampfarena

Málaga

D4 575 000 Plaza de la Marina 11; +34 951 92 60 20; www.malagaturismo.com So Semana Santa (Ostern), Feria de Málaga (Aug), Virgen de la Victoria (8. Sep)

Die zweitgrößte Stadt Andalusiens prägen moderne Hochhäuser. Sie bietet aber auch faszinierende historische Bauten.

① Museo Carmen Thyssen Málaga

Calle Compañía 10
+34 902 30 31 31 Di – So 10 – 20 1. Jan, 25. Dez carmenthyssenmalaga.org

Das im Palacio de Villalón (16. Jh.) ansässige Museum wurde 2011 eröffnet. Es ist nach der spanischen Kunstsammlerin Baroness Thyssen-Bornemisza benannt, die dem Haus 285 Werke aus dem späten 19. und frühen 20. Jahrhundert als Leihgaben überließ (bis 2025).

Die Ausstellung umfasst vier Bereiche: Alte Meister, Landschaftsmalerei der Romantik und Costumbrismo, Précieux-Stil und Naturalismus sowie Fin-de-Siècle (mit Werken von spanischen Künstlern wie Zurbarán, Julio Romero de Torres, Sorolla und Iturrino). Wechselausstellungen widmen sich einzelnen Künstlern oder Stilrichtungen wie Realismus, Kubismus oder der spanischen Popkultur.

Bei der Renovierung des Palasts wurden römische Ruinen aus dem 2. Jahrhundert entdeckt. Die Ausgrabungsarbeiten dauern noch an, vermutlich aber werden die Relikte in naher Zukunft der Öffentlichkeit zugänglich gemacht werden.

> **Schon gewusst?**
> Baroness Thyssen-Bornemisza verkaufte 2012 *The Lock* (1824; John Constable) für 22 Mio. Britische Pfund.

Shopping

Mercado de Atarazanas

Besuchen Sie den bei Einheimischen beliebten Markt, auf dem nicht nur die Auslagen mit fangfrischem Fisch und Gemüse aus der Region locken: Ein prächtiges Buntglasfenster zeigt Szenen der Stadtgeschichte.

Calle Atarazanas 10
+34 951 92 60 10
Mo – Sa 9 – 14

② Museo Automovilístico y de la Moda

Edificio de la Tabacalera, Avenida de Sor Teresa Prat 15 +34 951 13 70 01 tägl. 10 – 19 1. Jan, 25. Dez museoautomovilmalaga.com

In dem nahe dem Hafen gelegenen Museum, das sich den Bereichen Automobile und Mode widmet, verströmen Namen wie Bugatti, Rolls-Royce, Bentley, Jaguar, Mercedes, Ferrari, Chanel und Dior Glanz und Nostal-

Highlight

gie. Das in den 1930er Jahren errichtete Gebäude, in dem einst die Königliche Zigarrenfabrik der Stadt beheimatet war, bietet den aus dem frühen 20. Jahrhundert datierenden Exponaten ein passendes Ambiente.

Die rund 100 Automobile, die in 13 thematisch gegliederten Ausstellungssälen präsentiert werden, verdeutlichen die Entwicklung der Automobilindustrie.

Die Abteilung zur Haute Couture umfasst mehr als 200 sehenswerte Exponate.

③ ♿

Museo de Málaga
- Plaza de la Aduana s/n
- +34 951 91 19 04
- Di – Sa 9 – 21, So 9 – 15
- 1. Jan, 6. Jan, 1. Mai, 24. Dez, 25. Dez, 26. Dez
- museosdeandalucia.es

↑ *Ausstellungsraum im Museo de Málaga, das im Palacio de la Aduana ansässig ist*

2016 wurden das Archäologische Museum und das Kunstmuseum der Stadt zum Museo de Málaga zusammengefasst. Die Sammlungen der beiden Häuser wurden im Palacio de la Aduana untergebracht, der im 18. Jahrhundert erbaut wurde. Das Museo de Málaga ist das größte Museum in Andalusien und das fünftgrößte Spaniens.

Die über 15 000 Artefakte der archäologischen Sammlung stammen von Ausgrabungsorten in ganz Andalusien. Sie umspannen den Zeitraum vom 8. Jahrhundert v. Chr. bis zum Mittelalter und repräsentieren alle Kulturen, die den Süden Spaniens besiedelten – von den Ägyptern, Römern und Griechen bis zu den Christen und Byzantinern. Einige der beeindruckendsten Artefakte stammen aus dem Museo Loringiano, das im 19. Jahrhundert die Antiquitätensammlung der Marqueses de Casa-Loring beherbergte.

Im zweiten Stock des Museo de Málaga können Besucher mehr als 200 Werke von herausragenden spanischen Künstlern wie Murillo, Velázquez, Goya und Sorolla bewundern. Auch Arbeiten von Pablo Picasso, der in Málaga geboren wurde, gehören zum Bestand.

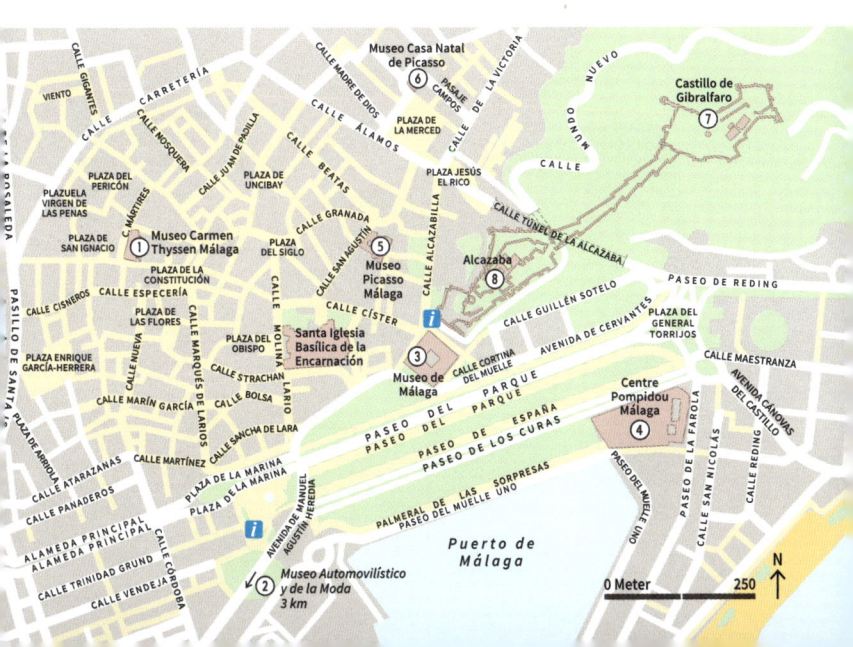

④ Centre Pompidou Málaga

🏠 Pasaje Doctor Carrillo Casaux s/n, Muelle Uno, Puerto de Málaga 📞 +34 951 92 62 00 🕐 Mi – Mo 9:30 – 20 📅 1. Jan, 25. Dez 🌐 centrepompidou-malaga.eu

Das Kunst- und Kulturzentrum, eine Außenstelle des Centre national d'art et de culture Georges-Pompidou in Paris, wurde 2015 eröffnet. Das an der Muelle Uno, der Promenade im nach einer Umgestaltung äußerst schicken Hafenviertel, gelegene Zentrum präsentiert 70 ausgewählte Werke des 20. und 21. Jahrhunderts aus der Sammlung des Centre Pompidou. Die Gestaltung der Ausstellungsräume und die klangliche Untermalung sollen die gedankliche Auseinandersetzung mit den modernen Kunstwerken fördern. Die Exponate wechseln alle zwei bis drei Jahre. Zwei- bis dreimal jährlich finden Wechselausstellungen statt.

Das Museum wird wegen seines würfelförmigen Oberlichts »El Cubo« genannt. Besucher können sich einer der exzellenten Führungen anschließen. Es werden aber auch Audioführer angeboten.

⑤ Museo Picasso Málaga

🏠 Palacio de Buenavista, Calle San Agustín 8 📞 +34 952 12 76 00 🕐 tägl. 10 – 19 (Juli, Aug: bis 20; Nov – Feb: bis 18) 📅 1. Jan, 6. Jan, 25. Dez 🌐 museopicassomalaga.org

Das Museum widmet sich dem Lebenswerk von Pablo Picasso, der 1881 in Málaga geboren wurde. Skizzen, Gemälde und Skulpturen verdeutlichen die künstlerische Entwicklung von den Anfängen über die Blaue und Rosa Periode bis zum Kubismus. Neben einigen berühmten Werken sind weniger bekannte Arbeiten zu sehen. Diese Kombination vermittelt Einblick in den Schaffensprozess und die Gedankenwelt des Künstlers.

Die Ausstellungen beschäftigen sich auch mit der Darstellung von Frauen in Picassos Werk (vor allem der Musen des Künstlers), der Symmetrie der von ihm porträtierten Gesichter und dem Einfluss des Spanischen Bürgerkriegs und des Zweitens Weltkriegs auf sein Schaffen.

Das auch »El Cubo« genannte Centre Pompidou Málaga an der Hafenpromenade ↓

⑥ Museo Casa Natal de Picasso

🏠 Plaza de la Merced 15 📞 +34 951 92 60 60 🕐 tägl. 9:30 – 20 📅 1. Jan, 25. Dez 🌐 fundacionpicasso.malaga.eu

Das Geburtshaus von Pablo Picasso dient seit 1991 als Museum, das über den familiären Hintergrund des Künstlers informiert.

Highlight ist der prächtig ausgestattete Salon, in dem die Familie einst Gäste empfing. In einigen Räumen sind Gegenstände aus Picassos Kindheit und Jugend zu sehen. Die in einem eigenen Raum präsentierten Familienerbstücke zeichnen die Erlebnisse und Erinnerungen der Eltern des Künstlers nach. Außerdem ist eine Ausstellung zu sehen, die sich dem Alltagsleben der Einwohner Málagas im 19. Jahrhundert widmet. Die präsentierten Fotografien, Postkarten und Dokumente vermitteln einen Eindruck von dem Umfeld, in dem Picasso aufwuchs.

Schon gewusst?

Picassos voller Name besteht aus 23 Wörtern und beinhaltet die Namen mehrerer Heiliger.

Highlight

Die Palastanlage Alcazaba liegt auf einem Felsen oberhalb von Málaga ↓

Die Torre del Homenaje wurde unter der Regentschaft von Abd ar-Rahman I. (756–788) erbaut.

Baño

Cuartos de Granada

Puerta de la Bóveda

Römisches Theater

Barrio de Casas

Aljibe

Sala de Siglo XVI

Die Decke der Sala de Exposiciones Arqueológicas wurde in den 1920er Jahren im maurischen Stil gestaltet.

Plaza de Armas

Puerta de las Columnas

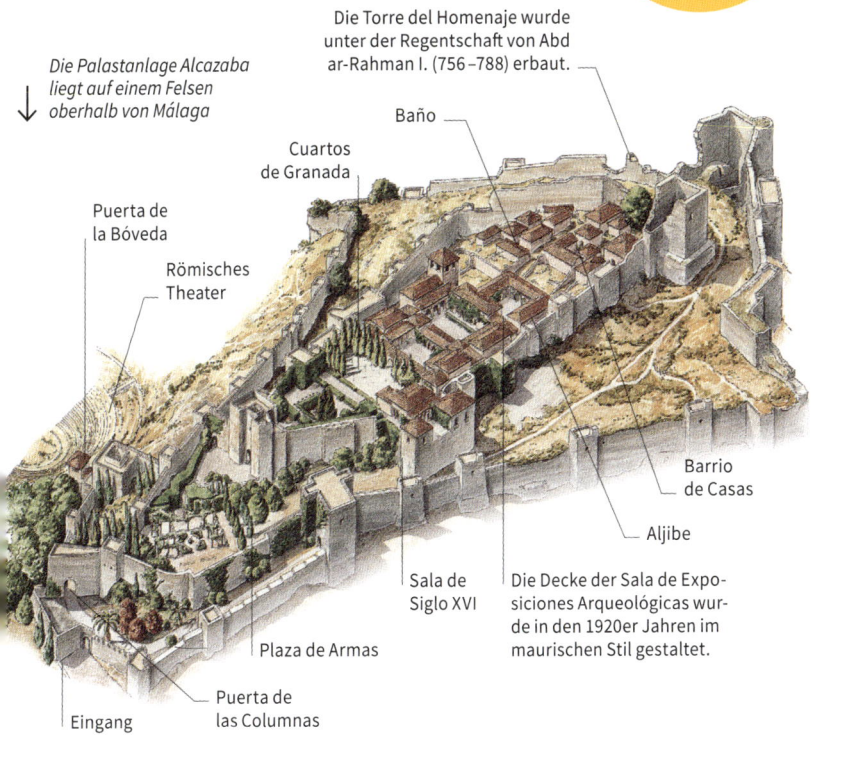

Eingang

⑦ Castillo de Gibralfaro

🏠 Camino Gibralfaro 1
📞 +34 952 22 72 30 🕐 tägl. 9–20 (Nov–März: bis 18)

Die imposante Festung ließ der in Córdoba residierende Emir Abd ar-Rahman I. im 8. Jahrhundert zum Schutz der Palastanlage Alcazaba erbauen. Nach der *reconquista* wurde die Burg von den christlichen Herrschern genutzt.

In der einstigen Waffenkammer sind militärische Andenken zu sehen. Eine Ausstellung zeichnet die Geschichte der Festung vom 16. bis ins 20. Jahrhundert nach.

Von den Festungsmauern eröffnet sich eine wunderbare Aussicht auf Málaga und das Mittelmeer. An klaren Tagen reicht der Blick bis nach Marokko.

⑧ Alcazaba

🏠 Calle Alcazabilla 2
📞 +34 951 92 61 89 🕐 tägl. 9–20 (Nov–März: bis 18)
🚫 1. Jan, 24. Dez, 25. Dez, 31. Dez

Die befestigte maurische Palastanlage wurde vom 8. bis 11. Jahrhundert auf den Fundamenten einer römischen Stadt erbaut. Das am Fuß des Hügels liegende römische Theater wurde 1951 entdeckt und inzwischen nahezu vollständig freigelegt.

Hinter der Puerta de la Bóveda, durch die man in den äußeren Bereich der Anlage gelangt, wurde ein zweites, kleineres Tor erbaut, um anstürmenden Feinden den Zugang zu erschweren. Die blumenreichen, mit Springbrunnen ausgestatteten Gärten, die sich hinter dem Tor erstrecken, sind typisch für die maurische Architektur.

Der im inneren Bereich liegende Palast mit Nebengebäuden ist in drei Bauabschnitte (11., 13. und 14. Jh.) mit jeweils eigenen Höfen untergliedert.

Hauptattraktion der Alcazaba ist die Sala de Exposiciones Arqueológicas, in der phönizische, römische und maurische Artefakte zu sehen sind, darunter wunderschöne Keramiken.

> Schöne Aussicht
> **Blick von den Palastmauern**
>
> Von der Alcazaba eröffnet sich eine wunderbare Aussicht auf den Hafen der Stadt, das Mittelmeer und die spektakuläre Landschaft, die sich um Málaga erstreckt.

SEHENSWÜRDIGKEITEN

❺ Medina Sidonia

🅐 B5 🅒 Cádiz 🅜 12 000
🅘 Edificio de Plaza de Abastos, Plaza San Juan; +34 956 41 24 04; www.turismo medinasidonia.es 🗓 Mo

Die Stadt mit den weiß getünchten Häusern liegt zwischen Algeciras und Jerez de la Frontera an der N440 auf einem Hügel. 1264 eroberte Alfonso X Medina Sidonia von den Mauren. Im 15. Jahrhundert wurde die Familie Guzmán in den Stand der Herzöge von Medina-Sidonia erhoben. Die Herzöge verteidigten das gesamte Gebiet bis zur Bucht von Cádiz gegen die Mauren. Nach der *reconquista* gelangten sie durch Finanzgeschäfte mit der Neuen Welt zu Reichtum, und Medina Sidonia wurde zu einem der bedeutendsten Herzogtümer Spaniens.

Teile der mittelalterlichen Stadtmauern sind erhalten. Die Iglesia Santa María la Coronada wurde im 15. Jahrhundert auf den Fundamenten einer Burg im gotischen Stil erbaut. Sie beherbergt eine Sammlung religiöser Kunst aus der Renaissance mit Gemälden und einem Altaraufbau *(retablo)* mit wunderschön geschnitzten Tafeln.

❻ Chipiona

🅐 B4 🅒 Cádiz 🅜 20 000
🅘 Castillo de Chipona, Calle del Castillo 5; +34 956 92 90 65; www.turismode chipiona.com 🗓 Mo

Den quirligen Ferienort erreicht man nach einer Fahrt durch Weinberge. In Chipiona gibt es einen wunderschönen Strand. Nach dem Sonnenbaden kann man abends den Kai entlangspazieren oder durch die Gassen der Altstadt bummeln, in der viele Cafés und Eisdielen bis nach Mitternacht geöffnet haben.

Die Iglesia de Nuestra Señora de Regla, die Hauptkirche der Stadt, besitzt einen Kreuzgang mit vielfarbigen *azulejos* aus dem 17. Jahrhundert.

❼ Sanlúcar de Barrameda

🅐 B4 🅒 Cádiz 🅜 69 000
🅘 Avenida Calzada Duquesa Isabel s/n; +34 956 36 61 10; www.sanlucarturismo.com 🗓 Mi

Die vom maurischen Castillo de Santiago überragte Stadt mit dem Fischereihafen liegt im Mündungsgebiet des Guadalquivir. Den Parque Nacional de Doñana *(siehe S. 136f)* auf der anderen Seite des Flusses kann man vom Kai aus per Schiff erreichen. 1498 brach Kolumbus von der Stadt aus zu seiner dritten Reise zum amerikanischen Kontinent auf. 1519 legte Ferdinand Magellan in dem Hafen ab – mit der Absicht, die Welt zu umsegeln.

Heute ist die Stadt für den leichten trockenen Sherry Manzanilla bekannt, wie er

322

Stufen führen zur Spitze des Leuchtturms in Chipiona hinauf.

In Chipiona steht der höchste Leuchtturm (19. Jh.) Spaniens ↑

↑ *Das Museo de la Manzanilla der Bodegas Barbadillo in Sanlúcar de Barrameda*

z. B. von **Bodegas Barbadillo** produziert wird. Besucher können eine *copita* (Gläschen) Manzanilla probieren und das Museo de la Manzanilla besichtigen. Dienstags bis sonntags werden Führungen auf Spanisch und Englisch angeboten.

Sehenswert ist zudem die Iglesia de Nuestra Señora de la O, die wunderschöne Portale im Mudéjar-Stil besitzt.

Bodegas Barbadillo
🌐🌐🌐 🏠 Calle Luis de Eguilaz 11 📞 +34 956 38 55 21 🕐 Apr – Okt: tägl. 10 –15; Nov – März: Mo – Sa 10 –15
🌐 barbadillo.com

8
El Puerto de Santa María

🅰 B4 📍 Cádiz 👥 88 000
🚆🚌🚉 ℹ Palacio de Aranibar, Plaza de Alfonso X El Sabio 9; +34 956 48 37 15
www.turismoelpuerto.com
🔒 Di

Die Stadt liegt geschützt vor dem Wind und den rauen Wellen des Atlantiks an der Bucht von Cádiz. Sie ist noch heute einer der wichtigsten Exporthäfen für Sherry. Viele Produzenten bieten Führungen und Verkostungen an, darunter die **Bodegas Terry** und **Osborne** sowie die Bodegas Caballero, die sich im **Castillo de San Marcos**, einer Burg aus dem 13. Jahrhundert, befinden.

Die **Plaza de Toros** zählt zu den größten Stierkampfarenen Spaniens. Die gotische Iglesia Mayor Prioral (13. Jh.) an der Plaza Mayor, dem Hauptplatz der Stadt, besitzt einen außergewöhnlichen Chorraum. In El Puerto de Santa María gibt es viele *palacios* mit den Wappen von Familien, die in der Kolonialzeit zu Wohlstand gelangt waren.

Bodegas Terry
🌐🌐🌐 🏠 Calle de los Toneleros 1 📞 +34 956 15 15 00 🕐 Mo – Fr (nach Anmeldung)

Bodegas Osborne
🌐🌐🌐 🏠 Calle de los Moros 7 📞 +34 956 86 91 00
🕐 tägl. (nach Anmeldung)

Castillo de San Marcos (Bodeags Caballero)
🌐 🏠 Plaza del Castillo s/n
📞 +34 627 56 93 35 🕐 nur Führungen: Di, Do, Sa 10, 13 (spanisch), 11:30 (englisch)

Plaza de Toros
🌐🏠 Plaza Elías Ahuja s/n
📞 +34 956 86 11 88
🕐 Mo – Fr 10 –14, 16 –19

Restaurants

Casa Bigote
Meeresbrise und sandige Planken gehören zum Charme des Seafood-Lokals in Sanlúcar de Barrameda.

🅰 B4 🏠 Calle Pórtico Bajo de Guia 10, Sanlúcar de Barrameda
🌐 restaurantecasabigote.com
€€€

Pantalán G
In dem Restaurant in El Puerto de Santa María genießt man leckeren Fisch mit Blick auf den Hafen. Am Wochenende wird Livemusik gespielt.

🅰 B4 🏠 Avenida de la Libertad, El Puerto de Santa María
🌐 pantalang.com
€€€

El Jardín del Califa
In einem Hof mit duftendem Jasmin in Vejer de la Frontera werden köstliche marokkanische Speisen serviert.

🅰 B5 🏠 Plaza de España 16, Vejer de la Frontera
🌐 califavejer.com
€€€

❾ Vejer de la Frontera

🅰 B5 🏠 Cádiz 👥 12 600
ℹ Avenida de los Remedios 2; +34 956 45 17 36; www.turismovejer.es

Die Kleinstadt liegt idyllisch auf einem Hügel oberhalb von Barbate. Sie wurde 711 als einer der ersten Orte in Spanien von den Mauren erobert, nachdem diese die Westgoten auf einem nahe gelegenen Schlachtfeld besiegt hatten. Der älteste Teil der Stadt ist von einer Festungsmauer mit drei Wachtürmen und vier Toren umgeben. Innerhalb der Mauern liegen die maurische Burg und die Iglesia Parroquial del Divino Salvador. Die Kirche (14.–16. Jh.) mit gotischen und Mudéjar-Elementen wurde an der Stätte einer Moschee errichtet.

Jenseits der Stadtmauern liegt der beeindruckende Palacio del Marqués de Tamarón aus dem späten 17. bis frühen 18. Jahrhundert.

❿ Baelo Claudia

🅰 C5 🏠 Ensenada de Bolonia s/n, Cádiz 📞 +34 956 10 67 97 🕘 Apr – Mitte Juni: Di – Sa 9 – 21, So 9 –15; Mitte Juni – Juli: Di – Sa 9 –15, 18 – 21, So 9 –15; Aug – Mitte Sep: Di – So 9 –15; Mitte Sep – März: Di – Sa 9 –18, So 9 –15
🚫 1. Jan, 6. Jan, 9. Dez, 24. Dez, 25. Dez, 31. Dez
🌐 museosdeandalucia.es

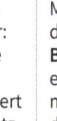

Die an der Küste gelegene römische Siedlung entstand im 2. Jahrhundert v. Chr. Sie gewann durch den Handel mit Nordafrika und durch Fischverarbeitung schnell an Bedeutung. Kaiser Claudius (41 – 54 n. Chr.) verlieh Baelo Claudia das Stadtrecht. Die Blütezeit war jedoch nur von kurzer Dauer: Ein Erdbeben zerstörte die Stadt nahezu vollständig. Im 6. Jahrhundert hatten die letzten Bewohner Baelo Claudia verlassen. Die Ruinen umfassen ein Theater, eine Nekropole und einige Säulen. Sie liegen idyllisch in der Nähe eines schönen Strands unweit der kleinen Ortschaft Bolonia.

⓫ Tarifa

🅰 C5 🏠 Cádiz 👥 18 000
ℹ Paseo de la Alameda s/n; +34 956 68 09 93

Der Name der bei Wind- und Kitesurfern äußerst beliebten Stadt geht auf den maurischen Feldherrn Tarif ben Maluk (8. Jh.) zurück. Um das **Castillo de Guzmán el Bueno** (10. Jh.) rankt sich eine Sage: 1292 erfuhr Guzmán, der Tarifa verteidigte, dass sein als Geisel gehaltener Sohn sterben werde, falls er sich nicht ergebe. Statt zu kapitulieren, warf er den Geiselnehmern seinen Dolch zu.

Castillo de Guzmán el Bueno
🏠 Calle Guzmán el Bueno 📞 +34 607 98 48 71
🕘 tägl. 10 –16 (Winter Di – So)

← *Säulenfragmente in der antiken römischen Stadt Baelo Claudia*

Shopping

Mercado de Abastos de Barbate

Barbate ist für hervorragenden Thunfisch bekannt. In dem Markt, dessen Decken handgemalte Meereslandschaften zieren, kann man aus dem Tagesfang auswählen. Neben einem immensen Angebot an frischem Fisch werden auch Fleisch und andere regionale Erzeugnisse verkauft.

🅰 B5 🏠 Avenida de Andalucía 1, Barbate
📞 +34 956 06 36 25
🕘 Mo – Sa 9 –14

Windparks

Nördlich von Tarifa bläst der Wind so zuverlässig und in einer solchen Stärke, dass zur Stromerzeugung Windräder eingesetzt werden. Spanien ist nach Deutschland der zweitgrößte Nutzer von Windkraft. Am Strand von Tarifa steht eine riesige Wetterfahne in Form eines Thunfischs. In den Sockel sind die Namen aller regionalen Winde eingraviert.

Gäste in einer Bar in Zahara de los Atunes, nahe Barbate, bestaunen den Sonnenuntergang

⑫
Barbate
B5 **Cádiz** **22 500**
Paseo Marítimo 5; +34 956 06 36 13; www.turismo barbate.es

Der größte Ort an der Küste zwischen Cádiz und Tarifa liegt an der Mündung des gleichnamigen Flusses, umgeben von Marschland und Salzgärten. Barbate selbst ist wenig interessant, zwei kleine Ferienorte in der Nähe lohnen jedoch einen Besuch.

Im Süden bietet Zahara de los Atunes einige der besten Strände in der Region. In dem für den Thunfischfang bekannten Ort kann man *mojama* kosten – Thunfisch, der ähnlich wie *jamón serrano* luftgetrocknet wurde. Im Hinterland von Zahara, entlang der Küstenstraße N340, liegen große Windparks.

In nördlicher Richtung führt die Straße von Barbate aus am Fischereihafen vorbei über eine Landzunge mit dichten Pinienwäldern und zu dem Ferienort Los Caños de Meca hinab. Den in den 1970er Jahren bei Hippies äußerst beliebten Ort kennzeichnet noch heute eine entspannte Atmosphäre.

In der Nähe befindet sich der Cabo de Trafalgar (Kap Trafalgar), auf dem ein weißer Leuchtturm steht. An dem Kap fand am 21. Oktober 1805 die Seeschlacht statt, in der der britische Admiral Nelson die Spanier und Franzosen besiegte.

⑬
Parque Natural de Los Alcornocales
C5 **Cádiz und Málaga**
Besucherzentrum: Carretera A-2228, km 1, Alcalá de los Gazules; +34 685 122 686; www.juntade andalucia.es

Das Naturschutzgebiet ist nach den Korkeichen *(alcornoques)* benannt, die auf dem Terrain in großer Anzahl gedeihen. Die Bäume sind leicht zu erkennen, da die Korkschicht an den Stämmen abgeschält wurde und dadurch das rote Kernholz sichtbar ist. Der Süden des Naturschutzgebiets ist von tiefen Tälern *(canutos)* durchzogen, in denen es uralte farnreiche Wälder gibt.

In dem Gebiet kann man auch Höhlen besichtigen und hübsche Städte wie Jimena de la Frontera, Castellar de la Frontera und Medina Sidonia *(siehe S. 190)* besuchen.

> **Schöne Aussicht**
> **Afrika**
>
> Von der Bergkette El Aljibe im Parque Natural de Los Alcornocales sowie von der Küstenstraße N340, die von Los Barrios nach Facinas führt, reicht der Blick über die Straße von Gibraltar nach Afrika.

Wanderer im Parque Natural de Los Alcornocales

Den Römern galt der Felsen von Gibraltar als eine der beiden Säulen des Herkules

⓴
Gibraltar

🅰 C5 🏛 Großbritannien 👥 34 500 ℹ Duke of Kent House, Cathedral Square; +350 20 07 49 50; www.visitgibraltar.gi
🚌 Mi, Sa 🎉 National Day (10. Sep)

Die Halbinsel wurde 1713 im Frieden von Utrecht von Spanien an Großbritannien abgetreten. Heute fahren jährlich etwa vier Millionen Besucher von La Línea de la Concepción nach Gibraltar, um das nur 6,7 Quadratkilometer große Gebiet zu besichtigen. Pubs, englische Straßennamen und »Bobbys« (Polizisten in britischer Uniform) erzeugen in direkter Nachbarschaft zu Andalusien ein besonderes Flair.

Das **Gibraltar National Museum** in einem auf den Fundamenten maurischer Bäder errichteten Gebäude informiert über die Geschichte des Gebiets, die aufgrund der strategischen Lage von militärischen Konflikten geprägt war. **The Moorish Castle** (8. Jh.) am Felsen von Gibraltar diente bis 2010 als Gefängnis. Das 80 Kilometer lange Netzwerk aus Lagerräumen und Kasernen der **Great Siege Tunnels** wurde während der Belagerung Gibraltars durch Spanien und Frankreich im 18. Jahrhundert genutzt. Im Zweiten Weltkrieg kam Gibraltar bei der Kontrolle des Zugangs zum Mittelmeer entscheidende Bedeutung zu. Der Großteil der Zivilbevölkerung wurde damals nach London und nach Jamaica evakuiert. Das Kalksteinhöhlensystem **St Michael's Cave** diente als Militärkrankenhaus. Es wird heute für Konzerte genutzt.

Eine Seilbahn führt zum 450 Meter hoch gelegenen Top of the Rock auf dem Felsen von Gibraltar hinauf. **The Apes' Den**, nördlich des Europa Point, des südlichsten Punkts von Gibraltar, ist die Heimat von Berberaffen, die aus Marokko auf die Halbinsel gelangten. Es heißt, dass Gibraltar nur so lange in britischer Hand bleibt, wie dort Berberaffen leben.

Gibraltar National Museum
♿ 🏛 18–20 Bombhouse Lane 🕐 Mo–Fr 10–18, Sa 10–14 🌐 gibmuseum.gi

---

Britisches Gibraltar

1704 eroberte während des Spanischen Erbfolgekriegs die englisch-niederländische Flotte Gibraltar. 1713 wurde das Gebiet formell Großbritannien zugesprochen. Der Versuch spanischer und französischer Truppen, Gibraltar in der Großen Belagerung (Great Siege; 1779–1813) zurückzuerobern, scheiterte. Für das Britische Weltreich war die Halbinsel als Zugang zum Mittelmeer äußerst wichtig. 1967 votierten die Bewohner Gibraltars in einer Abstimmung für einen Verbleib unter britischer Hoheit. Dem »Brexit« standen die Einwohner kritisch gegenüber.

⓯
La Línea de la Concepción
🅐 C5 📍 Cádiz 👥 63 000
ℹ️ Avenida de 20 Abril; +34 956 78 41 35 📅 Mi

Die Stadt liegt auf spanischer Seite an der Grenze zu Gibraltar. Der Name La Línea (»Die Linie«) bezieht sich auf die Wälle, die einst die Grenze bildeten. Die Mauern wurden während der Napoleonischen Kriege zerstört, damit sie die Franzosen nicht zur Verteidigung nutzen konnten. La Línea de la Concepción ist heute eine rege Handelsstadt mit mehreren Hotels, die von Besuchern genutzt werden, die die teuren Übernachtungspreise in Gibraltar umgehen möchten.

⓰
Sotogrande
🅐 C5 📍 Cádiz 👥 2500
🚍 San Roque 📅 So

In dem an der Costa del Sol gelegenen Luxusresort leben wohlhabende Einwohner Gibraltars, die täglich zur Halbinsel pendeln. Auch bei Politikern, Vertretern der Finanzbranche und Mitgliedern europäischer Königshäuser ist Sotogrande als Aufenthaltsort beliebt.

Am Hafen, in dem luxuriöse Yachten vor Anker liegen und vornehme Restaurants exzellentes Seafood servieren, bekommt man einen Eindruck von der Exklusivität des Ferienorts. In der Umgebung liegen einige hervorragende Golfplätze, darunter der renommierte Real Club de Sotogrande.

> **Entdeckertipp**
> **Bunker**
>
> Wer sich für den Zweiten Weltkrieg interessiert, kann im Parque Reina Sofía in La Línea de la Concepción mehrere Bunker erkunden. Das Besucherzentrum der Stadt bietet Führungen an.

The Moorish Castle, Great Siege Tunnels, St Michael's Cave, The Apes' Den
♿ 🅟 Upper Rock
🕐 tägl. 9:30–18:15

Die in den Fels gehauenen Great Siege Tunnels waren ein erfolgreiches Verteidigungssystem.

The Moorish Castle

St Michael's Cave diente im Zweiten Weltkrieg als Krankenhaus.

The Apes' Den ist Heimat von Berberaffen.

Europa Point bietet Blick nach Afrika.

Die 100-Ton Gun kam um 1880 von England nach Gibraltar.

Gibraltar National Museum

↑ *Auf dem Felsen von Gibraltar befinden sich viele Sehenswürdigkeiten*

Die Bergstadt Arcos de la Frontera wurde einst für ihre strategisch günstige Lage geschätzt

❶⓻ Arcos de la Frontera

🅰 B4 🏠 Cádiz 🗺 30 700
🚌 ℹ Calle Cuesta de Belén 5; +34 956 70 22 64; www.turismoarcos.es 🛍 Fr

> Im maurischen Viertel von Arcos de la Frontera, einer Stadt mit weiß getünchten Häusern, winden sich Gassen zur Burgruine hinauf.

Der Ort ist seit prähistorischer Zeit besiedelt. Die strategisch günstige Lage ließ später die Römer die Stadt Arco Briga gründen, während des Kalifats von Córdoba wurde die Ortschaft Medina Arkosh genannt.

Im maurischen Viertel der Stadt mit den weiß getünchten Häusern winden sich Gassen zur Burgruine hinauf. An der Plaza de España im Zentrum steht die Iglesia de Santa María de la Asunción, die Elemente der Romanik, der Hochgotik, des Mudéjar-Stil und des Barock zeigt. Ein kleines Museum in der Kirche präsentiert sakrale Kunst. Der Turm der Iglesia de San Pedro (14. Jh.) bietet Blick über das Felsplateau und zum Fluss Guadalete hinab. In der Nähe steht der **Palacio del Mayorazgo**, der eine schöne Renaissance-Fassade besitzt.

Palacio del Mayorazgo

♿ 🏠 Calle San Pedro 2
📞 +34 956 70 30 13 (Casa de Cultura) 🕐 Mo–Fr 10:30–13:30, 16:30–19:30, Sa, So 11–14

❶⓼ Ronda la Vieja

🅰 C4 🏠 Carretera Ronda–Sevilla, km 20 🚌 Ronda
📞 +34 951 04 14 52 🕐 tägl. 24 Std.

Ronda la Vieja ist die in Spanien gängige Bezeichnung für die Relikte der römischen Stadt Acinipo. Die im 1. Jahrhundert bedeutende Stadt erlebte später einen Niedergang, während das nahe gelegene Ronda *(siehe S. 184f)*, von den Römern Arunda genannt, prosperierte. Die Ruinen liegen auf einem Hügel. Nur ein Teil der Stadt wurde freigelegt. Besonders beeindruckend ist das Theater, vom Forum, Wohnhäusern und anderen Gebäuden sind Fundamente zu sehen.

Die **Cueva de la Pileta** an der C339, etwa 22 km von Ronda la Vieja entfernt, birgt Höhlenmalereien, die um 25 000 v. Chr. entstanden.

Cueva de la Pileta

♿ 🏠 Benaoján
🕐 nach Anmeldung
🌐 cuevadelapileta.org

❶⓽ Parque Natural Sierra de las Nieves

🅰 D4 🏠 Málaga ℹ Calle Jacaranda 1, Cortes de la Frontera; +34 952 15 45 99

Die als UNESCO-Biosphärenreservat ausgewiesene Sierra de las Nieves erstreckt sich

---

📷 **Fotomotiv**
Blumenzauber

Das an der Ruta de los Pueblos Blancos gelegene Arcos de la Frontera ist ein Postkartenidyll. Die Häuser mit den reich mit Blumen geschmückten Balkonen sorgen für herrliche Erinnerungsfotos.

südöstlich von Ronda zwischen Parauta (im Osten), Tolox (Westen), El Burgo (Norden) und Istán (Süden). Das Gebiet weist extreme Höhenunterschiede auf: Der Gipfel des Torrecilla erreicht 1919 Meter, mit dem Kürzel GESM wird die tiefste Schachthöhle Andalusiens bezeichnet (1100 m). Die Sierra lädt zu Höhlenwanderungen und Bergtouren ein, außerdem gibt es markierte Wanderwege. Im Refugio de Juanar im Süden der Sierra, nahe Ojén, führen Wanderwege durch Wälder.

20
Garganta del Chorro
D4 🏠 Málaga 🚉 El Chorro 🚌 Parque Ardales
ℹ️ Plaza Fuente de Arriba 15, Álora; +34 952 49 61 00

Die in einem Kalksteingebirge klaffende, mehr als 180 Meter tiefe Schlucht liegt rund zwölf Kilometer nördlich von Álora. Am Boden ist die Garganta del Chorro an manchen Stellen nur zehn Meter breit. Der Río Guadalhorce fließt durch die Schlucht. Auf dem acht Kilometer langen **Caminito del Rey** kann man in 100 Metern Höhe an den Felswänden entlangwandern. Da für den Weg jeweils nur eine begrenzte Anzahl an Besuchern zugelassen ist, sollte man frühzeitig reservieren.

Caminito del Rey
🕐 Di–So 10–17 (Nov–März: bis 14)
🌐 caminitodelrey.info

↓ *Der Caminito del Rey führt in 100 Metern Höhe über die Garganta del Chorro*

Schon gewusst?
Der Caminito del Rey ist als »furchterregendster Pfad der Welt« bekannt.

Hotels

Parador de Arcos de la Frontera
Der am Rand von Arcos de la Frontera hoch auf einem Felsvorsprung gelegene Parador bietet herrliche Aussicht und ein hervorragendes Restaurant.
B4 🏠 Plaza del Cabildo, Arcos de la Frontera 🌐 parador.es
€€€

Hotel La Luna Blanca
Das im japanischen Stil eingerichtete Hotel liegt fünf Gehminuten vom Strand von Torrremolinos entfernt. Auf der Dachterrasse gibt es einen Jacuzzi.
D4 🏠 Pasaje Cerrillo 2, Torremolinos
🌐 hotellalunablanca.es
€€€

La Villa Marbella
Das restaurierte, 200 Jahre alte Haus in Marbella verströmt historisches Flair. Frühstück wird am Pool serviert. Zum Strand sind es zu Fuß acht Minuten.
D5 🏠 Calle Príncipe 10, Marbella
🌐 lavillamarbella.com
€€€

Die weiß getünchten Häuser in Arcos de la Frontera (siehe S. 196)

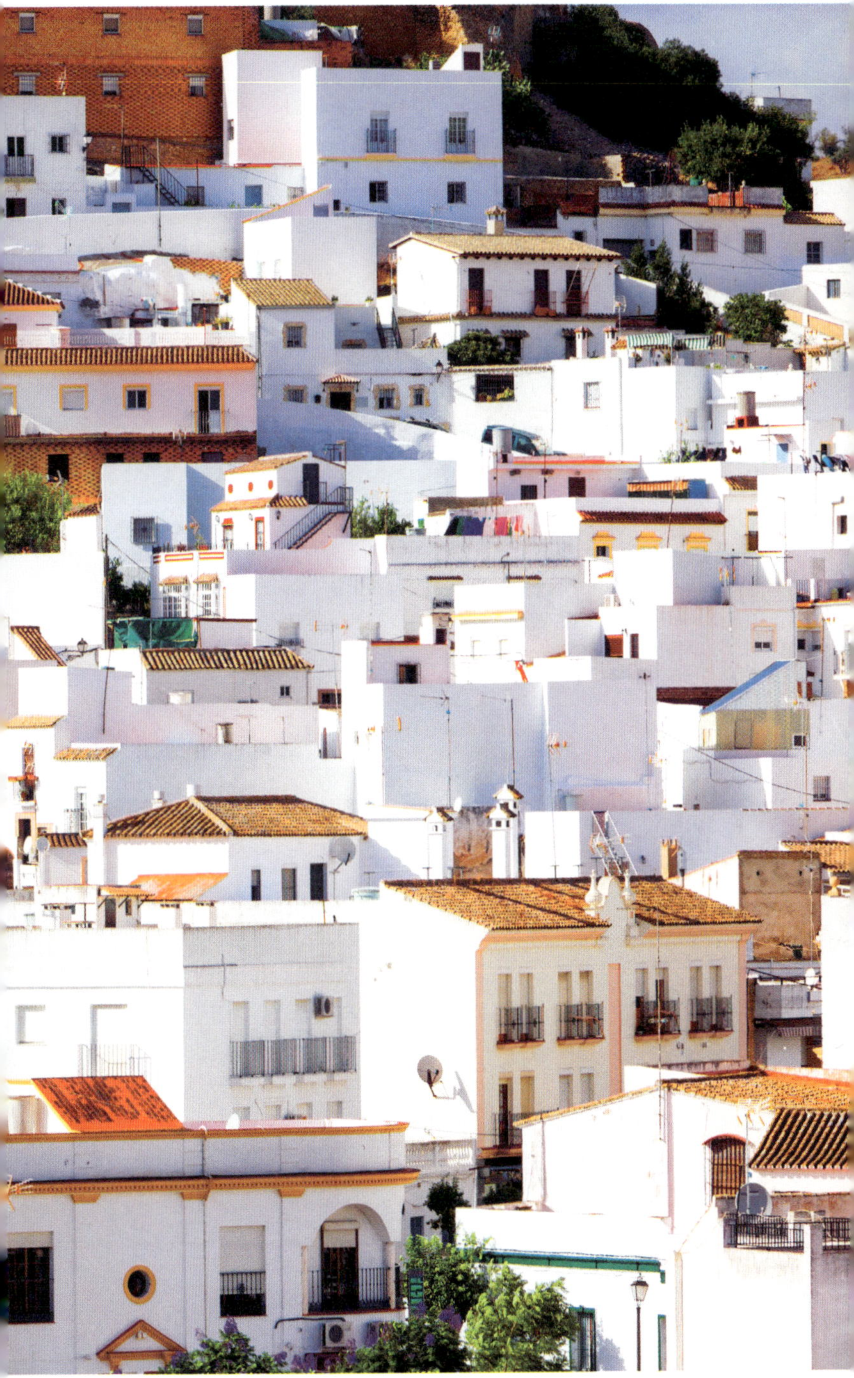

㉑
Paraje Natural Torcal de Antequera
🅐 D4 🏛 Málaga 🚌 Antequera; ℹ️ Besucherzentrum: Carretera A-7075, 10 km südl. von Antequera; +34 952 24 33 24; www.torcaldeantequera.com

Das große Naturschutzgebiet mit den bizarren Felsformationen ist bei Wanderern beliebt. Die meisten folgen den vom Besucherzentrum ausgehenden markierten Strecken. Kurzwanderwege (bis zu zwei Stunden) sind mit gelben, längere Routen mit roten Pfeilen gekennzeichnet. Es gibt Schluchten, Höhlen, pilzförmige Felsen und andere geologische Besonderheiten zu sehen. In dem Gebiet leben Füchse, Wiesel, Adler, Falken und Geier.

㉒
Álora
🅐 D4 🏛 Málaga 👥 13 000 🚌 ℹ️ Plaza Fuente de Arriba 15; +34 951 06 21 36; www.alora.es 🕒 Mo

Das im Tal des Guadalhorce an einem Berghang gelegene Álora ist ein wichtiges Zentrum der Landwirtschaft und ein typisches *pueblo blanco* (»weißes Dorf«). Es bietet Blick auf Olivenhaine, Weizenfelder und Zitrusplantagen. Die Kopfsteinpflasterstraßen gehen sternförmig von der Iglesia de Nuestra Señora de la Encarnación (18. Jh.) aus. Auf dem höheren der Zwillingshügel steht das **Castillo Árabe** mit Friedhof. Die Grabnischen sind in Steinblöcke eingelassen.

Castillo Árabe
🏠 Calle Ancha 📞 +34 952 49 61 00 🕒 tägl. 8–15

㉓
Archidona
🅐 D4 🏛 Málaga 👥 8200 🚌 ℹ️ Plaza Ochavada 2; +34 952 71 64 79; www.archidona.es 🕒 Mo

Die Ortschaft lohnt wegen der Plaza Ochavada einen Besuch: Der achteckige Platz wurde im 18. Jahrhundert im französischen Stil angelegt, zeigt aber auch traditionelle andalusische Elemente. Die auf einem Hügel gelegene Ermita de la Virgen de Gracia bietet herrlichen Blick auf die umliegende Landschaft.

㉔
Antequera
🅐 D4 🏛 Málaga 👥 41 000 🚌 ℹ️ Calle Encarnación 4; +34 34 952 70 25 05; https://turismo.antequera.es

Die Stadt im Tal des Guadalhorce war lange von strategischer Bedeutung – zunächst als römisches Anticaria, später als maurische Grenzfestung.

In der emsigen Marktstadt ist die Iglesia de Nuestra Señora

→

Die Ephebe von Antequera, eine römische Statue, ist im Stadtmuseum zu sehen

Den Paraje Natural Torcal de Antequera kennzeichnen bizarre Felsformationen

Bars

Bar Restaurante Tejada Dani-Denis

Auf der Terrasse kann man bei einem Drink entspannen und den Blick auf die Fuente de Piedra genießen. Das Getränkeangebot ist reichhaltig. Es werden auch einige Speisen – vor allem Seafood – serviert.

🅐 D4 🅐 Plaza de la Constitución 10, Fuente de Piedra 📞 +34 952 73 53 32

Belvue Rooftop Bar

Die schicke Bar auf der Dachterrasse des Hotels Amare in Marbella lockt mit Cocktails und dem Blick aufs Mittelmeer. Nach Sonnenuntergang sorgen DJs und Bands für Unterhaltung. Das Hotel verfügt über vier Restaurants, in der Bar sind Snacks erhältlich.

🅐 D5 🅐 Hotel Amare, Paseo Alfonso Cañas Nogueras, Marbella 🅦 amarehotels.com

---

del Carmen mit dem barocken Altarbild sehenswert. Das maurische Castillo Árabe oberhalb der Stadt wurde im 13. Jahrhundert auf den Fundamenten eines römischen Forts erbaut. Das Innere der Burg ist nicht zugänglich, ein Rundgang auf den Wällen – Zutritt bietet der Arco de los Gigantes (16. Jh.) – vermittelt jedoch einen Eindruck von der Größe der Anlage. Von der Torre del Papabellotas eröffnet sich eine schöne Aussicht. Das im **Palacio de Nájera** (18. Jh.) ansässige Stadtmuseum zeigt eine 2000 Jahre alte Bronzestatue eines römischen Jünglings.

Die drei prähistorischen Dolmen außerhalb der Stadt waren vermutlich Grabstätten von Stammesführern. Der Dolmen de Viera und der Dolmen de Menga liegen nahe beieinander. Letzterer ist der älteste und beeindruckendste – er ist 4000 bis 4500 Jahre alt. Der Megalithbau ist so positioniert, dass zur Sommersonnenwende das Licht exakt auf den Eingang fällt. Der ein wenig abseits gelegene Tholos de El Romeral weist eine überwölbte Hauptkammer auf.

Die Dolmenstätten von Antequera zählen zum Welterbe der UNESCO.

Palacio de Nájera

🅐 Plaza del Coso Viejo 📞 +34 952 70 83 00 🕒 Mitte Juni – Mitte Sep: Di – So 9 – 14; Mitte Sep – Mitte Juni: Di – Sa 10 – 14, 16:30 – 18:30, So 9:30 – 14

Dolmenstätten von Antequera

🅐 Carretera de Málaga 📞 +34 951 21 46 61 🕒 Apr – Mitte Juni: Di – Sa 9 – 21, So 9 – 15; Mitte Juni – Mitte Sep: Di – Sa 9 – 15, 20 – 22, So 9 – 15; Mitte Sep – März: Di – Sa 9 – 15, So 9 – 15
🚫 1. Jan, 6. Jan, 9. Dez, 24. Dez, 25. Dez, 31. Dez 🅦 museosdeandalucia.es

㉕ Fuente de Piedra

🅐 D4 🅐 Málaga 🏠 2600 🚉 🛈 Calle Cerro del Palo; +34 952 71 25 54

Die Laguna de la Fuente de Piedra, der größte von mehreren Seen in einem Feuchtgebiet nördlich von Antequera, ist Lebensraum vieler Vögel. Im März finden sich bis zu 25 000 Flamingos zum Brüten ein, bevor sie nach Westafrika zurückfliegen. Zudem sieht man Kraniche, Reiher, Bienenfresser, Enten und Gänse. Tierschutzgesetze, Jagdverbote und die Einrichtung eines Naturschutzgebiets haben die Populationen gestärkt.

Eine Seitenstraße der N334 führt zur Fuente de Piedra. Besucher können die Vögel vom Rand des Sees aus beobachten. Es ist untersagt, sich den Watvögeln zu nähern. Das Besucherzentrum nahe dem Ort Fuenta de Piedra bietet Informationen.

Die von Arkaden und Palmen gesäumte Promenade in Nerja

Restaurants

Espetos (am Spieß gegrillte Sardinen) sind in der Provinz Málaga eine Spezialität. In den folgenden traditionellen Restaurants kann man das Gericht probieren.

Merendero Moreno
E4 Playa Burriana, Nerja +34 952 52 54 80
€€€

El Canarias
D4 Plaza del Remo, Torremolinos
elcanariasplaya.com
€€€

Miguel Cerdán
D4 Paseo Marítimo, Torremolinos +34 952 38 69 13
€€€

Pepe Oro
E4 Diseminado Pago Carlaja 1867, Torrox pepeoro.com
€€€

26
Nerja

E4 Málaga 21000 Calle Carmen 1; +34 952 52 15 31; https://turismo.nerja.es Di

Der schicke Ferienort befindet sich am östlichen Ende der Costa del Sol am Fuß der Sierra de Almijara. Er liegt auf einer Klippe oberhalb einer Reihe von Buchten mit Sandstränden. Hauptattraktion der Stadt ist der Balcón de Europa (»Balkon Europas«) – eine Promenade mit Aussichtsplattform, die Rundumblick auf das Mittelmeer bietet. An der Promenade liegen ein Hotel und Cafés mit Tischen im Freien. Am Stadtrand befinden sich zahlreiche Ferienvillen und Apartments.

Östlich der Stadt liegt die **Cueva de Nerja**. Das riesige Höhlensystem wurde 1959 entdeckt und ist für Archäologen von großem Interesse. Das Alter der Höhlenmalereien wird auf 20 000 Jahre geschätzt. Von den Galerien sind nur die im unteren Bereich gelegenen für die Öffentlichkeit zugänglich. Eine der Höhlen, die zum Teil die Größe von Kathedralen aufweisen, wurde in einen Konzertsaal verwandelt, der mehrere Hundert Besucher fasst. Konzerte werden im Sommer veranstaltet.

Cueva de Nerja
Carretera de Maro s/n +34 952 529 520 tägl. 9:30 –16:30 (Ostern, Ende Juni – Anfang Sep: bis 19) 1. Jan, 15. Mai cuevadenerja.es

27
La Axarquía

E4 Málaga Avenida de la Constitución 1, Cómpeta; +34 952 55 36 85; www.competa.es

Die Berge, die sich hinter Nerja und Torre del Mar erstrecken, bilden das idyllische Hochland La Axarquía. In Vélez-Málaga, dem Hauptort der Region, kann man einige alte Gassen und die Relikte einer Burg erkunden. Die bezaubernde Weinstadt

> **Schon gewusst?**
>
> Der Name Nerja leitet sich aus dem arabischen Wort *narixa* (»reiche Quelle«) ab.

Cómpeta eignet sich besser als Basis für Ausflüge. Sie liegt 20 Kilometer von der Küste entfernt und ist über kurvige Bergstraßen zu erreichen. Cómpeta ist Startpunkt einer »Mudéjar-Route«, die ins Tal hinab nach Archez und Salares führt. Die Kirchtürme in den beiden Ortschaften sind kaum veränderte Minarette aus dem 15. bzw. 13. Jahrhundert. In La Axarquía lohnen zwei weitere Orte einen Besuch: Frigiliana liegt nahe der Küste und ist von Nerja aus gut zu erreichen. Comares liegt nordöstlich von Vélez-Málaga an einem gewaltigen Felsen und bietet grandiose Aussicht.

㉘
Montes de Málaga
D4 Málaga nach Colmenar Ecomuseo Lagar de Torrijos, an der C345, km 544; +34 600 62 00 54; www.juntadeandalucia.es

Die Montes de Málaga erstrecken sich nördlich und östlich der Stadt Málaga *(siehe S. 186–189)*. Das große Naturschutzgebiet Parque Natural de Montes wird aufgeforstet. Der Duft von Kräutern und Lavendel erfüllt

↑ *Wanderer finden in den Montes de Málaga gut markierte Wege vor*

die Luft. Gelegentlich sind Wildkatzen, Steinmarder, Wildschweine, Adler und andere Raubvögel zu sehen.

Von Málaga führt die C35 zum Parque Natural de Montes. Während der Fahrt eröffnen sich herrliche Ausblicke aufs Meer. Wanderer finden in dem Naturschutzgebiet gut markierte Wege vor.

㉙
Benalmádena
D4 Málaga 68 000   Avenida de Antonio Machado 10; +34 952 44 24 94

Zu den vielen Sehenswürdigkeiten der Stadt zählt das **Castillo Monumento Colomares**, das 1987 bis 1994 zu Ehren von Christoph Kolumbus errichtet wurde. Die Gestalter griffen

Architekturstile auf, die Spanien über die Jahrhunderte prägten; das Bauwerk weist u. a. byzantinische, romanische und arabische Elemente auf. Steinmetzarbeiten zeigen wichtige Ereignisse der Landesgeschichte.

Der **Stupa de Iluminación de Benalmádena** ist das größte buddhistische Bauwerk in Europa.

Castillo Monumento Colomares
 Carretera Costa del Sol (Finca la Carraca)
 +34 952 44 88 21 Mi – So 10 –18 (Frühjahr: bis 19; Sommer: 10 –14, 17– 21)
 castillomonumentocolomares.com

Stupa de Iluminación de Benalmádena
 Avenida del Retamar
 +34 662 907 004
 Di – So 10 –14, 16:30 – 20 (nachmittags variierend in der Nebensaison)
 stupabenalmadena.org

> **Das Castillo Monumento Colomares zeigt viele der Architekturstile, die Spanien im Lauf der Jahrhunderte prägten.**

Das Castillo Monumento Colomares in Benalmádena ↓

> Marbella zählt zu den exklusivsten Ferienorten Europas. Filmstars, Mitglieder von Königshäusern und andere Prominente verbringen die Sommer in der Stadt.

㉚ Marbella

D5 · Málaga · 143 000
Glorieta de la Fontanilla s/n, Paseo Marítimo; +34 952 76 87 60; www.turismo.marbella.es
Mo, Sa (Puerto Banús)

Marbella zählt zu den exklusivsten Ferienorten Europas. Filmstars, Mitglieder von Königshäusern und andere Prominente verbringen die Sommer in einem der vielen Luxushotels oder in den schicken Villen der Stadt.

Neben Stadtteilen mit modernen Wohn- und Bürogebäuden besitzt Marbella eine gut erhaltene, bezaubernde Altstadt mit verwinkelten Gassen. Von der Hauptstraße, der Avenida Ramón y Cajal, führen mehrere Gassen zur Plaza de los Naranjos, die mit den namensgebenden Orangenbäumen bepflanzt ist.

Reste der maurischen Stadtmauern säumen die Calle Carmen, die zur Iglesia de Nuestra Señora de la Encarnación (17. Jh.) führt. Das nahe gelegene **Museo del Grabado Español Contemporáneo** zeigt zeitgenössische Kupferstiche und Grafiken, darunter Arbeiten von Miró und Picasso.

Auf der anderen Seite der Avenida Ramón y Cajal erstreckt sich der Paseo de la Alameda. Die Bänke des Parks sind mit herrlicher Keramik geschmückt. Von hier führt die Avenida del Mar zum Strand. Statuen nach Motiven von Salvador Dalí säumen die Straße.

Die Avenida Ramón y Cajal verläuft als N340 nach Westen. Der erste Abschnitt wird wegen seiner hohen Grundstückspreise auch »Golden Mile« genannt. Am anderen Ende der Straße liegt Puerto Banús, Spaniens exklusivster Yachthafen. Jenseits von Puerto Banús liegt San Pedro de Alcántara, eine eigenständige Stadt, die aber offiziell zu Marbella gehört. Hier geht es wesentlich ruhiger zu, selbst auf der zentralen Plaza de la Iglesia.

Museo del Grabado Español Contemporáneo
Calle Hospital Bazán s/n · +34 952 76 57 41
Mo, Sa 9–14, Di–Fr 9–19
Feiertage · mgec.es

㉛ Fuengirola

D4 · Málaga · 80 300
Paseo Jesús Santos Rein 6; +34 952 46 74 57; https://turismo.fuengirola.es
Di, Sa, So

Der einst ruhige Fischerort ist heute beliebtes Ziel von Pauschalurlaubern. Die jungen britischen Reisenden, die in dem Ort für reichlich Trubel sorgten, haben sich inzwischen anderen Zielen zugewandt. Nun verbringen vorwiegend Familien in Fuengirola ihren Urlaub.

Orangenbäume in der hübschen Altstadt von Marbella →

TOP 5 Strände

Playa de Bolonia
Der unberührte Strand liegt in der Region Cádiz.

Playa Cabo Trafalgar
Der weiße Sandstrand erstreckt sich bei Caños de Meca.

Playa de Valdevaqueros
Der Strand bei Tarifa ist bei Surfern beliebt.

Playa Bil-Bil
Der Strand von Benalmádena ist wunderschön.

Playa de Puerto Banús
Der Strand von Marbella hat exklusives Flair.

In den milden Wintermonaten nutzen Rentner aus Großbritannien die günstigen Preise der Nebensaison, um auf der Promenade zu flanieren, Bars zu besuchen und sich nachmittags beim Hoteltanz zu vergnügen.

32 Torremolinos

D4 Málaga 69 000
Plaza de Andalucía; +34 951 95 43 79; www.turismotorremolinos.es
Do

Torremolinos entwickelte sich in den 1950er Jahren von einem Dorf zu einem der trubeligsten Ferienorte an der Costa del Sol, den vor allem britische und deutsche Pauschalurlauber aufsuchten. Zudem entstand ein Rotlichtviertel, das in Málaga stationierten Soldaten der US-Marine »Entspannung« bieten sollte.

Durch ein teures Stadtentwicklungsprojekt, bei dem Plätze und Grünflächen angelegt und der Strand vergrößert wurde, wurde Torremolinos aufgewertet. Heute präsentiert sich die Stadt vor allem am Carihuela Beach nahe dem Badeort Benalmádena *(siehe S. 203)* tatsächlich ein wenig schicker.

33 Estepona

C5 Málaga 68 00
Plaza de las Flores s/n; +34 952 80 20 02; https://turismo.estepona.es
Mi, So

Das auf halber Strecke zwischen Marbella und Gibraltar gelegene einstige Fischerdorf hat einige Facetten seines ursprünglichen Charmes bewahrt. Auf den ersten Blick erscheint der heutige Ferienort mit den großen Hotels und Apartmentblocks wenig attraktiv. Jenseits des Urlauberviertels gibt es jedoch typisch Spanisches zu entdecken: von Orangenbäumen gesäumte Straßen sowie die Plaza Arce und die Plaza de las Flores – zwei ruhige Plätze, auf denen Senioren Zeitung lesen, während die Kinder Fußball spielen. Einige preiswerte Seafood-Restaurants und Tapas-Bars bieten traditionelle Küche. Der Strand von Estepona ist hübsch. Da es abends in der Stadt recht ruhig ist, verbringen Familien mit kleinen Kindern gerne ihren Urlaub hier.

Nicht weit von Estepona entfernt liegt der beliebte FKK-Badestrand Costa Natura.

↑ *Abseits des Urlauberviertels zeigt sich Estepona typisch spanisch*

Leben in der Region

Das idealisierte Bild der Costa del Sol ist das von idyllischen Fischerdörfern. Tatsache ist, dass sich die regionale Wirtschaft von Fischfang und Landwirtschaft abgewandt hat und die Landschaft der Küstenregion durch die Erschließung für den Fremdenverkehr verunstaltet wurde. Es gilt jedoch auch, die Situation zu berücksichtigen, die der britische Autor Laurie Lee 1936 beschrieb: »…Salzfisch-Dörfler, hager, das Meer hassend und ihren Platz in der Sonne verfluchend.« Heute verteufeln nur wenige Andalusier den erreichten Wohlstand.

③④ Ceuta

▲ C5 🚶 85 000 🚢 von Algeciras ℹ️ Calle Edrissis s/n, Baluarte de los Mallorquines; +34 856 20 05 60; www.ceuta.si

Wenn man Nordafrika erleben will, ohne Spanien zu verlassen, lohnt ein Ausflug nach Ceuta, eine der beiden spanischen Städte auf dem afrikanischen Kontinent. Bei der Einreise ist jedoch der Personalausweis vorzulegen.

Ceuta liegt 21 Kilometer vom spanischen Festland entfernt. Auf dem Monte Hacho befindet sich eine vom spanischen Militär erbaute Kaserne. In der Stadt gibt es phönizische und arabische Relikte, die Kirchen datieren aus dem 17. bis 19. Jahrhundert. Das **Museo de la Legión** widmet sich der Spanischen Fremdenlegion.

Ceuta und Melilla sind von hohen Zäunen umgeben, die illegale Einwanderer aus Afrika abhalten sollen.

Museo de la Legión
▲ Avenida Deán Navarro Acuña 6 📞 +34 956 52 62 19 🕐 Mo–Sa 10–13 🚫 1. Sa im Monat

Expertentipp
Im Fluge

Wer schnell nach Ceuta reisen möchte, kann in Algeciras statt der Fähre einen Hubschrauber nehmen. Für ca. 100 Euro gelangt man in je 10 Minuten hin und zurück (www.helity.es).

③⑤ Melilla

▲ F6 🚢 von Málaga oder Almería 🚶 86 000 ℹ️ Plaza de las Cuatro Culturas; +34 952 97 61 90; www.melillaturismo.com

Die zweite spanische Stadt in Nordafrika wurde 1497 gegründet. Sie liegt 150 Kilometer südlich von Almería an der marokkanischen Küste. Die sechsstündige Überfahrt lohnt sich, denn Melilla ist der einzige Ort in Afrika mit gotischer Architektur und Zeugnissen des Modernisme, der katalanischen Spielart des Jugendstils.

Das heutige Melilla ist stolz auf das friedliche Miteinander von vier großen Kulturen: Christentum, Islam, Judentum und Hinduismus. Die wichtigsten Sehenswürdigkeiten liegen in Melilla La Vieja, der Altstadt, die aus vier befestigten, durch Mauern oder Gräben voneinander getrennten Bereichen besteht. Diese wurden im 14. Jahrhundert auf einer ins Meer ragenden Landspitze errichtet.

Die jüngeren Stadtviertel aus dem 19. und 20. Jahrhundert lohnen wegen der vielen Jugendstil- und Art-déco-Villen einen Besuch. Es gibt auch einen kleinen Strand.

← *Herkules-Statue am Hafen von Ceuta*

③⑥ Tanger

▲ B6 ▲ Marokko 🚶 975 000 🚢 von Gibraltar, Tarifa und Algeciras ℹ️ Rue Jamal Eddine Afghani; +212 539 34 11 33; www.visittanger.com

Tanger ist von Tarifa *(siehe S. 192)* aus per Fähre in 45 Minuten zu erreichen. Bürger aus Deutschland, Österreich und der Schweiz benötigen für den Tagesausflug von Spanien nach Marokko einen gültigen Reisepass.

Die Hafenstadt Tanger wurde 1000 v. Chr. von Berbern gegründet. In der Medina, dem Marktviertel, herrscht lautes, buntes Treiben. Handwerker verkaufen an den Ständen traditionelle Waren, die sie in ihren Werkstätten in den Hintergassen gefertigt haben.

Die Rue es-Siaghin (»Straße der Silberschmiede«) war in den 1930er Jahren Hauptstraße Tangers. Die Besitzer der Läden an der Straße bieten Kunden Minztee an, um sie zum Kauf zu bewegen. Am Ende der Straße führt ein

Blick über die Kasbah auf die Neustadt von Tanger

Tor zum Grand Socco – auf dem Platz verkaufen Händler aus dem Rif-Gebirge Waren.

Auf dem höchsten Punkt der Medina liegt die Kasbah. Die Festung ist von Mauern umgeben, die vier große Tore aufweisen. Von den Wällen blickt man auf die Straße von Gibraltar.

Innerhalb der Kasbah liegt der **Dar el-Makhzen**, der bis 1912 Residenz der Sultane war. Den Palast ließ Moulay Ismail, der zweite Sultan der Alawiden-Dynastie, im 17. Jahrhundert errichten. In dem Gebäude stellt ein Museum Kunsthandwerksobjekte aus. Die Exponate werden in mit gekachelten Decken versehenen Räumen präsentiert, die um einen zentralen Hof angeordnet sind. In einem Saal sind illuminierte Koranausgaben aus Fès zu sehen. Die Kasbah umfasst auch einen Garten maurisch-andalusischen Stils, das einstige Gefängnis, ein Schatzhaus und Villen, die Amerikanern und Europäern wie Paul Bowles gehörten.

Paul Bowles, der Autor von *Himmel über der Wüste,* zählte wie Truman Capote, Tennessee Williams und William S. Burroughs zu den in Tanger lebenden Ausländern, die das in den 1950er und 1960er Jahren in der Stadt herrschende kosmopolitische Flair genossen. In der **American Legation** (Amerikanischen Gesandtschaft) informiert eine Ausstellung über Bowles' Leben und Werk. Im **Hotel Continental** drehte Bernardo Bertolucci 1990 Szenen des Films *Himmel über der Wüste.*

Dar el-Makhzen
Place de la Kasbah
+212 539 93 20 97
Mo – Mo 8:30 – 18

American Legation
Rue d'Amerique 8
Mo – Fr 10 – 17, Sa 10 – 15
legation.org

Hotel Continental
Rue Dar el-Baroud
+212 539 93 10 24
hotelcontinental.com-morocco.com

Einer der Speisesäle im geschichtsträchtigen Hotel Continental in Tanger

Ruta de los Pueblos Blancos

Länge 205 km **Rasten** Ubrique; Zahara de la Sierra; Ronda; Gaucín **Strecke** Gebirgsstraßen in gutem Zustand

Statt sich in den Ebenen anzusiedeln, zogen es einst viele Andalusier vor, in befestigten Bergdörfern zu leben, die vor Räubern und Überfällen Schutz boten. Diese Siedlungen sind als *pueblos blancos* (»weiße Dörfer«) bekannt, da die Häuser der maurischen Tradition entsprechend weiß getüncht sind. Bei einer Tour durch diese Dörfer kann man viele Relikte aus der Vergangenheit entdecken.

Machen Sie sich nach der Besichtigung der Altstadt von **Arcos de la Frontera** *(siehe S. 196)* auf den Weg zu den weiteren *pueblos blancos*.

↑ *Die weißen Häuser des Bergdorfs Arcos de la Frontera*

Das unterhalb einer Burgruine gelegene **Zahara de la Sierra** wurde zum Nationaldenkmal erklärt.

Grazalema, im Parque Natural Sierra de Grazalema gelegen, hat die höchste Niederschlagsmenge in Spanien.

Die römische Stadt Acinipo, von der Ruinen erhalten sind, wird heute **Ronda la Vieja** genannt *(siehe S. 196)*.

Zur Orientierung
Siehe Karte S. 176f

Cádiz und Málaga
Ruta de los Pueblos Blancos

Setenil liegt am Rand einer Schlucht. Einige Straßen werden von Felsvorsprüngen überragt.

Kehren Sie im spektakulär gelegenen **Ronda** *(siehe S. 184f)* zum Mittagessen ein.

Ubrique, am Fuß der Sierra de Ubrique gelegen, ist für Lederverarbeitung bekannt. Stöbern Sie in den Läden.

Gaucín bietet eine atemberaubende Aussicht auf den Felsen von Gibraltar und das Rif-Gebirge in Nordafrika.

Die Tour endet in **Jimena de la Frontera**, einer reizenden Stadt, in deren Umgebung wilde Stiere zwischen Korkeichen und Olivenbäumen grasen.

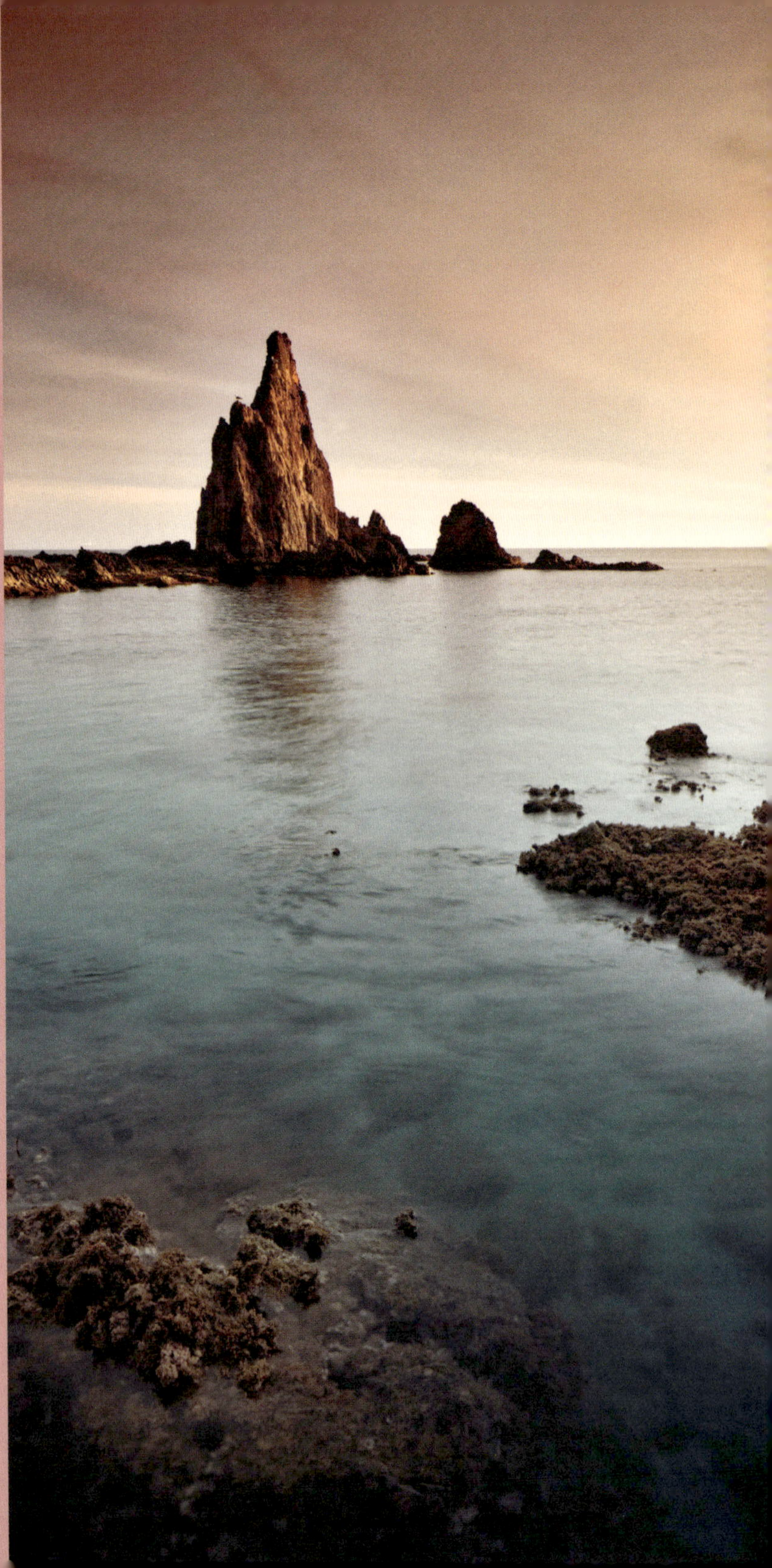

Felsformation im Parque Natural de Cabo de Gata (siehe S. 230)

Granada und Almería

Die christliche Rückeroberung der Iberischen Halbinsel, die *reconquista*, kämpfte sich im Laufe der Jahrhunderte stetig ihren Weg Richtung Süden, bis die Katholischen Könige 1248 fast die komplette Halbinsel zurückerlangt hatten. Fast – denn das Emirat von Granada, zu dem zu jener Zeit auch Almería und Málaga zählten, blieb unter der Herrschaft der Dynastie der Nasriden, die es 1230 gegründet hatten. Dieses letzte maurische Bollwerk zahlte den Katholischen Königen Abgaben – meistens in Form von afrikanischem Gold – und wurde daher von ihnen weitestgehend in Ruhe gelassen. So lebte man friedlich nebeneinander, bis die christlichen Herrscher 1482 Alhama de Granada eroberten. In den folgenden zehn Jahren drängten die Katholischen Könige immer weiter in das Gebiet der Mauren vor. 1492 wurde Granada schließlich erobert und Teil des Königreichs von Isabel von Kastilien und Fernando von Aragón.

Angespornt durch ihren Erfolg, erließen die Katholischen Könige kurz nach dieser Eroberung das sogenannte Alhambra-Dekret. Dieses stellte Juden und Muslime im ganzen Land vor die Wahl, zum Christentum zu konvertieren oder aus Spanien vertrieben zu werden. Auf diese Weise wurde die Christianisierung der Region, die fast 800 Jahre unter maurischer Herrschaft gestanden hatte, vehement vorangetrieben. Doch bis heute kann man die maurische Zeit noch immer in Granada und Almería spüren, vor allem durch die weitverbreitete Mudéjar-Architektur.

Besonders Granada zieht mit dem maurischen Erbe viele Besucher aus aller Welt an. Almerías Wirtschaft dagegen wurde vor allem durch eine neue Form der Landwirtschaft neu belebt: Kilometerweit sieht man Gewächshäuser, in denen das ganze Jahr hindurch Obst und Gemüse angebaut werden.

Granada und Almería

Highlights
1. Granada
2. Almería

Sehenswürdigkeiten
3. Montefrío
4. Almuñécar
5. Salobreña
6. Santa Fe
7. Loja
8. Alhama de Granada
9. La Calahorra
10. Sierra Nevada
11. Lanjarón
12. Guadix
13. Poqueira-Tal
14. Baza
15. Parque Natural de Cabo de Gata
16. Vélez Blanco
17. Tabernas
18. Sorbas
19. San José
20. Níjar
21. Mojácar
22. Roquetas de Mar

Córdoba und Jaén
Seiten 148–173

Cádiz und Málaga
Seiten 174–209

Costa Tropical

Mittelmeer

Granada und Almería
Puente de Génave
Beas de Segura
Cortijos Nuevos
Embalse del Taibilla
Embalse de Tranco de Beas
Santiago de la Espada
Sagra 2382 m
Puebla de Don Fadrique
Sierra de Segura
La Paca
Huéscar
Castillejar
Galera
Guardal
María
Embalse de Puentes
Vélez Blanco
16
Vélez Rubio
Lorca
Embalse del Negratín
Cúllar
Benamaurel
Chirivel
Puerto Lumbreras
Zújar
14
Baza
Oria
Santa María de Nieva
Caniles
Pulpí
Albox
Huércal-Overa
Almanzora
Sierra de Baza
Serón
Purchena
Macael
Cuevas del Almanzora
ALMERÍA
Vera
Tetica de Bacares 2088 m
Fiñana
Sierra de los Filabres
Uleila del Campo
Garrucha
21
Mojácar
Abla
Gérgal
18
Sorbas
Sierra Cabrera
17
Tabernas
Laujar de Andarax
Canjáyar
Sierra Alhamilla
Carboneras
Níjar
20
Gádor
Benahadux
Punta de los Muertos
Sierra de Gádor
Rodalquilar
Punta de la Polacra
Berja
2
Aeropuerto de Almería
Dalías
Almería
15
Parque Natural de Cabo de Gata
El Cabo de Gata
22
Roquetas de Mar
El Ejido
19
San José
Cabo de Gata
0 km
20
N

Dicht an dicht: die weißen Häuser von Granada mit der Alhambra im Hintergrund

❶
Granada

🅰 E4 🏙 233 000 ✈ 12 km südöstl. 🚉 Avenida de Andalucía s/n 🚌 Ctra de Jaén s/n ℹ Plaza del Carmen s/n, +34 958 248 280; Calle Santa Ana 4, +34 958 57 52 02; www.granadatur.com 📅 Sa, So 🎭 Día de la Cruz (3. Mai), Corpus Christi (Mai / Juni)

Der Gitarrist Andrés Segovia (1893–1987) beschrieb Granada als »Ort der Träume, wo der Herr das Samenkorn der Musik in meine Seele legte«. Es fällt nicht schwer zu erkennen, woher dieser Ausspruch kommt, blickt man auf die maurische Architektur der Stadt, vor allem die imposante Alhambra *(siehe S. 216f)* und den Generalife *(siehe S. 218f)*.

①
Catedral
🏠 Plaza de las Pasiegas
☎ +34 958 22 29 59
🕘 Mo – Sa 10 –18:30, So 15 –17:45 🚫 25. Dez, 1. Jan

Auf Anordnung der Katholischen Könige begann der Bau 1523 nach Plänen von Enrique de Egas. 1529 übernahm der Renaissance-Künstler Diego de Siloé, der auch die Fassade und die Capilla Mayor gestaltete. Diese wird von korinthischen Säulen getragen. Unter ihrer Kuppel zeigen Glasfenster von Juan del Campo *Die Passion*. Die barocke Westfront wurde von Alonso Cano entworfen, der aus Granada stammt.

②
Capilla Real
🏠 Calle Oficios 3 🕘 Mo – Sa 10:15 –18:30, So 11 – 18 🚫 1. Jan, Karfreitag, 25. Dez 🌐 capillarealgranada.com

Die Königskapelle wurde von 1506 bis 1521 von Enrique de Egas für die Katholischen Könige erbaut, die beide vor Beendigung der Arbeiten starben. Ein Gitterwerk *(reja)* von Bartolomé de Jaén umschließt die Mausoleen und den Hochaltar. Die von Domenico Fancelli im Jahr 1517 gestalteten Figuren von Fernando und Isabel ruhen neben den von Bartolomé Ordóñez geschaffenen Skulpturen, die ihrer Tochter Juana la Loca und deren Ehemann Felipe el Hermoso zeigen.

Stufen führen zur Krypta, wo die Leichname in Bleisärgen liegen. In der Sakristei gibt es Gemälde von van der Weyden und Botticelli.

③
Monasterio de la Cartuja
🏠 Paseo de la Cartuja s/n
☎ +34 958 16 19 32 🕘 Sommer: So – Fr 10 – 20, Sa 10 – 13, 15 – 20; Winter: bis 18

Das Kloster wurde 1516 von Gonzalo Fernández de Córdoba – El Gran Capitán – gegründet. Die Kuppel von Antonio Palomino krönt den Altarraum. Sehenswert ist die Sakristei im churrigue-

Besucher bewundern die Sakristei des Monasterio de la Cartuja

resken Stil von Luis de Arévalo und Luis Cabello.

④ ♿
Corral del Carbón

🏠 Calle Mariana Pineda s/n
📞 +34 958 57 51 31 🕐 Mo – Fr 10:30 – 13:30, 17 – 20, Sa 10:30 – 14

Der Innenhof ist ein Relikt aus maurischen Zeiten. Nach der christlichen Rückeroberung befand sich hier ein Theater. Heute beherbergt der *corral* ein Kulturzentrum.

⑤
Casa de los Tiros

🏠 Calle Pavaneras 19
📞 +34 600 14 31 76 🕐 Sep-Mai: Di – Sa 9 – 21, So, Feiertage bis 15; Juni – Aug: Di – Sa 9 – 15, So, Feiertage 10 – 17

Das Gebäude (16. Jh.) verdankt seinen Namen den Musketen an den Zinnen: *tiro* bedeutet »Schuss«. Es gehörte einst der Familie, der nach dem Fall von Granada der Generalife zuerkannt wurde. Boabdils Schwert ist an der Fassade angebracht. Heute befindet sich hier ein Museum.

⑥
Centro Cultural Caja Granada

🏠 Avenida de la Ciencia 2
📞 +34 958 22 22 57
🕐 variierende Öffnungszeiten Aug caja granadafundacion.es

Das moderne Kulturzentrum beherbergt das Museo Memoria de Andalucía, ein Theater und ein Restaurant.

⑦ ♿
Palacio de la Madraza

🏠 Calle Oficios 14
📞 +34 958 99 63 50
🕐 Mo – Fr 9 – 14, 17 – 20

Der Palast mit der Fassade aus dem 18. Jahrhundert war erst arabische Universität, dann Rathaus. Er birgt einen maurischen Saal mit Gebetsnische.

Highlight

Restaurants

Damasqueros
Probieren Sie das *guiso* (Schmorgericht) in dieser Tapas-Bar.

🏠 Calle de Damasqueros 3 🌐 damasqueros.com
€€€

Mirador de Morayma
Bezauberndes Restaurant mit spektakulärer Aussicht.

🏠 Calle de Pianista Garcia Carrillo 2
🌐 miradordemorayma.com
€€€

Tragaluz
Gastfreundliches Lokal mit traditioneller Küche.

🏠 Calle Pintor López Mezquita 13
📞 +34 958 20 46 81
€€€

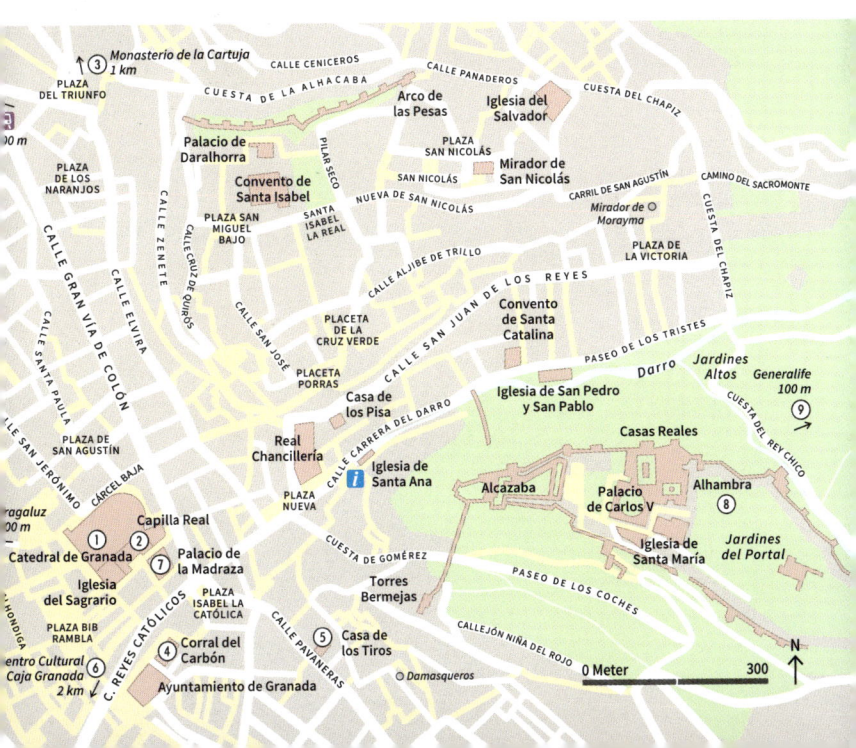

Alhambra

🏠 Calle Real de la Alhambra 📞 +34 958 02 79 71 🚌 C3, C4
🕐 Mitte März – Mitte Okt: tägl. 8:30 – 20; Mitte Okt – Mitte März: tägl. 8:30 –18 (Ankunft 1 Std. vor Besuch; ca. 3 Std. für Besuch) Buchung: www.alhambra-tickets.es (frühzeitige Buchung dringend empfohlen) 🌐 alhambradegranada.org

Ein Besuch der Alhambra – wohl der schönste maurische Palast Europas – ist ein ganz besonderes Erlebnis. Der nahezu magische Einsatz von Raum, Licht, Wasser und Dekoration charakterisiert die sinnliche Architektur der Anlage.

Der Palast entstand unter Ismail I., Jussuf I. und Mohammed V., Kalifen der Nasriden-Dynastie in Granada. Um ihre schwindende Macht zu verdecken, schufen sie ihre Vorstellung eines Paradieses auf Erden. Verwendet wurde einfaches, aber hervorragend verarbeitetes Material (Gips, Holz, Fliesen). Zum Komplex gehören die Palacios Nazaríes, die Alcazaba (13. Jh.), der Palast von Karl V. (16. Jh.) und der Generalife *(siehe S. 218f).* In der Vergangenheit wurden umfangreiche Restaurierungen vorgenommen, um den alten Glanz wiederherzustellen.

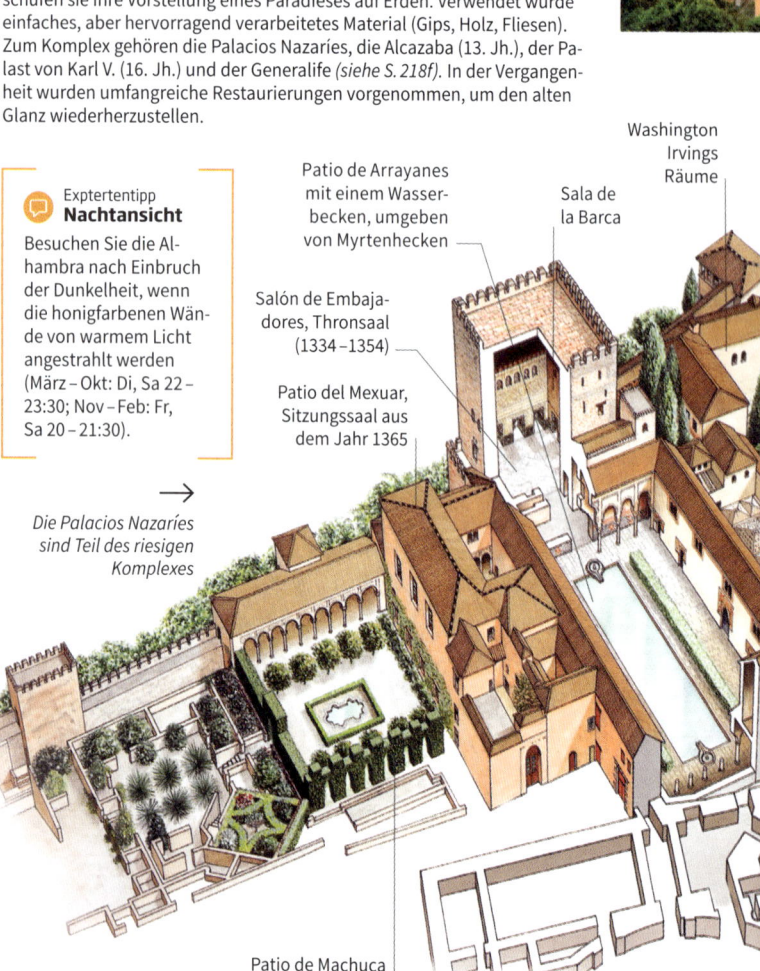

> **Exptertentipp**
> **Nachtansicht**
> Besuchen Sie die Alhambra nach Einbruch der Dunkelheit, wenn die honigfarbenen Wände von warmem Licht angestrahlt werden (März – Okt: Di, Sa 22 – 23:30; Nov – Feb: Fr, Sa 20 – 21:30).

Washington Irvings Räume

Patio de Arrayanes mit einem Wasserbecken, umgeben von Myrtenhecken

Sala de la Barca

Salón de Embajadores, Thronsaal (1334 – 1354)

Patio del Mexuar, Sitzungssaal aus dem Jahr 1365

→
Die Palacios Nazaríes sind Teil des riesigen Komplexes

Patio de Machuca

Highlight

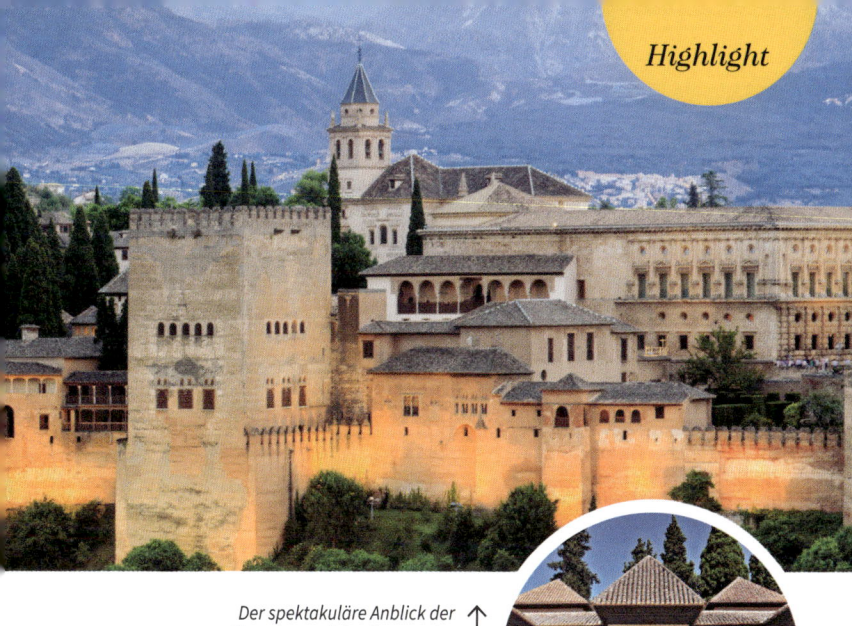

Der spektakuläre Anblick der Alhambra und der Brunnen im Löwenhof (Detail)

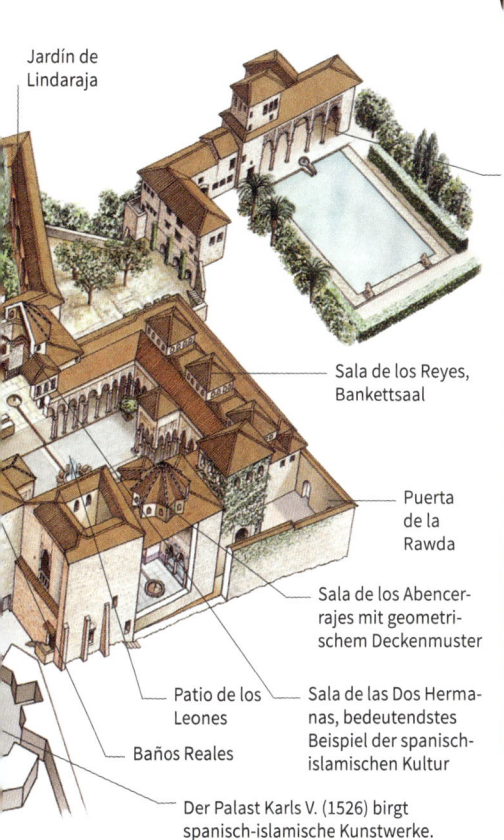

Jardín de Lindaraja

Palacio del Partal, ältester Teil der Alhambra

Sala de los Reyes, Bankettsaal

Puerta de la Rawda

Sala de los Abencerrajes mit geometrischem Deckenmuster

Patio de los Leones

Sala de las Dos Hermanas, bedeutendstes Beispiel der spanisch-islamischen Kultur

Baños Reales

Der Palast Karls V. (1526) birgt spanisch-islamische Kunstwerke.

↑ *Aufwendige maurische Verzierungen rund um ein Palastfenster*

Generalife

🏠 Calle Real de la Alhambra 📞 +34 958 02 79 71 🚌 C3, C4 🕐 Mitte März – Mitte Okt: tägl. 8:30 – 20; Mitte Okt – Mitte März: tägl. 8:30 –18 (Ankunft 1 Std. vor Besuch; ca. 3 Std. für Besuch) 🌐 alhambradegranada.org

Von der Nordseite der Alhambra führt ein Fußweg zum Generalife, dem Landsitz der Nasriden-Könige. Hier konnten sie sich den Palastintrigen entziehen und hoch über der Stadt – dem Himmel nah – die Ruhe genießen.

Der Name Generalife oder Yannat al-Arif hat verschiedene Bedeutungen. Die schönste ist vielleicht »Garten des erhabenen Paradieses«. Die Gärten, die im 13. Jahrhundert angelegt wurden, haben sich im Laufe der Zeit sehr verändert. Ursprünglich gab es hier Obstgärten und Weiden. Im Gegensatz zu der überwältigenden Architektur und dem Detailreichtum der Alhambra sind die Gebäude des Generalife eher schlicht. Einst dienten sie als Rückzugsort für Könige, heute empfangen sie als nahezu magischer Veranstaltungsort die Besucher des jährlich stattfindenden Musik- und Tanzfestivals (Ende Juni / Juli).

> **Exptertentipp**
> **Früher Vogel**
> Buchen Sie den frühestmöglichen Termin und gehen Sie etwas schneller durch die ersten beiden Räume – so haben Sie den gesamten Palast für sich allein und können wirklich erahnen, wie ruhig die Umgebung einst war.

Sala Regia

Patio de la Acequia, ein orientalischer Garten um ein zentrales Wasserbecken

Im Patio de Polo banden berittene Palastbesucher ihre Pferde fest.

Eingang

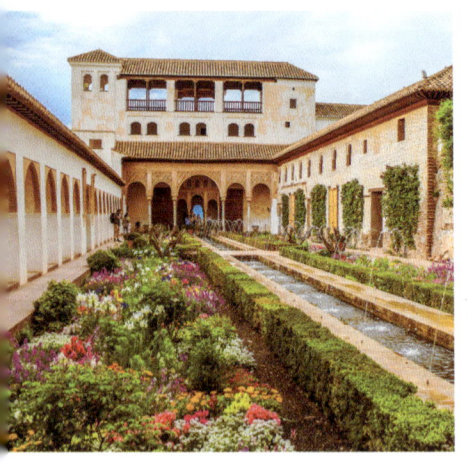

↑ *Der Patio de la Acequia mit seinem hübschen Wasserbecken*

Highlight

↑ Besucher in den gepflegten Gärten des Generalife

Der Patio de los Cipreses war geheimer Treffpunkt von Soraya, Ehefrau von Sultan Abu l-Hasan, und ihrem Liebhaber.

Die Escalera del Agua ist eine Treppe, auf der Wasser hinabfließt.

Jardines Altos (Obere Gärten)

Schon gewusst?

Der Generalife steht auf dem Cerro del Sol (Sonnenhügel).

↑ Gebäude und weitläufige Gärten des Generalife

Spaziergang durch Granada: Albaicín

Länge 1 km **Bahnstation** Estación Central **Dauer** 15 Minuten

In diesem hügeligen Stadtviertel gegenüber der Alhambra fühlt man sich der maurischen Vergangenheit Granadas am nächsten. Im 13. Jahrhundert entstand hier erstmals eine Festung, gefolgt von etwa 30 Moscheen. An deren Standorten wurden später Kirchen gebaut. Die Kopfsteinpflastergassen – ein Großteil ist inzwischen Fußgängerzone – säumen Villen mit maurischen Verzierungen und durch hohe Mauern abgeschiedene Gärten. Schön ist ein Spaziergang in der jasmindurchtränkten Abendluft zum Mirador de San Nicolás. Bei Sonnenuntergang lohnt sich ein Blick auf den sandsteinfarbenen Komplex der Alhambra.

Schon gewusst?

Viele Straßennamen beginnen mit *Cuesta*, was »Hang« bedeutet.

Die **Casa de los Pisa** ist auch als Museo San Juan de Dios bekannt. Hier werden Kunstwerke der Johanniter ausgestellt, des von Juan de Dios gegründeten Ordens (16. Jh.).

Der 1530 von den Katholischen Königen erbaute **Real Chancillería** hat eine schöne Renaissance-Fassade.

Am Ende der Plaza Santa Ana steht die **Iglesia de Santa Ana**, eine Backsteinkirche im Mudéjar-Stil (16. Jh.). Sie besitzt ein elegantes platereskes Portal und eine Kassettendecke im Inneren.

↑ *Wunderschöne Bogen der maurischen Bäder El Bañuelo*

Sternförmige Öffnungen in den Gewölben lassen Licht in die ehemaligen Bäder von **El Bañuelo** (11. Jh.) strömen.

Das **Convento de Santa Catalina** wurde 1521 gegründet.

Die platneresken Verzierungen am **Museo Arqueológico** zeigen die Embleme der Nasriden-Könige Granadas.

Die **Carrera del Darro** entlang dem Río Darro führt an alten Brücken und restaurierten Häuserfassaden vorbei.

→ *Die Carrera del Darro ist eine der schönsten Straßen Granadas*

Almería

F4 198 500 Almería Plaza de la Estación, +34 902 240 202 Plaza de la Estación, +34 912 43 23 43; Paseo de Almería 12; +34 950 210 538; www.turismo dealmeria.org Di, Fr, Sa Semana Santa (Ostern), Feria de Almería (letzte Woche im Aug)

Die gewaltige Festung zeugt von der Zeit, als der Ort für das Kalifat von Córdoba ein wichtiger Hafen war. Als al-Mariyat (»Spiegel des Meeres«) war die Stadt Zentrum für Handel und Textilhandwerk. Flachdächer, Palmen und die wüstenähnliche Umgebung versprühen noch heute ein nordafrikanisches Flair, regelmäßige Fähren verkehren nach Marokko.

① Catedral de Almería

Plaza de la Catedral 8 +34 605 39 64 83 tägl.

Berberpiraten aus Nordafrika überfielen Almería oft. Deshalb gleicht die Kathedrale mit ihren vier Türmen, den dicken Mauern und kleinen Fenstern eher einer Festung als einem Gotteshaus. Ihr Bau wurde 1524 unter Leitung von Diego de Siloé begonnen.

② Museo de Almería

Carretera de Ronda 91 +34 950 01 62 56 Di–Sa 9–21, So 9–15

Das Museum für Archäologie widmet sich vor allem den beiden prähistorischen Kulturen der Region: Los Millares und El Argar. Von den 80 000 Exponaten werden immer etwa 900 ausgestellt.

③ Iglesia de San Juan

Calle San Juan s/n +34 950 23 30 07 Apr–Sep: tägl, 19–19:30; Okt–März: Sa–Do 18–18:30

Hier finden sich noch Spuren der wichtigsten Moschee Almerías: Eine Wand der heutigen Kirche ist maurisch. Innen befindet sich eine Gebetsnische (Mihrab, 12. Jh.) mit Kuppel. Die über die Moschee gebaute Kirche wurde im Bürgerkrieg beschädigt, wurde aber inzwischen restauriert.

④ Alcazaba

Calle Almanzor s/n +34 950 80 10 08 Di–Sa 9–20:30, So u. Feiertage bis 15:30 1. Jan, 25. Dez

Die Alcazaba war mit über 25 000 Quadratmetern die größte Festung der Mauren. Die Länge der Mauern beträgt ganze 430 Meter. Abd ar-Rahman III. begann 955

Schon gewusst?

John Lennon schrieb *Strawberry Fields Forever* 1966, als er in Almería lebte.

← El Buen Pastor de Gádor (Der gute Hirte von Gádor), *Museo de Almería*

Blick über Almería mit dem Hafen und der imposanten Alcazaba

stimmte Zeit erlaubt war. Glocken erklangen aber auch, wenn Piraten in Küstennähe gesichtet wurden.

Die 1000 Jahre alte Festung wurde aufwendig restauriert. Sie hat hübsche Gärten und eine Mudéjar-Kapelle. Von der Alcazaba aus genießt man einen wunderbaren Blick auf die Stadt.

mit dem Bau, der später erhebliche Erweiterungen erfuhr. Die Festung überstand zwei Belagerungen, fiel jedoch 1489 an die Katholischen Könige *(siehe S. 50)*. Ihr Wappen befindet sich an der Torre del Homenaje, die während ihrer Herrschaft entstand.

Früher wurde in der Alcazaba eine Glocke geläutet, damit die Bauern in der Umgebung wussten, dass nun das Bewässern für eine be-

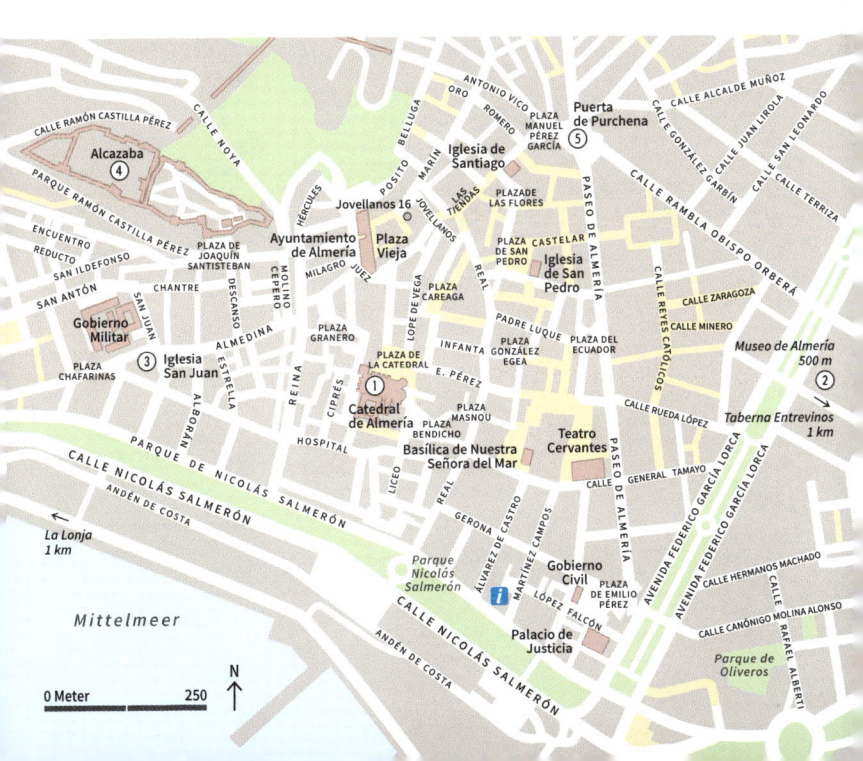

⑤ Puerta de Purchena
🏠 Paseo de Almería

Im Herzen der Stadt befindet sich mit der Puerta de Purchena eines der ehemaligen Haupttore der Stadtmauer. Von em Tor gehen mehrere Einkaufsstraßen und der Paseo de Almería ab, an dem sich Cafés, das Teatro Cervantes und – in der Nähe – der Markt befinden.

Highlight

Restaurants

Jovellanos 16
In dieser Tapas-Bar gibt es eine ausgezeichnete Auswahl an traditionellen und innovativen Gerichten.

🏠 Calle Jovellanos 16
🕐 So, Mo
🌐 barjovellanos16.es
€€€

Taberna Entrevinos
Hervorragender Wein, hochwertiges Essen, tolle Atmosphäre – was will man mehr? Reservieren sollte man, denn dieses hochgelobte Lokal ist immer voll.

🏠 Calle Francisco García Góngora 11
🕐 Mo
🌐 tabernaentrevinos.net
€€€

Weiß getünchte Häuser von Montefrío mit der Iglesia de la Villa im Hintergrund

SEHENSWÜRDIGKEITEN

❸ Montefrío

E3 • 6000 • Granada • *i* Plaza de España 1; +34 958 33 60 04 • Mo

Von Süden betrachet bietet dieses Städtchen, das für seine Schweinefleischprodukte bekannt ist, mit seinen weiß getünchten Häusern einen zauberhaften Anblick. In der Ortsmitte befindet sich die klassizistische, von Ventura Rodríguez (1717–1785) gestaltete Iglesia de la Encarnación. Oberhalb erheben sich die Ruinen einer Maurenfestung und die imposante Kuppel der gotischen Iglesia de la Villa (16. Jh.), die Diego de Siloé zugeschrieben wird.

❹ Almuñécar

E4 • 26 500 • Granada • Avenida Europa s/n; +34 958 63 11 25; www.turismoalmunecar.es • Mo

Almuñécar liegt an der Costa Tropical, wo das Gebirge über 2000 Meter hoch aufragt. Die Phönizier gründeten die erste Siedlung (Sexi), die Römer bauten einen noch heute genutzten Aquädukt. Als der Engländer Laurie Lee 1936 quer durch Spanien reiste, beschrieb er Almuñécar als »ein steil abfallendes kleines Dorf... mit einem Streifen grauen Sands, von dem einige hofften, dass er für Touristen attraktiv sei«. Heutzutage ist Almuñécar tatsächlich ein beliebter Ferienort.

Oberhalb der Altstadt befindet sich das **Castillo de San Miguel** mit dem Parque Ornitológico. Im **Museo Arqueológico Cueva de Siete Palacios** werden phönizische Artefakte ausgestellt.

Castillo de San Miguel
+34 958 83 86 23
Di – Sa 10 –13:30, 18:30–21, So 10 –13

Museo Arqueológico Cueva de Siete Palacios
Calle Cueva de Siete Palacios s/n • +34 958 83 86 23 • Di – Sa 10 –13:30, 18:30–21, So 10 –13

❺ Salobreña

E4 • 12 500 • Granada • *i* Plaza de Goya s/n; +34 958 610 314; www.ayto-salobrena.org

Salobreña wird vom **Castillo Árabe** überragt. Die restaurierte Burg bietet einen her-

> **Schon gewusst?**
>
> Washington Irvings Werk *Die Alhambra* spielt auch in Salobreñas Castillo Árabe eine Rolle.

vorragenden Blick auf die Sierra Nevada und die Stadt mit ihren engen Gassen, die sich den Hügel hinaufwinden. Befestigt wurden diese einst von den Phöniziern.

Heute findet man an Salobreñas Strand viele Restaurants und Bars.

Castillo Árabe
🅰 Falda del Castillo, Calle Andrés Segovia
📞 +34 958 61 03 14 🕐 tägl. 10–14, 17–19

❻ Santa Fe
🅰 E4 👥 15 000 🅰 Granada 🚆 ℹ Calle Isabel la Católica 7; +34 958 44 00 00; www.santafe.es 🗓 Do

Hier kampierte die Armee der Katholischen Könige bei der Belagerung Granadas *(siehe S. 214–221)*. Als eine Magd in Königin Isabellas Zelt einen Vorhang ansteckte und das Lager niederbrannte, ordnete Ferdinand den Bau einer Modellstadt an. Die Königin nannte die Stadt Santa Fe (Heiliger Glaube). Im November 1491 kapitulierten die Mauren. Ein steinerner Maurenkopf schmückt den Turmhelm der Pfarrkirche. Von Santa Fe aus unterstützte das Königspaar die Reise von Kolumbus.

❼ Loja
🅰 E4 👥 20 300 🅰 Granada 🚆 ℹ Edificio Espacio Joven, Calle Comedias 2; +34 958 32 39 94; www.lojaturismo.com 🗓 Mo

Oberhalb der alten Stadt am Río Genil erhebt sich eine maurische Burgruine. »Die Stadt des Wassers« hat auch einige schöne Springbrunnen. Östlich durchquert der Río Genil die Schlucht Los Infiernos. Im Westen fließt der Riofrío, dessen Forellen bei Anglern beliebt sind.

❽ Alhama de Granada
🅰 E4 👥 6000 🅰 Granada 🚆 ℹ Carrera de Francisco Toledo 10; +34 95 83 60 686 🗓 Do

Das charmante Städtchen oberhalb einer Schlucht hieß bei den Arabern *Al hamma* (heiße Quellen). Die alten arabischen Bäder kann man im **Hotel Balneario** am Stadtrand sehen.

Die Iglesia del Carmen (16. Jh.) besitzt einige schöne Kuppelgemälde. Die Iglesia de la Encarnación (16. Jh.) wurde unter den Katholischen Königen erbaut. Einige der Messgewänder sollen von Königin Isabella bestickt worden sein. Im nahe gelegenen Hospital de la Reina, befindet sich nun das Centro de Exposición de Artesanal.

Hotel Balneario
🅰 Calle Balneario
🗓 März–Nov 🌐 balnearioalhamadegranada.com

Shopping

Centro de Alfarería Municipal
Wer traditionelle Keramikwaren kaufen möchte – vielleicht sogar ein Einzelstück – ist hier genau richtig.
🅰 E4 🅰 Calle San Crescencio 10, Almuñécar
📞 +34 620 26 12 17

Ánforas de Mar
Dieser innovative Betrieb fertigt Nachbildungen antiker Amphoren. Diese werden einige Zeit ins Meer gegeben, bis sie von maritimen Versteinerungen überzogen sind.
🅰 G4 🅰 Avenida de Garrucha 78, Carboneras
🌐 anforasdemar.com

Abuela ili Chocolate
In diesem Schokoladenladen gibt es über 60 Sorten zur Auswahl.
🅰 E4 🅰 Plaza de la Libertad 1, Pampaneira
🌐 abuelaili chocolates.com

↑ *Altes Mühlrad vor einer ausgedienten Getreidemühle, Alhama de Granada*

❾ La Calahorra

🄰 F4 🏛 Granada 🚌 Guadix
ℹ️ Plaza Ayuntamiento 1; +34 958 67 70 40

Mächtige Mauern umgeben die Burg **Castillo de La Calahorra** oberhalb des Dorfs. Rodrigo de Mendoza, Sohn des Kardinals Mendoza, ließ sie 1509–12 für seine Braut von Baumeistern aus Italien bauen. Im Inneren befindet sich ein verzierter, zweigeschossiger Renaissance-Innenhof mit Stufen und Säulen aus Carrara-Marmor.

Castillo de La Calahorra
🏠 Calle San Sebastián
📞 +34 958 67 70 98
🕐 Mi 10–13, 16–18

❿ Sierra Nevada

🄰 F4 🏛 Granada 🚌 von Granada ℹ️ Carretera de Sierra Nevada, km 23, Güéjar Sierra; www.sierranevada.es

Die Sierra Nevada weist 14 über 3000 Meter hohe Gipfel auf. Der Schnee liegt teilweise bis Juli und beginnt im Spätherbst erneut zu fallen. Europas höchste Straße führt zum Skiort Solynieve (2100 m) und entlang den zwei höchsten Gipfeln Pico Veleta (3398 m) und Mulhacén (3482 m). Die Höhe und die Nähe zum Mittelmeer ssorgen für eine vielfältige Flora und Fauna – mit Steinadlern und seltenen Schmetterlingen und Pflanzen.

1999 wurde die Sierra Nevada zum Nationalpark, der Zugang wurde reglementiert. Die Parkbehörden bieten geführte Minibus-Touren in die höheren Regionen an. Startpunkte sind die Kontrollstellen zu beiden Seiten der Sierra Nevada: Hoya de la Mora (oberhalb der Skistation auf der Granada-Seite) und Hoya del Portillo (oberhalb von Capileira in den Alpujarras). Das Observatorium der Sierra Nevada befindet sich an der Nordseite in einer Höhe von 2800 Metern.

⓫ Lanjarón

🄰 E4 🏔 3500 🏛 Granada
🚌 ℹ️ Avenida de Madrid s/n; +34 958 77 04 62; www.lanjaron.es 📅 Di, Fr

Lanjarón an der Schwelle zu Las Alpujarras *(siehe S. 234f)* hat eine lange Geschichte als Kurort: Dutzende von Quellen plätschern an den Hängen der Sierra Nevada. Von Juni bis Oktober strömen Besucher zum **Balneario de Lanjarón.** Das abgefüllte Lanjarón-Wasser wird in ganz Spanien verkauft.

Am Festival de San Juan (23. Juni) tobt in den Straßen der Stadt eine veritable Wasserschlacht.

Balneario de Lanjarón
🏠 Avenida de Madrid 2
🕐 tägl. 🌐 balneariodelanjaron.es

> **Expertentipp**
> **Superpisten**
>
> Die Sierra Nevada ist das beste Skigebiet Spaniens. Fast 100 Tage im Jahr scheint die Sonne. Im April gibt es den meisten Schnee mit 2,37 Meter an den Gipfeln und 84 Zentimetern in den Tälern.

⓬ Guadix

🄰 F3 🏔 19 000 🏛 Granada
🚌 ℹ️ Avenida de la Constitución 15–18; +34 958 66 28 04; www.guadix.es 📅 Mi

Die größte Attraktion von Guadix sind die ca. 2000 bewohnten Höhlen, die in den Fels gehauen wurden. Da die Innentemperatur konstant bleibt, ist es im Sommer kühl und im Winter gemütlich. In den Höhlen gibt es heute auch Hotels und Apartments mit moderner Einrichtung und WLAN. Das **Museo de Alfarería** und das **Centro de Interpretación Cuevas de Guadix** informieren über die Höhlen und ihre Geschichte.

Vor etwa 2000 Jahren hatte Guadix zahlreiche Eisen-, Kupfer- und Silberminen. Das Städtchen erblühte unter den Mauren und nach der Rückeroberung, verfiel jedoch im 18. Jahrhundert. Sehenswert sind in Guadix außerdem die Kathedrale (16.–18. Jh.), die Alcazaba (9. Jh.) und der Palacio de Peñaflor (16. Jh.).

Museo de Alfarería
Calle San Miguel 56
+34 958 66 47 67
tägl. 10:30–14, 16:30–20

Centro de Interpretación Cuevas de Guadix
Ermita Nueva s/n
+34 958 66 55 69
Sommer: Mo–Fr 10–14, 17–19, Sa 10–14; Winter: Mo–Fr 10–14, 16–18, Sa 10–14

↑ *Steile Gasse in Pampaneira im Poqueira-Tal*

⓭ Poqueira-Tal

E4 Barranco de Poqueira, Granada Plaza de la Libertad 7, Pampaneira; +34 958 76 31 27

Die meisten Besucher der Alpujarras fahren nicht weiter als in dieses abgelegene Tal oberhalb von Órgiva – für einen kurzen Besuch sicherlich die beste Wahl. Drei reizende, gut erhaltene Dörfer klammern sich an seine Hänge: Pampaneira, Bubión und Capileira. Sie sind perfekte Beispiele für den einzigartigen Architekturstil der Alpujarras, der am ehesten mit dem im marokkanischen Atlasgebirge vergleichbar ist. Die weiß getünchten Häuser scheinen ohne Plan auf engstem Raum errichtet worden zu sein. Aus den grauen Flachdächern wachsen jede Menge schmaler Schornsteine empor. Die Straßen verlaufen zwischen den Häusern im seltensten Fall geradlinig, oft haben sie Stufen, verengen sich unvermittelt oder führen durch kurze Tunnels.

In dieser herrlichen ursprünglichen Landschaft kann man prima wandern oder auf Pferden ausreiten.

↑ *Wanderung auf den Mulhacén (3482 m)*

Hotels

Las Cuevas del Zenete
In diesen neun Höhlenwohnungen können die Gäste sich wie echte Höhlenmenschen fühlen. Dazu gibt es nette Gärten, Lounge, Pool sowie einen Grillplatz.

F4 Travesía de los Derechos Humanos, km 1,5, La Calahorra
cuevasdelzenete.com
€€€

El Castañar Nazari
Diese Lodge in den Alpujarras verspricht Natur, Ruhe und Entspannung. Man kann wunderbare Wanderungen unternehmen.

F4 Carretera A-4132, km 39,5, Cortijo Las Rozas, Busquistar
castanarnazari.com
€€€

Wintervergnügen in der verschneiten Sierra Nevada (siehe S. 226)

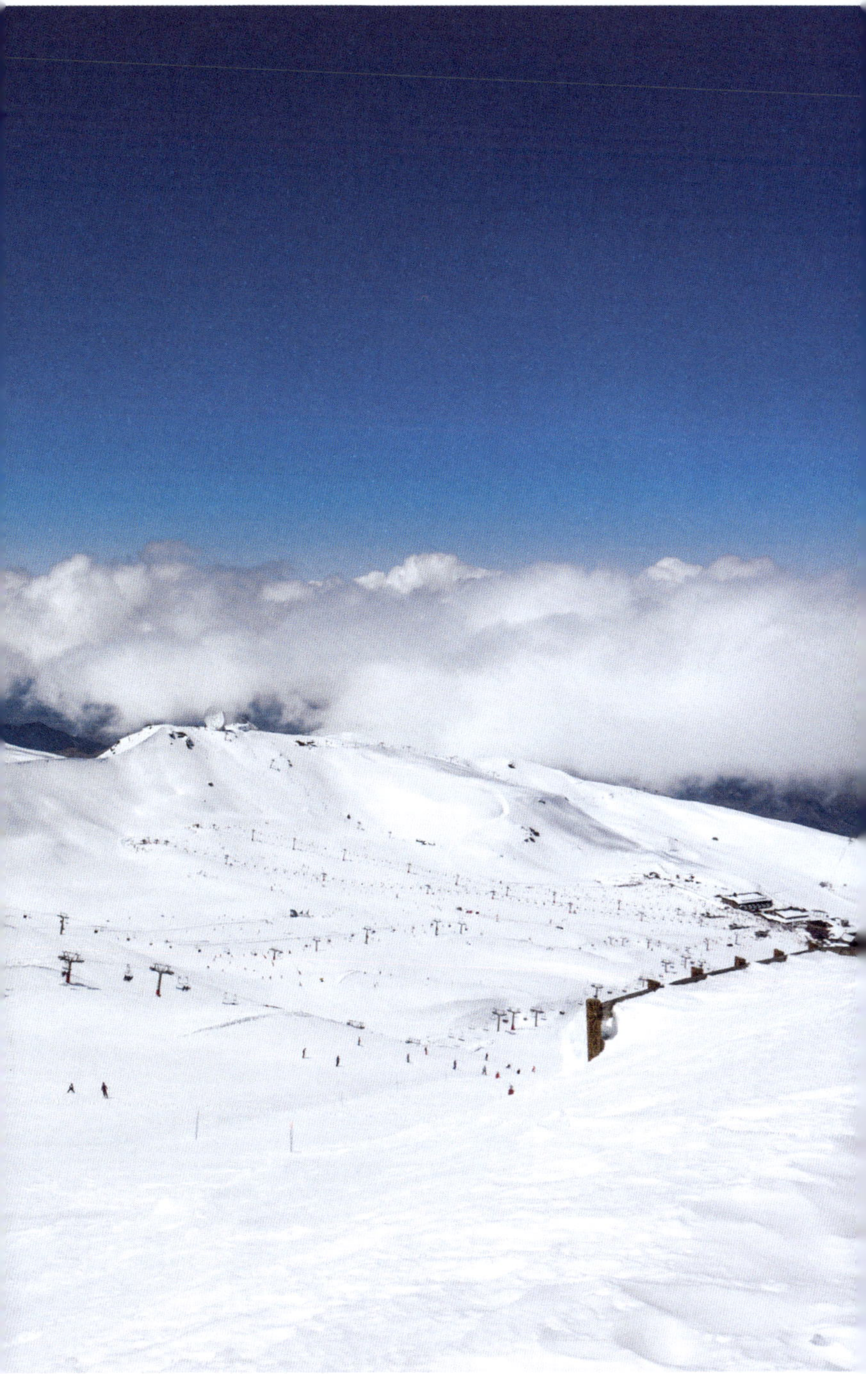

Interessanter Küstenabschnitt im Parque Natural de Cabo de Gata

Bars

La Goleta
In dieser Bar in Roquetas de Mar gibt es leckere Cocktails und üppige Eisbecher.
F4 Avenida de Playa Serena 28, Roquetas de Mar +34 950 33 47 18

La Cochera
Die Strandbar in Almuñécar ist schick eingerichtet und bietet eine schöne Terrasse. An Sommenabenden häufig Livemusik.
E4 Paseo Andrés Segovia 44, Almuñécar +34 692 03 78 23

El Sitio
Diese Bar in Mojácar mit guter Weinkarte, Cocktails und Livemusik ist perfekt für einen romantischen Abend.
G4 Paseo del Mediterráneo 137, Mojácar +34 950 61 54 11 So

⓮ Baza
F3 20 500 Granada Calle Alhóndiga 1; +34 958 86 13 25 Mi

Ein imposantes Zeugnis alter Kulturen rund um Baza kam 1971 ans Licht, als eine große, sitzende Frauenfigur in einer Totenstadt gefunden wurde: die Dama de Baza, vermutlich eine 2400 Jahre alte, iberische Göttin. Diese Plastik steht heute zwar im im Museo Arqueológico in Madrid, aber man kann eine gute Nachbildung im **Museo Arqueológico** in Baza besichtigen.

Bei der großen *fiesta* Anfang September gibt es alljährlich ein großes Spektakel in der Stadt: Zuerst versucht ein Abgesandter (El Cascamorras) aus der Nachbarstadt Guadix, ein Bild der Jungfrau aus dem Convento de la Merced von Baza zu entführen. Aber die Bewohner in Baza sind aufmerksam und fangen den Dieb. Er wird mit (kaltem) Öl überschüttet und nach Guadix zurückgetrieben. Dort wird er mit Hohn und Spott empfangen.

Museo Arqueológico
Plaza Mayor s/n +34 958 86 13 25 Di–So 11–14 (Do–Sa auch 18:30–20)

> **Entdeckertipp**
> **Zisternen**
> Im Parque Natural de Cabo de Gata gibt es einige alte unterirdische Zisternen, sogenannte *aljibes.* So speicherte man früher Regenwasser, bevor es moderne Wasserleitungen gab.

⓯ Parque Natural de Cabo de Gata
G4 Almería nach San José Carretera Cabo de Gata, km 6; +34 950 16 04 35; wwwcabodegata-nijar.com

In dem 29 000 Hektar großen Naturpark finden sich hoch aufragende Klippen aus Vulkangestein, Sanddünen, Salzbänke, versteckte Buchten sowie abgelegene Fischerdörfer. Am Ende des Kaps, nahe dem Arrecife de las Sirenas (Sirenenriff) steht ein Leuchtturm.

Der Parque Natural de Cabo de Gata umfasst auch eine etwa zwei Kilometer breite Fläche Meeresgrund zum Schutz von Flora und Fauna. Das klare Wasser lockt fast ganzjährig viele Taucher und Schnorchler an.

Das zwischen dem Kap und der Playa de San Miguel gelegene Areal von Dünen und Salzpfannen ist mit Chinesischen Datteln bewachsen. Hier rasten Tausende von Zugvögeln auf ihrem Weg von und nach Afrika. Unter den etwa 170 bekannten Vogelarten gibt es Flamingos, Säbelschnäbler und Gänsegeier. Zudem wird versucht, die Mönchsrobbe wieder anzusiedeln.

Am Nordende des Parks, wo es noch Kormoranfischer gibt, liegt die Punta de los Muertos (»Stelle der Toten«). Nach einem Schiffbruch sollen hier die Leichen von Matrosen angeschwemmt worden sein.

16
Vélez Blanco
G3 · 2000 · Almería · Vélez Rubio · Marqués de los Vélez s/n; +34 950 41 95 85 · Mi

Dieses nette Dorf wird vom **Castillo de Vélez Blanco** dominiert, das 1506 bis 1513 von Marquis de Los Vélez erbaut wurde. Die Innenräume im italienischen Renaissance-Stil wurden ins Metropolitan Museum in New York gebracht. Nur ein Innenhof wurde rekonstruiert.

Eine Mischung aus Gotik, Renaissance und Mudéjar-Stil findet sich in der Iglesia de Santiago.

Außerhalb des Dorfes liegt die **Cueva de los Letreros** mit Höhlenmalereien (um 4000 v. Chr.). Ein Bild zeigt einen Mann mit Hörnern, der Sicheln in den Händen hält, ein anderes die Gottheit Indalo – sie ist in Almería noch immer ein allgegenwärtiges Symbol.

Castillo de Vélez Blanco
Calle Castillo s/n · +34 607 41 50 55 · Mi – So 10 – 14 und 17 – 20 (Okt – März: 10 –14 und 16 –18)

Cueva de los Letreros
Camino de la Cueva de los Letreros · +34 694 46 71 36 · Mi, Sa, So, Feiertage nur nach tel. Vereinbarung

Aussicht vom Castillo de Vélez Blanco sowie Ansicht von außen (Detail)

Italowestern
Zwei Wildwest-Städte liegen abseits der N340 westlich von Tabernas. Hier können Besucher Filmszenen nacherleben oder Stuntmen bei Banküberfällen und Schlägereien beobachten. Die Poblados del Oeste wurden während der 1960er und 1970er Jahre gebaut, als günstige Preise und ewiger Sonnenschein Almería zum idealen Drehort für Italowestern machten. Sergio Leone, Regisseur von *Zwei glorreiche Halunken,* ließ mitten in der Wüste eine Ranch errichten. Noch heute werden hier gelegentlich Werbespots und TV-Serien gedreht. Auch Regisseur Steven Spielberg hat diese Kulissen schon genutzt.

17
Tabernas
G4 · 3500 · Almería · N340, km 464; +34 950 52 50 30 · Mi

Eine beeindruckende maurische Festung thront über dem kleinen Ort Tabernas und dem kaktusübersäten Land aus erodierten Hügeln und ausgetrockneten Flussbetten. Diese karge Landschaft diente oft als Kulisse für Italowestern.

Nicht weit von Tabernas entfernt steht ein Solarturmkraftwerk, in dem Hunderte von Heliostaten das Licht der andalusischen Sonne auf Absorber konzentrieren. Ein schönes Bild für neue umweltfreundliche Energie.

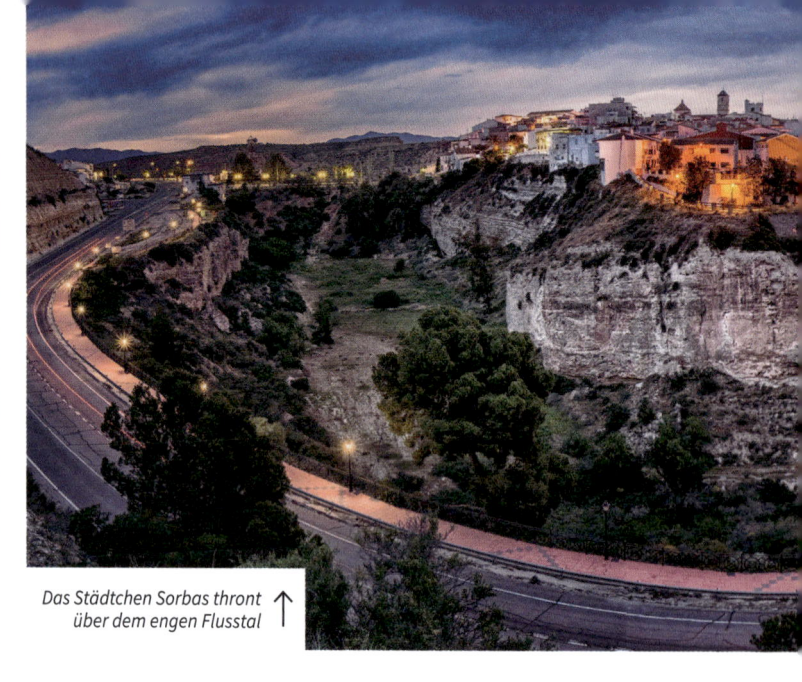

Das Städtchen Sorbas thront über dem engen Flusstal ↑

⑱
Sorbas
🅰 G4 👥 2500 📍 Almería
🚌 ℹ Calle Terraplen 9;
+34 950 36 45 63 🚪 Do.

Am Rand einer tiefen Kluft thront Sorbas über dem weit unten fließenden Río de Aguas. In dem Städtchen gibt es zwei sehenswerte Bauten: die Iglesia de Santa María (16. Jh.) und ein Herrenhaus (17. Jh.), die Sommerresidenz des Herzogs von Alba.

Interessant sind zudem die traditionellen rustikalen, von einheimischen Töpfern produzierten Tonwaren.

In der Nähe von Sorbas liegt das bizarre Naturschutzgebiet Yesos de Sorbas, eine ungewöhnliche Karstregion, wo das Wasser Hunderte von unterirdischen Gängen und Kammern in die Kalkstein- und Gipsschichten gegraben hat. Selbst Forscher dürfen die Höhlen nur mit Erlaubnis des Umweltschutzreferats der Provinz Andalusien erkunden.

Oben zieht sich das grüne, fruchtbare Tal des Río de Aguas durch die trockenen, verwitterten Hügel, wo sich u. a. Schildkröten und Wanderfalken aufhalten.

⑲
San José
🅰 G4 👥 900 📍 Almería 🚌
ℹ Avenida de San José 27;
+34 950 38 02 99 🚪 So

Das in einer Sandbucht gelegene San José ist ein kleines Seebad im Parque Natural de Cabo de Gata. Dahinter erhebt sich die Gebirgskette der Sierra de Cabo de Gata. In der Nähe gibt es schöne Strände, z. B. die Playa de los Genoveses. An der Küste liegen Rodalquilar, einst ein Bergbaudorf für die Silber- und Goldförderung, sowie La Isleta, ein Fischerdorf.

Bluthochzeit in Níjar

Bodas de Sangre (Bluthochzeit), das Drama von Federico García Lorca *(siehe S. 53)*, basiert auf einem Vorfall, der sich 1928 nahe Níjar ereignete. Eine Frau namens Paquita la Coja stimmte auf Druck ihrer Schwester zu, den Freier Casimiro zu heiraten. Einige Stunden vor der Hochzeit floh Paquita jedoch mit ihrem Cousin. Casimiro fühlte sich gedemütigt, Paquitas Schwester war rasend. Man fand den Cousin erschossen und Paquita halb erdrosselt. Paquitas Schwester und deren Mann wurden für schuldig befunden. Aus Scham hielt sich Paquita bis zu ihrem Tod im Jahr 1987 vor der Welt versteckt. Lorca, der Níjar nie besucht hatte, schrieb das Stück nach Zeitungsartikeln.

⑳
Níjar
🅰 G4 👥 29 000 📍 Almería
🚌 ℹ Fundición s/n, Rodalquilar; +34 671 59 44 19

Mitten in einer Oase mit Zitrusbäumen am Rand der kargen Sierra Alhamilla liegt das für seine farbenprächtigen Töpferwaren und handgewebten Teppiche und Decken *(jarapas)* bekannte Níjar. Sein historisches Viertel mit den engen Straßen und blumengeschmückten schmiedeeisernen Balkonen ist typisch andalusisch.

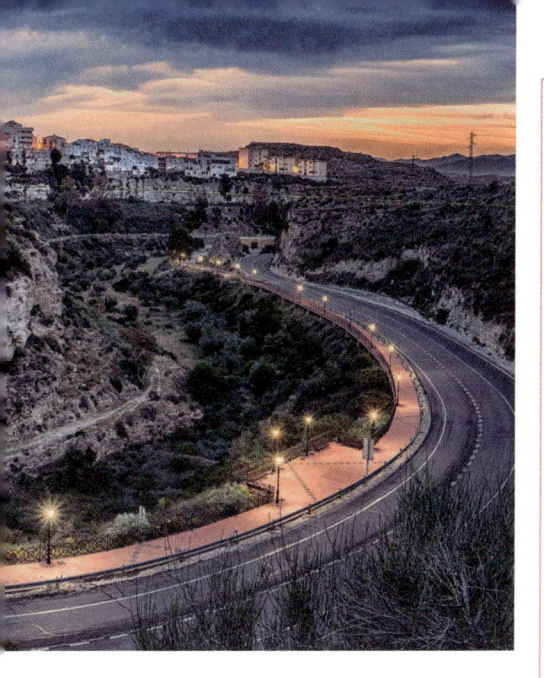

Die Spanier verbinden den Namen »Níjar« mit einem ergreifenden Ereignis aus den 1920er Jahren, das später von Federico García Lorca erzählt wurde *(siehe Kasten)*.

㉑
Mojácar
🅐 G4 🏘 6500 🏛 Almería
🚉 ℹ️ Plaza del Frontón 1; +34 950 61 50 25 🗓 Mi, So

Aus der Ferne schimmert die reizende Küstenstadt Mojácar wie die Fata Morgana einer maurischen Zitadelle – mit weißen Häusern, die sich über einen hohen Bergrücken hinziehen. 1488 wurde der Ort von den Christen erobert, später vertrieb man die Mauren.

In den Jahren nach dem Spanischen Bürgerkrieg verfiel Mojácar völlig. In den 1960er Jahren wurde es vom Tourismus entdeckt. Das alte Tor in der Stadtmauer gibt es noch immer, ansonsten ist der Ort völlig neu erbaut worden.

㉒
Roquetas de Mar
🅐 F4 🏘 91 000 🏛 Almería
ℹ️ Avenida del Mediterráneo 2; +34 950 33 32 03

Ein Großteil der küstennahen Gebiete Almerías ist mit Plastikplanen überzogen, unter denen Obst und Gemüse gedeihen. Die schier endlose Ödnis durchbricht Ro-

← Traditionelle Keramik aus Níjar, blau glasiert wie bei den azulejos

quetas de Mar. Der Urlaubsort bietet eine Burg (17. Jh.) und einen Leuchtturm, die beide für Ausstellungen genutzt werden. Sehenswert ist zudem das **Aquarium**.

Aquarium
🚫 🏛 Avenida Reino de España 📞 +34 950 16 00 36
🕐 Juni – Aug: tägl. 10 – 21; Sep – Mai: Mi – Fr 10 – 18, Sa, So 10 – 19 🌐 aquarium roquetas.com

---

Restaurants

4 Nudos
Nirgends ist der Fisch frischer als hier, liegt das 4 Nudos doch nahe am Hafen. Probieren Sie die Austern, Venusmuscheln oder Garnelen, dazu einen weißen Verdejo-Wein.

🅐 G4 🏛 Club Naútico San José, Calle del Puerto s/n, San José
🌐 4nudos restaurante.com
€€€

Taberna Ayer
Nette Taverne mit Terrasse in Almuñécar. Vernünftige Preise.

🅐 E4 🏛 Avenida de Europa, Edif La Palmera 6, Almuñécar
📞 +34 622 17 32 69
🗓 Mo
€€€

Restaurante Cabo Norte
In diesem Restaurant in Mojácar pflegt man noch die Gastfreundschaft. Romantischer Garten.

🅐 G4 🏛 Calle Piedra de Villazar 1, Mojácar
🌐 restaurantecabo norte.es
€€€

233

Tour durch Las Alpujarras

Länge 85 km **Start** Die Tour führt von Órgiva durch die Bergkette Las Alpujarras im Süden der Sierra Nevada **Rasten** In Órgiva und Trevélez gibt es nette Restaurants und Bars **Hinweis** Schmale Bergstraßen mit sehr engen Kurven

Las Alpujarras ist eine Bergkette im Süden der Sierra Nevada. Die Dörfer liegen an von Eichen und Walnussbäumen bewachsenen Talseiten. Ihre Flachdachhäuser sind einzigartig.

Die Küche ist rustikal, eine Spezialität ist *plato alpujarreño*, Bratwurst mit gebratenen Paprikaschoten und Spiegelei, wozu man einen Rosé aus den Contraviesa-Bergen trinkt. In der Gegend werden handgewebte Teppiche und Vorhänge mit maurisch beeinflussten Mustern hergestellt.

Südlich des Mulhacén, dem höchsten Berg auf Spaniens Festland, liegt das für köstlichen Schinken berühmte **Trevélez**.

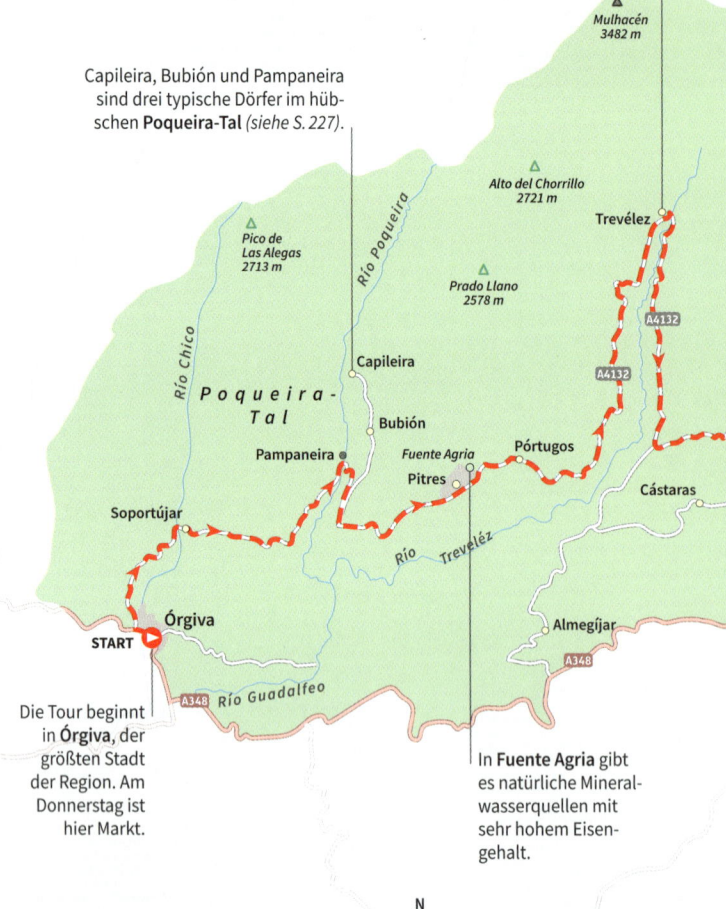

Capileira, Bubión und Pampaneira sind drei typische Dörfer im hübschen **Poqueira-Tal** *(siehe S. 227)*.

Die Tour beginnt in **Órgiva**, der größten Stadt der Region. Am Donnerstag ist hier Markt.

In **Fuente Agria** gibt es natürliche Mineralwasserquellen mit sehr hohem Eisengehalt.

↑ *Die enge Bergstraße führt zum Pass Puerto de la Ragua*

Zur Orientierung
Siehe Karte S. 212f

Die Tour endet am **Puerto de la Ragua**. Dieser Pass liegt auf 2000 m Höhe und ist im Winter regelmäßig verschneit.

Ein Schild markiert in **Yegen** das Haus von Gerald Brenan, dem Autor von *Südlich von Granada*, der hier in den 1920er Jahren lebte.

Abén Humeya, ein Anführer des Maurenaufstands im 16. Jahrhundert stammt aus **Válor**.

Während der *fiesta* im Oktober fließt kostenloser Wein aus dem Brunnen in **Cádiar**.

↑ *Die Ortschaft Válor vor den schneebedeckten Bergen der Sierra Nevada*

REISE-INFOS

Estación de Sevilla-Santa Justa

Reiseplanung	**238**
In Andalusien unterwegs	**240**
Praktische Hinweise	**244**

ANDALUSIEN
REISEPLANUNG

Mit den folgenden Informationen zu Planung, Einreise und Aufenthalt sind Sie optimal auf Ihre Reise nach Andalusien vorbereitet.

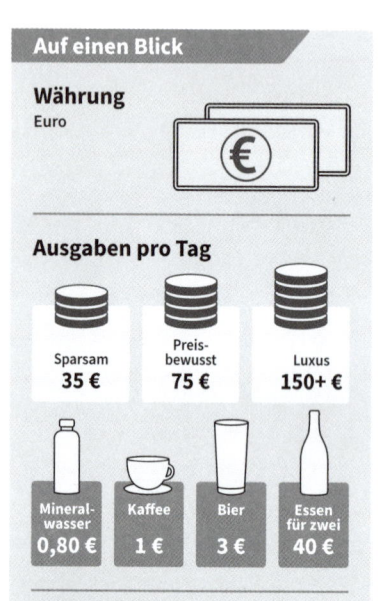

Auf einen Blick

Währung
Euro

Ausgaben pro Tag

Sparsam	Preisbewusst	Luxus
35 €	75 €	150+ €

Mineralwasser	Kaffee	Bier	Essen für zwei
0,80 €	1 €	3 €	40 €

Nützliche Ausdrücke

Hallo	Hola
Auf Wiedersehen	Adiós
Bitte	Por favor
Danke	Gracias
Sprechen Sie Englisch?	¿Hablas inglés?
Ich verstehe nicht	No comprendo

Strom
Die Stromspannung in Spanien beträgt 230 Volt bei 50 Hz. Die zweipoligen Eurostecker passen überall.

Einreise
Bürger aus EU-Staaten und der Schweiz benötigen für die Einreise lediglich einen gültigen Personalausweis oder Reisepass. Auch jedes mitreisende Kind braucht ein eigenes Ausweisdokument mit Lichtbild. Spanien wendet als Mitglied der EU das Schengen-Abkommen an, Grenzkontrollen werden nur ausnahmsweise durchgeführt.

Zoll
Besucher aus EU-Mitgliedsstaaten dürfen folgende Waren für den persönlichen Gebrauch zollfrei einführen:
Tabakwaren: 800 Zigaretten, 400 Zigarillos, 200 Zigarren oder 1 kg Tabak.
Alkohol: 10 Liter alkoholische Getränke mit mehr als 22 Volumenprozent, 90 Liter Wein oder 110 Liter Bier.
Bargeld: Eine Bargeldmenge über 10 000 Euro muss bei Ein- und Ausreise deklariert werden.

Sicherheitshinweise
Über die aktuelle Sicherheitslage in Spanien informieren das Auswärtige Amt bzw. die entsprechenden Ämter in Österreich und der Schweiz auf ihren Websites.
Deutschland
🌐 auswaertiges-amt.de
Österreich
🌐 bmeia.gv.at
Schweiz
🌐 eda.admin.ch

Versicherung
Spanien-Besucher sollten entsprechende Versicherungen abschließen, die alle Eventualitäten abdecken: etwa Rechtsschutz, Diebstahl, Reisegepäck, Unfälle, Verspätungen von Flügen etc.

Ihnen steht bei einem medizinischen Notfall eine kostenlose Behandlung zu. Gesetzlich versicherte EU-Bürger erhalten mit der **Europäischen Krankenversicherungskarte** (EHIC) die notwendige ambulante oder stationäre medizinische Versorgung.
EHIC
🌐 ec.europa.eu

Impfungen
Impfungen sind für einen Besuch Spaniens nicht erforderlich.

Bezahlen
Die gängigen Kreditkarten werden in Andalusien weithin akzeptiert – bargelloses Bezahlen ist in den Läden und Restaurants der Städte in der Regel möglich. Für kleinere Einkäufe empfiehlt es sich dennoch, Bargeld mitzuführen. Geldautomaten findet man fast überall in der Region, es kann für Abhebungen jedoch eine Gebühr anfallen. Den Verlust Ihrer Kreditkarte sollten Sie sofort melden.
Kreditkartenverlust
☎ +49 116 116 🌐 sperr-notruf.de

Hotels
Die Bandbreite an Unterkünften in Andalusien reicht von Boutiquehotels bis zu Pensionen und Campingplätzen. Eine Besonderheit sind Paradores: Die staatlich betriebenen Hotels befinden sich in historischen Stätten wie Burgen, Klöstern oder Palästen. Die Website des spanischen Fremdenverkehrsamts **España** enthält eine Liste mit Unterkünften.

In der Hochsaison von Juni bis August sind die Hotels teuer und schnell ausgebucht – frühzeitige Reservierung empfiehlt sich. Auch während der großen Fiestas steigen die Übernachtungspreise.

Die meisten Hotels geben ihre Preise ohne Mehrwertsteuer (IVA) an, die bei zehn Prozent liegt.
España
🌐 spain.info

Reisende mit besonderen Bedürfnissen
Spaniens **COCEMFE** (Confederación Española de Personas con Discapacidad Física y Orgánica) und **Accessible Spain** bieten nützliche Informationen und maßgeschneiderte Reisevorschläge. Unternehmen wie **Tourism For All** veranstalten spezielle Touren.

Das öffentliche Verkehrssystem Spaniens bietet im Allgemeinen rollstuhlgerechte Einstiege. Auch die Züge der Metro und die Busse in Sevilla sind für Rollstühle geeignet. An den Flughäfen gibt es spezielle Parkplätze und andere behindertengerechte Einrichtungen. Metro-Fahrpläne in Braille sind bei der **ONCE** (Organización Nacional de Ciegos) erhältlich.

Accessible Spain
🌐 accessiblespaintravel.com
COCEMFE
🌐 cocemfe.es
ONCE
🌐 once.es
Tourism For All
🌐 tourismforall.org.uk

Sprache
Das in Andalusien gesprochene Spanisch unterscheidet sich phonetisch vom *castellano* (Hochspanisch): Die Buchstaben s und d in der Mitte oder am Ende des Worts werden oft nicht mitgesprochen. Typisch ist auch die Aspiration – das Hauchen von Silben und Buchstaben. Einen Sprachführer mit nützlichen Ausdrücken finden Sie auf den Seiten 252f.

Öffnungszeiten
Mittags Viele Läden sowie einige Museen und öffentliche Gebäude schließen über die Mittagszeit zwischen 13 und 17 Uhr.
Montag Viele Museen, öffentliche Gebäude und Denkmäler sind ganztags geschlossen.
Sonntag Während die meisten Sehenswürdigkeiten an Sonntagen geöffnet haben, sind Kirchen und Kathedralen während der Messen für Besucher geschlossen. Einige öffentliche Verkehrsmittel fahren seltener.
Feiertage Die meisten Museen, öffentlichen Gebäude und viele Läden schließen an Feiertagen früher oder sind ganz geschlossen.

Feiertage

1. Jan	Neujahr *(Año Nuevo)*
6. Jan	Heilige Drei Könige *(Día de Reyes)*
28. Feb	Feier der Autonomie Andalusiens *(Día de Andalucía)*
März / Apr	Karfreitag *(Viernes Santo)*
1. Mai	Tag der Arbeit *(Día del Trabajo)*
15. Aug	Mariä Himmelfahrt *(Asunción)*
12. Okt	Nationalfeiertag *(Día de la Hispanidad)*
1. Nov	Allerheiligen *(Todos los Santos)*
6. Dez	Verfassungstag *(Día de la Constitución)*
8. Dec	Unbefleckte Empfängnis *(Inmaculada Concepción)*
25. Dez	Weihnachten *(Navidad)*

IN ANDALUSIEN
UNTERWEGS

Ob Sie einen Städtetrip planen oder einen Aufenthalt im ländlichen Gebiet – hier erfahren Sie, wie Sie Ihren Zielort erreichen und sich in Andalusien am besten fortbewegen.

Auf einen Blick

Tickets ÖPNV

Sevilla
5,00 €
Tageskarte
Busse und Trambahnen

Córdoba
1,30 €
Einfache Fahrt
Bus

Málaga
1,30 €
Einfache Fahrt
Bus

Tipp
In Sevilla kommt man mit Bussen am besten voran.

Tempolimits

Autobahn: 120 km/h
Schnellstraße: 100 km/h
Landstraße: 90 km/h
Stadtgebiet: 50 km/h

Anreise mit dem Flugzeug

Die Flughäfen Aeropuerto de Málaga-Costa del Sol, Aeropuerto de Jerez und Aeropuerto de Sevilla sind die größten in der Region. Sie werden von internationalen Fluggesellschaften bedient. Lufthansa, Austrian und Swiss bieten von Deutschland, Österreich und der Schweiz aus Direktflüge an.

Die Flughäfen in Almería, Gibraltar und Granada dienen überwiegend Inlandsflügen.

Anreise mit dem Zug

Der internationale und nationale Eisenbahnverkehr Spaniens wird von der staatlichen **Renfe** (Red Nacional de Ferrocarriles Españoles) betrieben. **Eurail** und **Interrail** verkaufen Pässe für internationale Fahrten mit einer Dauer von fünf Tagen bis zu drei Monaten. Beide Pässe sind in Renfe-Zügen gültig.

Züge aus dem Ausland fahren nach Madrid und Barcelona. Dort bestehen nationale Verbindungen zu mehreren Städten in Andalusien. Von Genf und Zürich gibt es Direktverbindungen mit dem Hochgeschwindigkeitszug Talgo *(siehe unten)* nach Barcelona.
Eurail
W eurail.com
Interrail
W interrail.eu
Renfe
W renfe.com

Züge

Renfe und einige regionale Betreiber bieten gute Verbindungen innerhalb Andalusiens. Tickets sind an Bahnhöfen und auf den Internetseiten der Unternehmen erhältlich. Die schnellsten Intercity-Verbindungen sind Talgo und AVE – mit den Zügen gelangt man in zweieinhalb Stunden von Madrid nach Sevilla. AVE-Züge fahren auch von Barcelona nach Sevilla und Málaga (Dauer je 5,5 Std.).

Fernzüge *(largo recorrido)* sind preiswerter als Hochgeschwindigkeitszüge, aber langsamer, sodass man meist über Nacht fährt. Buchen Sie mindestens einen Monat im Voraus. Regionalzüge *(regionales y cercanías)* fahren oft und sind günstig.

Verbindungen zu den Flughäfen

Flughafen	Entfernung zur Stadt	Taxipreis	Fahrtdauer ÖPNV
Almería	10 km	30 €	Bus: 35 Min.
Gibraltar	1,5 km	10 €	Bus: 10 Min.
Granada	15 km	25–30 €	Bus: 45 Min.
Jerez de la Frontera	9 km	25 €	Zug: 10 Min.
			Bus: 30 Min.
Málaga	8 km	20 €	Zug: 15 Min.
			Bus: 20 Min.
Sevilla	10 km	25 €	Bus: 25–30 Min.

Autofahrten

Die nachfolgende Tabelle gibt die ungefähren Fahrtzeiten zwischen den größten Städten Andalusiens an – jeweils für die direkte, schnellste Route. Mautgebühren fallen auf Autobahnen (*autopista*; AP-Straßen), nicht aber auf *autovías* (A-Straßen) an.

Jerez – Cádiz	0,5 Std.	Madrid – Málaga	5,5 Std.
Málaga – Granada	1,5 Std.	Madrid – Sevilla	5,5 Std.
Málaga – Murcia	4,5 Std.	Sevilla – Cádiz	1,5 Std.
Málaga – Sevilla	2,5 Std.	Sevilla – Granada	2,75 Std.

Fernbusse

Am günstigsten erreicht man Spanien mit dem Fernbus. **Flixbus / Eurolines** bieten in ganz Europa Fahrten nach Spanien an – mit mehreren Zielorten in Andalusien. Mit dem Unternehmen **BlaBlaBus** kann man von Deutschland und der Schweiz aus nach Sevilla und Málaga fahren.

Auch innerhalb Andalusiens kommt man mit Bussen oft am preiswertesten voran. Zwischen den größeren Städten bestehen häufige Verbindungen. In Sevilla, Córdoba, Granada, Málaga und Almería gibt es große **Busbahnhöfe**. In ländlichen Gebieten sind Busse oft die einzigen öffentlichen Verkehrsmittel, die die Dörfer miteinander verbinden.

In Spanien gibt es kein nationales Busunternehmen, aber private Anbieter betreiben Linien im ganzen Land. Das größte Unternehmen ist **Alsa**, das fast ganz Spanien abdeckt. Andere Betreiber sind in bestimmten Regionen tätig – Alsina Graells deckt zum Beispiel den größten Teil des südlichen und östlichen Spanien ab.

Tickets für Kurzstrecken kann man beim Fahrer erwerben. An Busbahnhöfen, auf der Website von **Movelia** und auf den Internetseiten der einzelnen Unternehmen sind Informationen über Mittel- und Langstrecken erhältlich. Man kann Tickets online kaufen und für die meisten Strecken auch Reservierungen vornehmen.

Alsa
🌐 alsa.es
BlaBlaBus
🌐 blablabus.com
Eurolines
🌐 eurolines.com
Flixbus
🌐 flixbus.de
Movelia
🌐 movelia.es
Busbahnhöfe
Almería: Estación Intermodal
📍 Plaza de la Estación s/n
Córdoba: Estación de Autobuses
📍 Glorieta de las Tres Culturas
Granada: Estación de Autobuses
📍 Carretera de Jaén
Málaga: Estación de Autobuses
📍 Paseo de los Tilos
Sevilla: Estación Plaza de Armas
📍 Plaza de Armas
Sevilla: Estación Prado de San Sebastián
📍 Prado de San Sebastian, Puerta de Jerez

Öffentlicher Personennahverkehr

Die Städte und Ortschaften Andalusiens erkundet man am besten zu Fuß, für Fahrten zwischen den Stadtteilen empfehlen sich öffentliche Verkehrsmittel. In den meisten Städten verkehren nur Busse, in Sevilla und Granada gibt es zusätzlich U-Bahnen (Metro) und Straßenbahnen. Die 2011 in Jaén fertiggestellte Straßenbahnlinie wurde bislang nicht in Betrieb genommen. Aktuelle Informationen über die öffentlichen Verkehrsmittel in **Almería**, **Cádiz**, **Córdoba**, **Granada**, **Málaga** und **Sevilla** findet man auf den Websites der Städte oder ihrer Fremdenverkehrsämter.

Almería
🌐 almeriaciudad.es
Cádiz
🌐 cadizturismo.com
Córdoba
🌐 cordoba.es
Granada
🌐 granada.org
Málaga
🌐 malaga.eu
Sevilla
🌐 visitasevilla.es

Tickets

Fahrkarten für den öffentlichen Nahverkehr kann man an den Haltestellen an Schaltern oder Automaten sowie an Zeitungskiosken erwerben. Es werden auch SmartCards angeboten – als Tages- oder Wochenpässe oder in Form von aufladbaren Karten.

Metro (U-Bahn)

Die **Metro de Sevilla** verbindet die Außenbezirke mit dem Stadtzentrum. Die Linie 1 fährt von der Puerta de Jerez in das Shoppingviertel Nervión, an der Haltestelle Ciudad Expo liegt die Shoppingmall Metromar. Drei weitere Linien, die Anbindung an Bahnhöfe und Busbahnhöfe bieten sollen, sind in Planung. Die Linie 4 wird zum Flughafen führen.

Die **Metropolitano de Granada** fährt vom Stadtzentrum aus nach Armilla, Albolote und Maracena.
Metropolitano de Granada
🌐 metropolitanogranada.es
Metro de Sevilla
🌐 metro-sevilla.es

Straßenbahnen

Seit 2008 verkehrt in Sevilla die erste Linie der MetroCentro vom Bahnhof San Bernardo zur Plaza Nueva. Die Straßenbahnstrecke verläuft in einer für den Autoverkehr gesperrten Zone. Drei weitere Linien sind in Planung – sie sollen das Netzwerk bis zur Puerta Osario und dem Bahnhof Santa Justa erweitern.

Tickets kann man an den Haltestellen an Automaten lösen. In den Straßenbahnen gibt es Lesegeräte für SmartCards. Die Haltestellen werden in den Wagen auf Monitoren angezeigt. Die MetroCentro verkehrt alle drei bis fünf Minuten.

Busse

Busse sind in Andalusien und ganz Spanien die verbreitetsten öffentlichen Verkehrsmittel. Sie verkehren allerdings nicht immer streng nach Fahrplan. Häufig wird der Betrieb um 22 Uhr eingestellt, in einige Städten gibt es jedoch Nachtbusse.

In Sevilla sind Busse die günstigste Möglichkeit, um zu den Sehenswürdigkeiten zu gelangen. Die Linienpläne kann man auf der Website von **TUSSAM** einsehen. Für Besucher sind vor allem die Linien C1 bis C6 *(circulares)* interessant, die um das Zentrum führen.

In Granada bieten sich die Linien 31, 32 und 34 an, die das Stadtzentrum mit Albaicín, der Alhambra und Sacromonte verbinden.
TUSSAM
w tussam.es

Fahrrad

In den meisten andalusischen Städten gibt es Radwege. In den Fußgängerzonen in Sevilla ist Radfahren erlaubt, allerdings sollte man auf Fußgänger Rücksicht nehmen.

Das Fahrradverleihsystem **SEVICI** stellt in Sevilla rund um die Uhr 2500 Räder bereit. Die Fahrräder können 30 Minuten lang kostenlos genutzt werden, danach fallen stundenweise Gebühren an. Die bei der Anmeldung per Kreditkarte zu zahlende Kaution von 150 Euro wird bei der Rückgabe des Fahrrads zurückerstattet.

Spaniens Stadtverkehr ist nicht ungefährlich – ein Helm ist unverzichtbar.
SEVICI
w sevici.es

Taxis

Taxis stellen in Andalusien – vor allem in den Städten – eine gute und preiswerte Alternative zu öffentlichen Verkehrsmitteln dar. Der Fahrpreis wird – zusätzlich zur Grundgebühr – nach Entfernung berechnet. Nachts, am Wochenende und an Feiertagen sind die Preise meist höher. Für Fahrten zu Flughäfen und Bahnhöfen fallen in der Regel Zuschläge an.

Auto

Wer mit dem eigenen Auto nach Spanien fährt, muss jederzeit den Fahrzeug- und Führerschein, den Pass oder Personalausweis und einen gültigen Versicherungsnachweis mitführen. Zudem muss man ein Warndreieck und eine reflektierende Jacke dabeihaben.

In Spanien gibt es zwei Arten von Autobahnen: *autopistas*, die Mautstraßen sind, und *autovías*, die gebührenfrei sind. Ob eine Autobahn gebührenfrei ist, erkennen Sie an den Buchstaben, die der Nummer der Straße vorangestellt sind: A = kostenlose Autobahn; AP = gebührenpflichtige Autobahn.

Carreteras nacionales, die Hauptverkehrsstraßen Spaniens, sind schwarz-weiß gekennzeichnet und werden mit dem Buchstaben N (Nacional) plus einer Zahl bezeichnet. Die mit römischen Ziffern beginnen an der Puerta del Sol in Madrid, die mit arabischen Zahlen haben Kilometerangaben, die die Entfernung von der Provinzhauptstadt angeben.

Carreteras comarcales, Nebenstraßen, haben eine Nummer mit vorangestelltem C. Andere Nebenstraßen haben Nummern mit vorangestellten Buchstaben, die den Namen der Provinz darstellen, etwa die LE1313 in Lleida.

Mietwagen

Die beliebtesten Autovermietungen in Spanien sind **Avis**, **Europcar** und **Hertz**. Alle haben Büros an Flughäfen und großen Bahnhöfen sowie in den größeren Städten. Fly & Drive, eine Option, bei der der Mietwagen im Flugpreis enthalten ist, kann von Reisebüros und Reiseveranstaltern organisiert werden. Wenn man nur für ein paar Tage ein Auto mieten will, kann man sich auch an ein Reisebüro vor Ort wenden. Fahrer eines Mietwagens müssen mindestens 21 Jahre alt sein und einen gültigen Führerschein und eine Kreditkarte vorlegen.
Avis
w avis.com
Europcar
w europcar.com
Hertz
w hertz-europe.com

Verkehrsregeln

Die Verkehrsregeln in Spanien entsprechen im Wesentlichen denen Mitteleuropas. Wer auf einer Straße mit durchgezogenem Mittelstreifen umkehren möchte, muss zum nächsten *Cambio-de-sentido*-Schild fahren. An Kreuzungen gilt rechts vor links, wenn nicht anders ausgeschildert. Es besteht stets Anschnallpflicht. Es ist üblich, entgegenkommende Fahrzeuge auf z. B. defektes Licht, Gefahr oder Stau aufmerksam zu machen. Telefonieren ist nur mit Freisprecheinrichtung (nicht mit Headset) erlaubt. Die Polizei führt regelmäßig Alkoholkontrollen durch, die Höchstgrenze liegt bei 0,5 Promille.

Fähren

Fähren verbinden das spanische Festland mit den Balearen und Kanaren sowie mit Nordafrika, Italien und Großbritannien. **Acciona Trasmediterránea** bietet wöchentlich eine Verbindung von Cádiz zu den Kanarischen Inseln. Vor allem im Sommer sollte man frühzeitig buchen.
Acciona Trasmediterránea
w trasmediterranea.es

PRAKTISCHE HINWEISE

Mit den folgenden Informationen und Tipps kommen Sie während Ihres Aufenthalts in Sevilla und Andalusien ohne Probleme zurecht.

Auf einen Blick

Notrufnummern

Generelle Notrufnummer

112

Zeit
In Spanien gilt die mitteleuropäische Zeit (MEZ) mit Sommerzeit von Ende März bis Ende Oktober.

Leitungswasser
Falls nicht anders angegeben, ist Leitungswasser in Spanien trinkbar.

Trinkgeld
In Spanien ist Trinkgeld nicht für alle Dienstleistungen üblich. Es wird jedoch wertgeschätzt, wenn man die Rechnung aufrundet.

Bedienung	5–10 Prozent
Gepäckträger im Hotel	1–2 € pro Gepäckstück
Zimmermädchen	nicht üblich
Barkeeper	nicht üblich
Taxifahrer	Rechnungsbetrag aufrunden

Persönliche Sicherheit
Gewaltverbrechen sind in Andalusien selten. In den größeren Städten ist Taschendiebstahl weitverbreitet. Achten Sie auf Märkten, in Verkehrsmitteln und bei dem Besuch von Sehenswürdigkeiten auf Ihre Wertsachen.

Bei Problemen wie dem Verlust von Personalausweis oder Reisepass erhalten Reisende von den Botschaften ihrer Heimatländer Unterstützung.

Botschaft Deutschland
- Calle de Fortuny 8, 28010 Madrid
- +34 915 57 90 00
- madrid.diplo.de

Deutsches Konsulat
- Calle Mauricio Moro Pareto 2, 29006 Málaga
- +34 952 36 35 91
- malaga.diplo.de

Botschaft Österreich
- Paseo de la Castellana 91, 28046 Madrid
- +34 915 56 53 15
- aussenministerium.at/madrid

Österreichisches Konsulat
- Avda de Cádiz 27–29, 41004 Sevilla
- +34 955 51 77 17
- bmeia.gv.at

Botschaft Schweiz
- Calle de Núñez de Balboa 35A, 28001 Madrid
- +34 914 36 39 60
- eda.admin.ch/madrid

Gesundheit
Apotheker beraten bei kleineren Beschwerden. Apotheken *(farmacia)* sind durch ein grünes oder rotes Kreuz gekennzeichnet. Die Adressen der Nachtdienst habenden Apotheken hängen in den Fenstern aus.

Reisende aus Ländern der EU und der Schweiz erhalten in Spanien bei Notfällen kostenlose medizinische Versorgung. Legen Sie so früh wie möglich Ihre EHIC *(siehe S. 238)* vor. Teilweise muss man die Behandlung bezahlen, bekommt die Kosten aber später von der Krankenkasse erstattet. Viele Krankenhäuser in Andalusien betreiben rund um die Uhr geöffnete Notaufnahmen.

Rauchen, Alkohol und Drogen
Rauchen ist in geschlossenen öffentlichen Räumen verboten, auf den Terrassen von Bars und Restaurants darf geraucht werden.

Spanien hat eine entspannte Einstellung zum Alkoholkonsum. In Städten ist es üblich, außerhalb der Bars auf der Straße zu trinken.

Drogen sind illegal. Selbst der Besitz kleiner Mengen kann extrem hohe Geldstrafen nach sich ziehen.

Ausweispflicht
Sie müssen in Spanien Ihren Ausweis nicht ständig bei sich tragen. Es ist es aber sinnvoll, eine Kopie mitzuführen. Falls die Polizei Ihre Identität überprüfen will, fordert man Sie auf, das Original auf dem Revier vorzuzeigen.

Siesta
Außerhalb der Urlauberzentren schließen kleine Läden meist zwischen 13 und 15 Uhr. Shoppingcenter sind durchgehend geöffnet.

Stierkampf
In Andalusien finden viele *corridas* (Stierkämpfe) statt. Befürworter begegnen dem Vorwurf der Tierquälerei mit dem Argument, dass die Stiere als Kälber getötet werden würden, wenn sie nicht für die Arena vorgesehen wären. Organisationen wie die **ADDA** (Asociación Defensa Derechos Animal) veranstalten Protestaktionen. Man sollte nur *corridas* besuchen, in denen ein erfahrener Torero den Tod des Tiers rasch und »sauber« herbeiführt. Im Falle einer qualvollen Tötung äußert das Publikum lautstark Missbilligung.
ADDA
w addaong.org

Kirchenbesichtigung
In den meisten Kathedralen und katholischen Kirchen haben Besucher während der Sonntagsmesse keinen Zutritt. Eintritt wird meist nur für spezielle Bereiche wie den Kreuzgang erhoben. Besucher sollten Knie und Schultern bedeckende Kleidung tragen.

Mobiltelefone und WLAN
Kostenloses WLAN ist in Spanien vor allem in öffentlichen Einrichtungen, Restaurants und Bars verbreitet. An Flughäfen und in Hotels fallen für die Nutzung oft Gebühren an.

Urlauber aus EU-Staaten telefonieren in Spanien ohne zusätzliche Gebühren auf Basis ihres Mobilfunkvertrags.

Post
Correos ist Spaniens Postunternehmen. Es gibt drei unterschiedliche Tarife: Spanien, Europa und Nordafrika sowie Rest der Welt. Das Porto für einen Standardbrief oder eine Postkarte ins europäische Ausland kostet 1,35 Euro. Postämter haben werktags von 8:30 bis 21:30 Uhr und samstags von 9:30 bis 13 Uhr geöffnet. Auf dem Land schließen sie unter der Woche schon um 13 oder 14 Uhr.

Auf dem Postamt aufgegebene Briefe kommen schneller an als in Briefkästen geworfene. Spanische Briefkästen *(buzón)* sind gelb.
Correos
w correos.es

Mehrwertsteuer
Die Mehrwertsteuer auf dem spanischen Festland beträgt 21 Prozent, für bestimmte Waren und Dienstleistungen gilt ein niedrigerer Satz. Besucher aus Nicht-EU-Ländern können sich die Mehrwertsteuer unter bestimmten Voraussetzungen rückerstatten lassen.

Besucherpässe
In einigen Städten gibt es Pässe oder Ermäßigungskarten für den Besuch von Ausstellungen, Veranstaltungen und Museen. Ein Beispiel ist die Sevilla Card. Überlegen Sie vor dem Kauf einer solchen Karte, wie viele der Angebote Sie wahrscheinlich nutzen werden.

Websites und Apps

Andalucía
Website des andalusischen Fremdenverkehrsamts (www.andalucia.org).

España
Website des spanischen Fremdenverkehrsamts (www.spain.info).

Moovit
App zur Routenplanung mit öffentlichen Verkehrsmitteln (www.moovitapp.com).

WiFi Map
App, die kostenlose WLAN-Hotspots ausfindig macht (www.wifimap.io).

REGISTER

Seitenangaben in **fetter** Schrift verweisen auf Haupteinträge.

A

Aguilar de la Frontera **165**
Alameda de Apodaca (Cádiz) 182
Alameda de Hércules (Sevilla) **98**
Albaicín (Granada)
 Spaziergang **220f**
Alcalá la Real **167**
Alcazaba (Almería) **222f**
Alcazaba (Málaga) **189**
Alcázar de Jerez de la Frontera **179**
Alcázar de los Reyes Cristianos (Córdoba) **152**, 156
Alhama de Granada **225**
Alhambra (Granada) 12, **216f**
Alkohol 245
Almería **222f**
 Karte 223
 siehe auch Granada und Almería
Almuñécar **224**
Álora **200**
Andalusien **126–235**
 Bars 35
 Cádiz und Málaga 130, **174–209**
 Córdoba und Jaén 129, **148–173**
 Erkundungstouren 20–25
 Granada und Almería 131, **201–235**
 Huelva und Sevilla 128, **132–147**
 Restaurants 33
Andújar **169**
Añora 173
Antequera **200f**
Antigua Universidad (Baeza) 163
Apoteosis de Santo Tomás de Aquino (Zurbarán) 67
Apotheken 244
Apps 245
Archidona **200**
Architektur **28f**
 Architekten **28**
 Maurische Bogen **155**
 Maurische Wunderwerke **30f**
Archivo General de Indias (Sevilla) **86**, 90
Arcos de la Frontera **196**, 208
Ausweispflicht 245
Auto 243
 Karte 241
 Museo Automovilístico y de la Moda (Málaga) **186f**
 Tempolimits 240
 siehe auch Touren
Ayamonte **141**
Ayuntamiento de Baeza 163

Ayuntamiento de Cádiz 183
Ayuntamiento de Sevilla **80**, 93
azulejos **88**

B

Bäder *siehe* Spas und Bäder
Baelo Claudia **192**
Baena **167**
Baeza **162f**
 Karte 163
Baluarte de la Candelaria (Cádiz) 182
Baños Árabes, Centro Cultural (Jaén) **158**
Baños de la Encina **168**
Baños del Alcázar Califal (Córdoba) **153**
Barbate **193**
Bars **36f**
 Andalusien 35
 Cádiz und Málaga 179, 201
 Córdoba und Jaén 165
 Granada und Almería 230
 Sevilla 35, 98
 Strandbars 41
Basílica de la Macarena (Sevilla) **99**
Basílica Menor, Iglesia de San Ildefonso (Jaén) **159**
Basílica Menor, Santa María de los Reales Alcázares (Úbeda) **161**
Baza **230**
Belalcázar 172
Bélmez 172
Benalmádena **203**
Besondere Bedürfnisse 239
Besucherpässe 245
Bezahlen 239
Bier **34**
Bluthochzeit in Níjar **232**
Bogen, maurische **155**
Botschaften 244
Bowles, Paul 207
Brücken
 Puente de Isabel II (Sevilla) 121
 Puente Nuevo (Ronda) 185
 Puente Romano (Córdoba) 157
Bunker (La Línea de la Concepción) 195
Burgen und Festungen **30**
 Alcazaba (Almería) **222f**
 Alcázar de Jerez de la Frontera **179**
 Alcázar de los Reyes Cristianos (Córdoba) **152**, 156
 Castillo Árabe (Álora) 200
 Castillo Árabe (Salobreña) 224f
 Castillo de Almodóvar del Río **164f**
 Castillo de Gibralfaro (Málaga) **189**

Castillo de Guzmán el Bueno (Tarifa) **192**
Castillo de la Calahorra **226**
Castillo de San Marcos (El Puerto de Santa María) **191**
Castillo de San Miguel (Almuñécar) **224**
Castillo de Santa Catalina (Jaén) **159**
Castillo de Segura de la Sierra 170
Castillo de Vélez Blanco **231**
Castillo Monumento Colomares (Benalmádena) **203**
Murallas (Sevilla) **100**
The Moorish Castle (Gibraltar) **194f**
Busse 242f

C

Cabra **167**
Cádiz **180–183**
 Karte 181
 Spaziergang **182f**
Cádiz und Málaga 130, **174–209**
 Bodegas 179, 191
 Hotels 197
 Karte 176f
 Restaurants 181, 202
 Ruta de los Pueblos Blancos **208f**
 Shopping 186, 192
 Strände **205**
 Windparks **192**
CaixaForum (Sevilla) **123**
Calle Betis (Sevilla) 121
Calle Campo del Sur (Cádiz) 182
Calle de la Feria (Sevilla) 104
Calle Honduras (Cádiz) 183
Callejón de las Flores (Córdoba) 157
Callejón del Agua (Sevilla) 91
Calle Nueva (Cádiz) 183
Calle Pelay Correa (Sevilla) 121
Calle Rodrigo de Triana (Sevilla) 121
Calle Sierpes (Sevilla) **81**, 93
Cámara Oscura (Sevilla) **99**
Caminito del Rey (Garganta del Chorro) **197**
Campo del Sur (Cádiz) 182
Capilla de los Marineros (Sevilla) 121
Capilla de San Andrés (Jaén) **158**
Capilla de San Bartolomé (Córdoba) 156
Capilla del Carmen (Sevilla) 121
Capilla Real (Granada) **214**
Carmen **114**
Carmona **147**
Carrera del Darro (Granada) 221
Casa de los Pisa (Granada) 220
Casa de los Tiros (Granada) **215**

Casa del Rey Moro (Ronda) 185
Casa de Pilatos (Sevilla) **89**
Casa de Sefarad (Córdoba) 156
Cástulo **168**
Catedral de Sevilla 76f
Cazorla **168**
Centre Pompidou Málaga **188**
Centro Andaluz de Documentación del Flamenco (Jerez de la Frontera) **179**
Centro Cerámica Triana (Sevilla) 121
Centro Cultural Baños Árabes (Jaén) **158**
Centro Cultural Caja Granada **215**
Centro del Vino Condado de Huelva (El Condado) 145
Ceuta **206**
Chipiona **190**
Clubs **36**
Conjunto Arqueológico de Carmona 147
Convento de San José del Carmen (Sevilla) 93
Convento de Santa Catalina (Granada) 221
Convento de Santa Inés (Sevilla) 104
Convento de Santo Domingo (Ronda) 185
Córdoba 152–**157**
  Karte 153
  Spaziergang **156f**
Córdoba and Jaén 129, **148–173**
  Hotels 170
  Karte 150f
  Restaurants 153, 166
  Shopping 159, 169
  Tour **172f**
Corral del Carbón (Granada) **215**
Costa del Sol **205**
Costurero de la Reina (Sevilla) 116

D

Denkmal für El Cano (Sevilla) 116
Desfiladero de Despeñaperros **169**
Día de los Reyes 39
Dolmenstätten von Antequera 201
Drogen 245

E

Écija **146**
Einreise 238
El Arenal (Sevilla) 58, **62–71**
  Karte 64f
  Spaziergang **70f**
El Bañuelo (Granada) 221
El Cano, Denkmal für (Sevilla) 116
El Condado **145**
El Puerto de Santa María **191**
El Rinconcillo (Sevilla) 105

El Rocío **144**
Erkundungstouren
  2 Tage in Sevilla 19f
  5 Tage in Andalucía 21f
  10 Tage in Andalusien 22–25
  24 Stunden in Sevilla 16f
Esquivel, Antonio María 121
Estepa **146**
Estepona **205**

F

Fähren 243
Fahrräder **43**, 243
Familien **38f**
Feiertage 239
Festivals und Veranstaltungen 11, **37**, **46f**
  Familien **39**
  Flamenco **44**
Feuerwehr *siehe* Notrufnummer
Fiesta de San Juan 39
Filme
  Italowestern **231**
Flamenco 13, **44f**, **85**
  Centro Andaluz de Documentación del Flamenco (Jerez de la Frontera) **179**
  Museo del Baile Flamenco (Sevilla) **84**
Flughäfen 241
Flugreisen 240
Fuengirola **204f**
Fuente Agria 234
Fuente de Piedra **201**
Fuente de Santa María (Baeza) 163
Fuente Obejuna 172
Fundación Real Escuela Andaluza de Arte Ecuestre (Jerez de la Frontera) **178**

G

Gärten *siehe* Parks und Gärten
Garganta del Chorro **197**
Gaucín **209**
Generalife (Granada) **218f**
Geschichte **48–53**
Gesundheit 244
Getränke *siehe* Speisen und Getränke
Gibraltar **194f**
Giralda (Sevilla) **76f**, 90
Glockentürme (Sevilla) **100**
Gotik **28**
Granada **214–221**
  Karte 215
  Spaziergang **220f**
Granada und Almería 131, **210–235**
  Bars 230
  Hotels 227
  Karte 212f
  Restaurants 215, 223, 233
  Shopping 225
Gran Teatro Falla (Cádiz) 182
Grazalema 209

Great Siege Tunnels (Gibraltar) 194f
Gruta de las Maravillas 138
Guadix **226f**

H

Hinojosa del Duque 172
Historische Bauwerke,
  Baños del Alcázar Califal (Córdoba) **153**
  Casa del Rey Moro (Ronda) 185
  Corral del Carbón (Granada) **215**
  Hospital de la Caridad (Sevilla) **68**, 71
  Hospital de las Cinco Llagas/Parlamento de Andalucía (Sevilla) **99**
  Hospital de los Venerables (Sevilla) **86f**, 91
  Hospital de Santiago (Úbeda) **160**
  Hotel Alfonso XIII (Sevilla) **114**, 117
  La Alhóndiga (Baeza) 163
  Palacio de la Madraza (Granada) **215**
  Palacio de Lebrija (Sevilla) **80**
  Palacio de Viana (Córdoba) **153**
  Puerta de Purchena (Almería) **223**
  Real Chancillería (Granada) 220
  siehe auch Burgen und Festungen; Kapellen; Kirchen und Kathedralen; Klöster; Paläste; Türme
Höhlen
  Cueva de los Letreros (Vélez Blanco) 231
  Cueva de Nerja 202
  Cuevas de la Pileta (Ronda la Vieja) 196
  Flamenco-Höhlen 45
  Gruta de las Maravillas 138
  Guadix 227
Hospital de la Caridad (Sevilla) **68**, 71
Hospital de las CincoLlagas/Parlamento de Andalucía (Sevilla) **99**
Hospital de los Venerables (Sevilla) **86f,** 91
Hospital de Santiago (Úbeda) **160**
Hotels 239
  Cádiz und Málaga 197
  Córdoba und Jaén 170
  Granada und Almería 227
  Hotel Alfonso XIII (Sevilla) **114**, 117
  Hotel Continental (Tanger) 207
  Huelva und Sevilla 141
  Sevilla 69, 81, 125
  Úbeda 161
Huelva **139**

Huelva und Sevilla 128, **132–147**
   Hotels 141
   Karte 134f
   Restaurants 138, 147
   Shopping 145

I

Iglesia Colegial del Divino Salvador (Sevilla) **80f**
Iglesia de Nuestra Señora de la O (Sevilla) **125**
Iglesia de San Juan (Almería) **222**
Iglesia de San Juan de la Palma (Sevilla) 104
Iglesia de San Luís de los Franceses (Sevilla) **101**
Iglesia de San Marcos (Sevilla) **100**, 105
Iglesia de San Román (Sevilla) 105
Iglesia de San Pablo (Úbeda) **160**
Iglesia de San Pedro (Sevilla) **100f**, 104
Iglesia de Santa Ana (Granada) 220
Iglesia de Santa Ana (Sevilla) 92, 121, **124f**
Iglesia de Santa Catalina (Sevilla) **103**, 105
Iglesia de Santa Cruz (Sevilla) 93
Iglesia de Santa María la Mayor (Ronda) 185
Iglesia Santa María Magdalena (Sevilla) **68**, 92
Impfungen 239
Internet 245
Isla, Camón de la 44
Isla Cristina **138**
Isla Mágica (Sevilla) **122**
Itálica **144**
Italowestern **231**

J

Jaén **158f**
   Karte 159
   siehe auch Córdoba und Jaén
Jardines de Cristina (Sevilla) 93
Jardines de Murillo (Sevilla) **87**, 93
Jerez de la Frontera **178f**
   Karte 179
Jimena de la Frontera 209
Justa, Santa 121

K

Kapellen
   Capilla de los Marineros (Sevilla) 121
   Capilla del Salvador (Úbeda) **161**
   Capilla de San Andrés (Jaén) **158**
   Capilla de San Bartolomé (Córdoba) 156
   Capilla Real (Granada) **214**
   siehe auch Kirchen und Kathedralen
Karneval 39
Karten
   Almería 223
   Auto 241
   Baeza 163
   Cádiz 181, 182f
   Cádiz und Málaga 176f
   Córdoba 153, 156f
   Córdoba und Jaén 150f
   Granada 215, 220f
   Granada: Albaicín 220f
   Granada und Almería 212f
   Huelva und Sevilla 134f
   Jaén 159
   Jerez de la Frontera 179
   Las Alpujarras 234f
   Málaga 187
   Ronda 185
   Ruta de los Pueblos Blancos 208f
   Sevilla 56f, 64f, 74f, 92f, 96f, 108f
   Sevilla: Triana 119, 121
   Sevilla: Universidad 116f
   Sevilla und Andalusien 14f
   Sierra Morena 172
   Spanien 56
   Úbeda 161
Kathedralen *siehe* Kirchen und Kathedralen
Keramiken **27**
   azulejos **88**
Kinder **38f**
Kino
   Italowestern **231**
Kirchen und Kathedralen 245
   Basílica de la Macarena (Sevilla) **99**
   Basílica Menor, Iglesia San Ildefonso (Jaén) **159**
   Basílica Menor, Santa María de los Reales Alcázares (Úbeda) **161**
   Catedral de Almería **222**
   Catedral de Baeza 163
   Catedral de Cádiz **180**, 183
   Catedral de Jaén **158**
   Catedral de Jerez **178f**
   Catedral de Granada **214**
   Catedral de Sevilla und Giralda **76f**, 90
   Glockentürme (Sevilla) **100**
   Iglesia Colegial del Divino Salvador (Sevilla) **80f**
   Iglesia de Nuestra Señora de la O (Sevilla) **125**
   Iglesia de San Juan (Almería) **222**
   Iglesia de San Juan de la Palma (Sevilla) 104
   Iglesia de San Luís de los Franceses (Sevilla) **101**
   Iglesia de San Marcos (Sevilla) **100**, 105
   Iglesia de San Pablo (Úbeda) **160**

Iglesia de San Pedro (Sevilla) **100f**, 104
Iglesia de San Román (Sevilla) 105
Iglesia de Santa Ana (Granada) 220
Iglesia de Santa Ana (Sevilla) 92, 121, **124f**
Iglesia de Santa Catalina (Sevilla) **103**, 105
Iglesia de Santa Cruz (Sevilla) 93
Iglesia de Santa María la Mayor (Ronda) 185
Iglesia de Santa María Magdalena (Sevilla) **68**, 92
Mezquita-Catedral de Córdoba **154f**, 157
Oratorio de San Felipe Neri (Cádiz) **181**, 182
Real Santuario Virgen de la Cabeza **169**
Klöster
   Convento de Santa Catalina (Granada) 221
   Convento de Santa Inés (Sevilla) 104
   Convento de San José del Carmen (Sevilla) 93
   Monasterio de la Cartuja (Granada) **214f**
   Monasterio de la Rábida **140f**
   Monasterio de Santa Clara (Moguer) 140
   Monasterio de Santa María de las Cuevas (Sevilla) **124**
   Monasterio de Santa Paula (Sevilla) **102f**, 105
   Real Monasterio de San Clemente (Sevilla) **98**
   Real Monasterio de Santa Clara (Jaén) **158f**
Kochkurse 33
Kolumbus, Christoph **139**
Konsulate 244
Krankenhäuser 244
Krankenwagen
   siehe Notrufnummer
Kreditkarten 239
Kunst **26f**
   siehe auch Museen und Sammlungen
Kunsthandwerksmärkte **27**

L

La Alhóndiga (Baeza) 163
La Axarquia **202f**
La Calahorra **226**
La Carolina 168
La Inmaculada (Valdés Leal) 67
La Línea de la Concepción **195**
La Macarena (Sevilla) 60, **94–105**
   Karte 96f
   Restaurants 98
   Shopping 100
   Spaziergang **104f**
Lanjarón **226**

Las Alpujarras **234f**
La Virgen de la Servilleta (Murillo) 67
Lebrija **144**
Leitungswasser 244
Linares, Carmen 44
Loja **225**
López de Rojas, Eufrasio 28
Lorca, Federigo García 53
  Bodas de Sangre **232**
Lucena **167**
Luchse **137**
Lucía, Paco de 44

M

Málaga 27, **186–189**
  Karte 187
  siehe auch Cádiz und Málaga
Marbella **204**
Märkte
  Calle de la Feria (Sevilla) 104
  Kunst und Kunsthandwerk 27
  Metropol Parasol (Sevilla) **103**
Marokko
  Tanger **206f**
Matalascañas 41, **147**
Maurische Architektur **30f**
  Bogen **155**
Mazagón 41, **140**
Medina Azahara **164**
Medina Sidonia **190**
Melilla **206**
Merimée, Prosper **114**
Metro 242
Metropol Parasol (Sevilla) 29, **103**
Mezquita-Catedral de Córdoba **154f**, 157
Minarete de San Sebastian (Ronda) 185
Minas de Riotinto **138**
Mobiltelefone 245
Moguer **140**
Mojácar **233**
Montefrío **224**
Montes de Málaga **203**
Montilla **164**
Montoro **165**
Moscheen 30
  Mezquita-Catedral de Córdoba **154f**, 157
  Minarete de San Sebastian (Ronda) 185
Mudéjar-Stil **29**
Murallas (Sevilla) **100**
Murallas de San Carlos (Cádiz) 183
Murillo, Bartolomé Esteban 26, 66f
  La Vergen de la Servilleta 67
Museen und Sammlungen **26f**, 39
  American Legation (Tanger) 207
  CaixaForum (Sevilla) **123**
  Casa de los Pisa (Granada) 220
  Casa de Sefarad (Córdoba) 156
  Casa Museo de Martín Alonso Pinzón (Palos de la Frontera) 141
  Casa Museo Zenobia y Juan Ramón Jiménez (Moguer) 140
  Castillo de la Yedra (Cazorla) 168
  Centre Pompidou Málaga **188**
  Centro Cultural Caja Granada **215**
  Centro de Exposición de Artesanal (Alhama de Granada) 225
  Centro de Interpretación Cuevas de Guadix 227
  Centro Temático de la Tolerancia del Castillo de San Jorge (Sevilla) 121, 125
  Conjunto Arqueológico de Carmona 147
  Gibraltar National Museum 194
  Metropol Parasol (Sevilla) **103**
  Museo Arqueológico (Baza) **230**
  Museo Arqueológico (Córdoba) **152**
  Museo Arqueológico (Granada) 221
  Museo Arqueológico (Sevilla) **113**
  Museo Arqueológico (Úbeda) **160**
  Museo Arqueológico Cueva de Siete Palacios (Almuñécar) 224
  Museo Automovilístico y de la Moda (Málaga) **186f**
  Museo Carmen Thyssen Málaga **186**
  Museo Casa Natal de Picasso (Málaga) **188**
  Museo de Alfarería (Guadix) 227
  Museo de Almería **222**
  Museo de Artes y Costumbres Populares (Sevilla) **111**
  Museo de Bellas Artes (Córdoba) **153**
  Museo de Bellas Artes (Sevilla) **66f**
  Museo de Cádiz **181**
  Museo de Jaén **159**
  Museo de la Legión (Ceuta) 206
  Museo de Huelva 139
  Museo del Baile Flamenco (Sevilla) **84**
  Museo del Grabado Español Contemporáneo (Marbella) 204
  Museo de Málaga **187**
  Museo Minero (Minas de Riotinto) 138
  Museo Picasso Málaga **188**
  Museos de la Atalaya (Jerez de la Frontera) **178**
  Palacio de Nájera (Antequera) 201
Musik *siehe* Flamenco

N

Nachtleben **36f**
Nationalpark
  Parque Nacional de Doñana 12, **136f**
Naturschutzgebiete
  Paraje Natural Torcal de Antequera **200**
  Parque Natural de Cabo de Gata **230**
  Parque Natural de Cazorla, Segura y Las Villas **170**
  Parque Natural de Los Alcornocales **193**
  Parque Natural Sierra de las Nieves **196f**
  siehe auch Tierwelt
Nerja **202**
Níjar **232f**
  Bluthochzeit in Níjar **232**
Notrufnummer 244

O

Öffentliche Verkehrsmittel 240, **242f**
Öffnungszeiten 239
Olivenöl 158
Orangen 10, 33
Oratorio de San Felipe Neri (Cádiz) 181, 182
Osuna 146
Outdoor-Fans, Sevilla und Andalusien für **42f**

P

Pabellón de Chile (Sevilla) 116
Pabellón de Perú (Sevilla) 117
Paläste
  Alcazaba **189**
  Alhambra (Granada) **216f**
  Casa de los Tiros (Granada) **215**
  Casa de Pilatos (Sevilla) **89**
  Dar el-Makhzen (Tanger) 207
  Generalife (Granada) **218f**
  Maurische Paläste 31
  Medina Azahara **164**
  Palacio Arzobispal (Sevilla) 90, 93
  Palacio de Jabalquinto (Baeza) 163
  Palacio de la Madraza (Granada) **215**
  Palacio de las Cadenas (Úbeda) **161**
  Palacio de las Dueñas (Sevilla) **102**, 104
  Palacio de Lebrija (Sevilla) **80**
  Palacio de los Marqueses de Peñaflor (Écija) 146
  Palacio de Mondragón (Ronda) **184f**
  Palacio del Marqués de Salvatierra (Ronda) 185

Paläste (Fortsetzung)
    Palacio del Mayorazgo (Arcos de la Frontera) 196
    Palacio de San Telmo (Sevilla) **115**, 117
    Palacio de Viana (Córdoba) **153**
    Parador de Úbeda **161**
    Real Alcázar (Sevilla) 12, **78f**, 91
Palma del Río **165**
Palos de la Frontera **141**
Parador de Cádiz 182
Parador de Úbeda **161**
Paraje Natural Torcal de la Antequera **200**
Parks und Gärten
    Alameda Apodaca (Cádiz) 182
    Generalife (Granada) **218f**
    Jardines de Cristina (Sevilla) 93
    Jardines de Murillo (Sevilla) **87**, 93
    Parque de María Luisa (Sevilla) **110–113**
    Parque Genovés (Cádiz) 182
Parlamento de Andalucía (Sevilla) **99**
Parque de Maria Luisa (Sevilla) 60, **106–117**
    Karte 108f
Parque Genovés (Cádiz) 182
Parque Nacional de Doñana **136f**
Parque Natural de Cabo de Gata 41, **230**
Parque Natural de Cazorla, Segura y Las Villas **170**
Parque Natural de Los Alcornocales **193**
Parque Natural Sierra de las Nieves **196f**
Paseo de las Delicias (Sevilla) 116
Pastori, Nina 44
PCT Cartuja (Sevilla) **122f**
Pedroche 173
Peñarroya-Pueblonuevo 172
Persönliche Sicherheit 244
Pferde
    Fundación Real Escuela Andaluza de Arte Ecuestre (Jerez de la Frontera) **178**
Picasso, Pablo 26
    Museo Casa Natal de Picasso (Málaga) **188**
    Museo Picasso Málaga **188**
Pinzón, Martín Alonso
    Casa Museo de Martín Alonso Pinzón (Palos de la Frontera) 141
Playa Bil-Bil (Benalmádena) 205
Playa Cabo Trafalgar (Caños de Meca) 205
Playa de Bolonia 205
Playa de la Caleta (Cádiz) 41, 182
Playa de Puerto Banús (Marbella) 205
Playa de Valdevaqueros (Tarifa) 205

Playa la Barrosa 41
Plaza de España (Cádiz) 183
Plaza de España (Sevilla) **112f**
Plaza de la Cruz Verde (Cádiz) 182
Plaza de San Francisco (Cádiz) 183
Plaza de Santa Cruz (Sevilla) 91
Plaza de Toros (Ronda) 184
Plaza de Toros de la Maestranza (Sevilla) **69**, 70
Plaza del Altozano (Sevilla) 121
Plaza del Pópulo (Baeza) 163
Plaza del Triunfo (Sevilla) **87**, 90
Plaza Virgen de los Reyes (Sevilla) **84**, 90
Polizei *siehe* Notrufnummer
Post 245
Pozoblanco 173
Prähistorische Stätten
    Cueva de los Letreros (Vélez Blanco) 231
    Cueva de Nerja 202
    Cuevas de la Pileta (Ronda la Vieja) 196
    Dolmenstätten von Antequera 201
Priego de Córdoba **166f**
pueblos blancos 11
    Ruta de los Pueblos Blancos **208f**
Puente de Isabel II (Sevilla) 92, 121
Puente Nuevo (Ronda) 185
Puente Romano (Córdoba) 157
Puerta de Jaén (Baeza) 163
Puerta de Purchena (Almería) 223
Puerto de la Ragua 235
Punta Umbría 41, **138f**

R

Radfahren **43**, 243
Rathäuser
    Ayuntamiento de Baeza 163
    Ayuntamiento de Cádiz 183
    Ayuntamiento de Sevilla **80**, 93
    Palacio de las Cadenas (Úbeda) **161**
Rauchen 245
Real Alcázar (Sevilla) 12, **78f**, 91
Real Chancillería (Granada) 220
Real Monasterio de Santa Clara (Jaén) **158f**
Real Santuario Virgen de la Cabeza 169
Renaissance **28**
Restaurants
    Andalusien 33
    Cádiz und Málaga 181, 191, 202
    Córdoba und Jaén 153, 166
    Granada und Almería 215, 223, 233
    Huelva und Sevilla 138, 147
    Sevilla 69, 86, 101, 112, 115, 123
    siehe auch Speisen und Getränke

Roldán, Luisa 26
Römer 49
    Conjunto Arqueológico de Carmona (Carmona) 147
    Itálica 144
Ronda **184f**, 209
    Karte 185
    Stierkampf **184**
Ronda la Vieja **196**, 209
Roquetas de Mar **233**
Rufina, Santa 121
Ruiz, d. J. 28

S

Sacra Capilla del Salvador (Úbeda) **161**
Salobreña **224f**
Sammlungen *siehe* Museen und Sammlungen
San Hugo en el Refectorio (Zurbarán) 67
San Jerónimo (Torrigiano) 67
San José **232**
Sanlúcar de Barrameda **190f**
Santa Cruz (Sevilla) 59, **72–93**
    Karte 74f
    Spaziergang **90f**, **92f**
Santa Fe **225**
Santa Justa 121
Santa Rufina 121
Segura de la Sierra **170**
Setenil 209
Sevilla **58–125**
    Bars 35, 98
    El Arenal 58, **62–71**
    Erkundungstouren 17–19
    Hotels 81, 125
    Karte 56f
    La Macarena 60, **94–105**
    Parque de María Luisa 60, **106–117**
    Restaurants 69, 86, 101, 112, 115, 123
    Santa Cruz 59, **72–93**
    Shopping 102
    Triana 61, **118–125**
    siehe auch Huelva und Sevilla
Sherry 13, **35**
    Bodegas Barbadillo (Sanlúcar de Barrameda) 191
    Bodegas Osborne (El Puerto de Santa María) 191
    Bodegas Terry (El Puerto de Santa María) 191
Shopping
    Cádiz und Málaga 186, 192
    Córdoba und Jaén 159, 169
    Granada und Almería 225
    Huelva and Sevilla 145
    Sevilla 102
    Mehrwertsteuer 245
Sicherheit
    Persönliche Sicherheit 244
    Sicherheitshinweise 238
Sierra de Aracena **138**
Sierra Morena (Tour) **172f**

Sierra Nevada **226**
Sierra Norte **145**
Siesta 245
Sinagoga (Córdoba) **152**, 156
Skifahren **43**
   Sierra Nevada 226
Sorbas **232**
Sotogrande **195**
Spas und Bäder
   Balneario de Lanjarón 226
   Baños Árabes, Centro Cultural (Jaén) **158**
   Baños del Alcázar Califal (Córdoba) **153**
   El Bañuelo (Granada) 221
   Hotel Balneario (Alhama de Granada) 225
Spaziergänge
   Cádiz **182f**
   Córdoba **156f**
   Granada **220f**
   Parque Nacional de Doñana 137
   Sevilla **92f**
   Sevilla: El Arenal **70f**
   Sevilla: La Macarena **104f**
   Sevilla: Santa Cruz **90f**
   Sevilla: Universidad **116f**
Speisen und Getränke **32f**
   Getränke **34f**
   Olivenöl **158**
   Orangen 10, **33**
   Sherry 13
   tapas 10, **32**
   siehe auch Restaurants; Wein
Sprache 238f
   Sprachführer 252f
St Michael's Cave (Gibraltar) 194f
Stadtemblem von Sevilla **80**
Steuern 245
Stierkampf 245
   Plaza de Toros (El Puerto de Santa María) 191
   Plaza de Toros de la Maestranza (Sevilla), **69**, 70
   Ronda **184**
Strände 11, **40f**
   Cádiz und Málaga **205**
   Matalascañas **147**
   Mazagón **140**
   Punta Umbría **138f**
Straßenbahnen 242
Strom 238
Stupa de Iluminación de Benalmádena 203

T

Tabernas **231**
Tanger **206f**
Tapas 10, **32**
Tarifa **192**
Tauchen **42**
Taxis 243
Tempolimits 240
The Apes' Den (Gibraltar) 194f
Theater
   Gran Teatro Falla (Cádiz) 182
   Teatro de la Maestranza (Sevilla) **69**, 70
   Teatro Lope de Vega (Sevilla) **115**, 117
Tierwelt **43**
   Parque Natural de Cazorla, Segura y Las Villas **171**
   Luchse **137**
   Montes de Málaga **203**
   siehe auch Nationalparks; Naturschutzgebiete
Torre de Don Fadrique (Sevilla) **99**
Torre de la Calahorra (Córdoba) **153**
Torre del Oro (Sevilla) **69**, 71, 92
Torre de los Aliatares (Baeza) 163
Torre Sevilla (Sevilla) 29, **125**
Torre Tavira (Cádiz) **181**, 182
Torremolinos **205**
Torrigiano, Pietro
   San Jerónimo 67
Touren
   Las Alpujarras **234f**
   Ruta de los Pueblos Blancos **208f**
   Sierra Morena **172f**
Trevélez 234
Triana (Sevilla) 92, **118–125**
   Karte 119, 121
Trinkgeld 244
Türme
   Belalcázar 172
   Giralda (Sevilla) **76**, 90
   Glockentürme (Sevilla) **100**
   Maurische Wunderwerke **31**
   Torre de Don Fadrique (Sevilla) **99**
   Torre de la Calahorra (Córdoba) **153**
   Torre del Oro (Sevilla) **69**, 71, 92
   Torre de los Aliatares (Baeza) 163
   Torre Sevilla (Sevilla) **125**

U

Úbeda **160f**
   Hotels 161
   Karte 161
Ubrique 209
Universidad de Sevilla 93, **114**
   Spaziergang **116f**

V

Valdés Leal, Juan de
   La Inmaculada 67
Válor 235
Vega, Lope Félix de
   Teatro Lope de Vega (Sevilla) **115**
Vejer de la Frontera **192**
Velázquez, Diego 26
Vélez Blanco **231**
Veranstaltungen *siehe* Festivals und Veranstaltungen
Vergnügungsparks **38**
   Isla Mágica (Sevilla) **122**
Verkehrsregeln 243
Versicherung 238f
Virgen de la Macarena **99**

W

Währung 238
Wandern **42**
Websites 245
Wein
   Centro del Vino Condado de Huelva (El Condado) 145
Windparks
   Cádiz und Málaga **192**
Windsurfen 40
Wintersport **43**
WLAN 245

Y

Yegen 235

Z

Zahara de la Sierra 209
Zeit 244
Zoll 238
Züge 240, 242
Zurbarán, de Francisco 66f
   San Hugo en el Refectorio 67
   Apoteosis de Santo Tomás de Aquino 67

SPRACHFÜHRER

Notfälle

Hilfe!	¡Socorro!	[so'kɔrɔ]
Stopp!	¡Pare!	[pare]
Polizei!	¡Policía!	[poli'sia]
Rufen Sie einen Arzt!	¡Llame a un médico!	[ʒame a 'un 'mɛðiko]
Rufen Sie einen Krankenwagen!	¡Llame a una ambulancia!	[ʒame a 'una ambu'lanθia]
Wo ist das nächste Krankenhaus?	¿Dónde está el hospital más próximo?	[dɔnde esta ɛl ɔspi'tal mas 'prɔɣsimo]
Können Sie mir helfen?	¿Me puede ayudar?	[me 'pŭeðe aʒu'ðar]
Man hat mir mein … gestohlen.	Me robaron mi …	[me rro'baron mi …]

Grundwortschatz

Deutsch	Spanisch	Aussprache
Ja	Sí	[si]
Nein	No	[no]
Bitte	Por favor	[pɔr fa'βɔr]
Danke	Gracias	['graθias]
Verzeihung	Perdóne	[pɛr'ðɔne]
Entschuldigung	Disculpe	[dis'kulpe]
Tut mir leid	Lo siento	[lo 'sĭento]
Hallo	¡Hola!	[ola]
Guten Tag	Buenos días	['bŭenos 'dias]
Guten Tag (nachmittags)	Buenas tardes	['bŭenas 'tardes]
Guten Abend	Buenas noches	['bŭenas notʃes]
Nacht	noche	[notʃe]
morgens (Tageszeit)	mañana	[ma'nana]
gestern	ayer	[a'jɛr]
hier	aquí	[a'ki]
Wie?	¿Cómo?	['komo]
Wann?	¿Cuándo?	['kŭando]
Warum?	¿Por qué?	[pɔr ke]
Wie geht's?	¿Qué tal?	[ke tal]
Sehr gut, danke.	Muy bien, gracias.	[mŭi bĭen, 'graθias]
angenehm	encantado/a	[eŋkan'taðo/a]
Sehr erfreut!	¡Mucho gusto!	[mutʃo 'gusto]

Nützliche Redewendungen

Das ist in Ordnung.	Está bien.	[esta 'bĭen]
Sprechen Sie ein bisschen Deutsch/Englisch?	¿Habla un poco de alemán/inglés?	['aβla 'un 'poko de ale'man/iŋgles]
Ich verstehe nicht.	No entiendo.	[no en'tĭendo]
Könnten Sie etwas langsamer sprechen, bitte?	¿Puede hablar más despacio, por favor?	['pŭeðe a'βlar mas des'paθĭo, pɔr fa'βɔr]
In Ordnung/O.K.	De acuerdo/bueno	[de a'kŭɛrðo/'bŭeno]
Alles klar!	¡Claro que sí!	['klaro ke si]
Wie kommt man nach …?	¿Cómo se llega a …?	['komo se ʎega a …]
Wo finde ich …?/Wo ist …?	¿Donde está …?	['dɔnde es'ta …]

Nützliche Wörter

groß	grande	['grande]
klein	pequeño	[pe'keɲo]
heiß	caliente	[ka'lĭente]
kalt	frío	['frio]
gut	bueno	['bŭeno]
gut (Adv.)	bien	[bĭen]
schlecht	malo	['malo]
genug	suficiente	[sufi'θĭente]
geöffnet	abierto	[a'βĭerto]
geschlossen	cerrado	[se'rraðo]
Eingang	la entrada	[en'traða]
Ausgang	la salida	[sa'liða]
voll	lleno	['ʎeno]
leer	vacío	[ba'θio]
rechts	derecha	[de'retʃa]
links	izquierda	[iθ'kĭerða]
(immer) geradeaus	(todo) recto	['toðo 'rrekto]
unter, unten	debajo	[de'baxo]
oben, hinauf	arriba	[a'rriβa]
bald	pronto	['prɔnto]
früh	temprano	[tem'prano]
spät	tarde	['tarðe]
jetzt	ahora	[a'ɔra]
mehr	más	[mas]
weniger	menos	['menos]
wenig	poco	['poko]
viel	mucho	[mutʃo]
sehr	muy	[mŭi]
erster Stock	segundo piso	[se'gundo 'piso]
Erdgeschoss	primer piso	[pri'mer 'piso]
Fahrstuhl	ascensor	[asθen'sɔr]
Bad	baño	['baɲo]
Frauen	mujeres	[mu'xeres]
Männer	hombres	['ɔmbres]
Toilettenpapier	papel higiénico	[pa'pɛl i'xĭeniko]
Kamera	cámara	[ka'mara]
Reisepass	pasaporte	[pasa'pɔrte]
Visum	visa	['bisa]

Gesundheit

Deutsch	Spanisch	Aussprache
Ich fühle mich schlecht.	Me siento mal.	[me 'sĭento mal]
Ich habe Bauch-/Kopfschmerzen.	Me duele el estómago/la cabeza.	[me 'dŭele ɛl es'tomago/la ka'βeθa]
Er/sie ist krank.	Está enfermo/enferma.	[esta em'fɛrmo/em'fɛrma]
Ich muss ausruhen.	Necesito descansar.	[neθe'sito deskan'sar]
Apotheke	la farmacia	[far'maθia]

Post/Bank

Bank	el banco	['baŋko]
Wechselstube	la casa de cambio	['kasa de 'kambĭo]
Postamt	la oficina de correos	[ofi'θina de kɔ'rreos]
Ich möchte einen Brief versenden.	Quiero enviar una carta.	['kĭero em'bĭar 'una 'karta]
Brief	una carta	['karta]
Postkarte	la postal	[pɔs'tal]
Briefmarke	el sello	['seʎo]
Geld abheben	sacar dinero	[sa'kar di'nero]

Shopping

Deutsch	Spanisch	Aussprache
Ich hätte gern …	Me gustaría/quiero …	[me gus'taria/'kĭero …]
Haben Sie …?	¿Tiene …?	['tĭene …]
Wie viel kostet das?	¿Cuanto cuesta?	['kŭanto 'kŭesta]
Wann öffnen/schließen Sie?	¿A qué hora abre/cierra?	[a ke 'ora abre/θĭerra]
Kann ich mit Kreditkarte zahlen?	¿Puedo pagar con tarjeta de crédito?	['pŭedo pa'gar kɔn tar'xeta de 'kreðito]

Sightseeing

Deutsch	Spanisch	Aussprache
Festung, Burg	el castillo	[kas'tiʎo]
Fremdenführer	el guía	['gia]
Landstraße	la carretera	[ka'rretera]
Straße/Gasse	la calle/el callejón	[ka'ʎe/kaʎe'xɔn]
Garten	jardín	[xar'ðin]
Kathedrale	la catedral	[kate'ðral]
Kirche	la iglesia	[i'glesia]
Museum	el museo	['mu'seo]
Palast, Palais	el palacio	[pa'laθĭo]
Park	el parque	['parke]
Strand	la playa	['plaja]
Platz	la plaza	['plaθa]
Rathaus	el ayuntamiento	[ajunta'mĭento]
Fremdenverkehrsbüro	la oficina de turismo	[ofi'θina de tu'rismo]
Viertel	el barrio	['barrĭo]

Transport

Wann fährt der nächste Zug/Bus nach …?	¿A qué hora sale el próximo tren/bus a …?	[a ke 'ora 'sale ɛl 'prɔgsimo tren/bus a …]
Könnten Sie mir ein Taxi rufen?	¿Me puede llamar un taxi?	[me 'pŭeðe ʎamar 'un tagsi]
Flughafen	el aeropuerto	[aero'pŭɛrto]
Bahnhof	la estación de ferrocarriles	[esta'θĭon de fɛrroka'rriles]
Busstation	la terminal de buses	[tɛrminal de buses]
Einschiffungshafen	el puerto de embarque	['pŭɛrto de em'barke]
Autovermietung	alquiler de autos	[alki'ler de 'aŭtos]

Fahrrad	la bicicleta	[biθi'kleta]
Fahrpreis	la tarifa	[ta'rifa]
Versicherung	el seguro	[se'guro]
Tankstelle	la estación de gasolina	[esta'θi̯on de gaso'lina]
Ich habe eine Reifenpanne.	Se me pinchó un neumático.	[se me pint͡ʃo 'un neu̯'matiko]

Im Hotel

Ich habe reserviert.	Tengo una reserva.	['teŋgo 'una rre'srba]
Haben Sie noch Zimmer frei?	¿Tiene habitaciones disponibles?	['ti̯ene abi̯ta'θi̯ones dispo'nibles]
Einzel-/Doppelzimmer	la habitación sencilla/doble	[abi̯ta'θi̯on sen'siʒa/'doble]
Dusche/Bad	la ducha/la bañera	['dut͡ʃa/'baɲ'era]
Ich möchte um ... geweckt werden.	Necesito que me despierten a las ...	[neθe'sito ke me des'pi̯erten a las...]
warmes/kaltes Wasser	el agua caliente/fría	['agu̯a ka'li̯ente/'fria]
Seife	el jabón	[xa'bɔn]
Handtuch	la toalla	[to'aʎa]
Schlüssel	la llave	['ʒabe]

Im Lokal

Ich bin Vegetarier.	Soy vegetariano.	[sɔi̯ bexeta'ri̯ano]
Kann ich bitte die Speisekarte sehen?	¿Me deja ver el menú, por favor?	[me 'dexa ber ɛl me'nu, pɔr fa'bɔr]
Festpreis	precio fijo	['preθi̯o 'fixo]
Die Rechnung, bitte.	La cuenta, por favor.	[la 'ku̯enta, pɔr fa'bɔr]
Ich hätte gern etwas Wasser.	Quiero un poco de agua.	['ki̯ero 'un 'poko de agu̯a]
Wein	el vino	['bino]
Frühstück	el desayuno	[desa'i̯uno]
Mittagessen	el almuerzo	[al'mu̯erθo]
Abendessen	la cena	['θena]

Auf der Speisekarte

al horno	[al 'orno]	gebacken
asado	[a'sado]	geröstet/gebraten
frito	['frito]	frittiert
seco	['seko]	trocken
el aceite	[a'θei̯te]	Öl
las aceitunas	[aθei̯'tunas]	Oliven
el agua mineral	['agu̯a mine'ral]	Mineralwasser
sin gas/con gas	[sin gas/kɔn gas]	still/mit Kohlensäure
el ajo	['axo]	Knoblauch
el arroz	[a'rroθ]	Reis
el atún	[a'tun]	Thunfisch
el azúcar	[a'θukar]	Zucker
el bacalao	[baka'lao]	Kabeljau
los camarones	[kama'rɔnes]	Garnelen
la carne	['karne]	Fleisch
la cebolla	[θe'boʎa]	Zwiebel
el cerdo	['θerdo]	Schwein
la cerveza	[θer'beθa]	Bier
el chocolate	[t͡ʃoko'late]	Schokolade
el chorizo	[t͡ʃo'riθo]	Wurst
el cordero	[kor'dero]	Lamm
el fiambre	['fi̯ambre]	kaltes Fleisch
la fruta	['fruta]	Früchte
los frutos secos	['frutos 'sekos]	Nüsse
las gambas	['gambas]	Garnelen
el helado	[e'lado]	Speiseeis
el huevo	['u̯ebo]	Ei
el jamón serrano	[xa'mɔn se'rrano]	Serrano-Schinken
el jerez	[xe'reθ]	Sherry
el jugo	['xugo]	Fruchtsaft
la langosta	[laŋ'gɔsta]	Languste
la leche	['let͡ʃe]	Milch
el limón	[li'mɔn]	Zitrone
la limonada	[limo'nada]	Limonade
la mantequilla	[mante'kiʎa]	Butter
la manzana	[man'θana]	Apfel
el marisco	[ma'risko]	Meeresfrucht
la naranja	[na'ranxa]	Orange
el pan	[pan]	Brot
el panecillo	[pane'θiʎo]	Brötchen
el pastel	[pas'tɛl]	Kuchen
la patata	[pa'tata]	Kartoffel
el pescado	[pes'kado]	Fisch
el pollo	['poʎo]	Hühnchen
el postre	['pɔstre]	Dessert
el potaje	[po'taxe]	Gemüsesuppe
la sal	[sal]	Salz
las salchichas	[sal't͡ʃit͡ʃas]	Würste
la salsa	['salsa]	Sauce
el solomillo	[solo'miʎo]	Filet
la sopa	['sopa]	Suppe
el té	[te]	Tee
la ternera	[tɛr'nera]	Kalb
el vinagre	[bi'nagre]	Essig

Zeit

eine Minute	un minuto	['un mi'nuto]
eine Stunde	una hora	['una 'ora]
halbe Stunde	una media hora	['medi̯a 'ora]
Viertelstunde	un cuarto de hora	['un 'ku̯arto de 'ora]
Woche	la semana	[se'mana]
Monat	el mes	[mes]
Montag	lunes	['lunes]
Dienstag	martes	['martes]
Mittwoch	miércoles	['mi̯erkoles]
Donnerstag	jueves	['ʒu̯ebes]
Freitag	viernes	['bi̯errnes]
Samstag	sábado	['sabado]
Sonntag	domingo	[do'miŋgo]
Januar	enero	[e'nero]
Februar	febrero	[fe'brero]
März	marzo	['marθo]
April	abril	[a'bril]
Mai	mayo	['majo]
Juni	junio	['xuni̯o]
Juli	julio	['xuli̯o]
August	agosto	[a'gɔsto]
September	septiembre	[se'ti̯embre]
Oktober	octubre	[ɔk'tubre]
November	noviembre	[no'bi̯embre]
Dezember	diciembre	[di'θi̯embre]

Zahlen

0	zero	['sero]
1	un/uno	['un/uno]
2	dos	['dos]
3	tres	['tres]
4	cuatro	['ku̯atro]
5	cinco	['θiŋko]
6	seis	['sei̯s]
7	siete	['si̯ete]
8	ocho	['ot͡ʃo]
9	nueve	['nu̯ebe]
10	diez	['di̯eθ]
11	once	['onθe]
12	doce	['doθe]
13	trece	['treθe]
14	catorce	['katorθe]
15	quince	['kinθe]
16	dieciséis	['di̯eθi'sei̯s]
17	diecisiete	['di̯eθi'si̯ete]
18	dieciocho	['di̯eθi'ot͡ʃo]
19	diecinueve	['di̯eθi'nu̯ebe]
20	veinte	[bei̯nte]
30	treinta	['trei̯nta]
40	cuarenta	[ku̯a'renta]
50	cincuenta	['θin'ku̯enta]
60	sesenta	[se'senta]
70	setenta	[se'tenta]
80	ochenta	[o't͡ʃenta]
90	noventa	[no'benta]
100	cien/ciento	['θi̯en/'θi̯ento]
500	quinientos	[ki'ni̯entos]
1000	mil	['mil]
erste/r	primera/o	[pri'mera/o]
zweite/r	segunda/o	[se'gunda/o]
dritte/r	tercera/o	[tɛr'θera/o]
vierte/r	cuarta/o	['ku̯arta/o]
fünfte/r	quinta/o	['kinta/o]
sechste/r	sexta/o	['sesta/o]
siebte/r	sétima/o	['setima/o]
achte/r	octava/o	['oktaba/o]
neunte/r	novena/o	['novena/o]
zehnte/r	décima/o	['deθima/o]

BILDNACHWEIS

l = links; r = rechts; o = oben; u = unten; m = Mitte; d = Detail.

Dorling Kindersley dankt folgenden Personen, Institutionen, Unternehmen und Bildarchiven für die Erlaubnis, ihre Fotos zu reproduzieren.

123RF.com: akulamatiau 30 – 31u; Francisco de Casa Gonzalez 227o; Inacio Pires 11ur; Aleksandrs Tihonovs 8mlu; Anibal Trejo 61o, 118 –119, 120 – 121u.

4Corners: Francesco Carovillano 194 –195o; Jan Wlodarczyk 112 –113o.

akg-images: Album / Oronoz 222ul.

Alamy Stock Photo: age fotostock / Juanma Aparicio 98 – 99o, 221ol, José Antonio Moreno 166u, Douglas Williams 178o; Agencja Fotograficzna Caro / Rodriguez 16o; Jerónimo Alba 47or, 167or, 173or, 173ur, 193ur, 200ur, 203om, 221ur; Mark Alexander 214ur; All Canada Photos 165ur; Alpineguide 157or; Antiqua Print Gallery 48o; Juanma Aparicio 18mru, 79mro; Arco Images GmbH / K. Loos 45mlo; Artokoloro Quint Lox Limited / liszt collection 49ul; Gonzalo Azumendi 130o, 174 –175, 193o; David Bagnall 160o; Darren Baker 85or; Ben Welsh Premium 41ur; Bildagentur-online / Moreno 34ul; Biosphoto / Oscar Diez Martinez 171or; Tibor Bognar 93or; Piere Bonbon 87o; Katharina Brandt 99ur; Michael Brooks 67ul, 70ul, 116ml; Nano Calvo 32 – 33o; Michelle Chaplow 235ur; Chronicle 52ol, 52mu; Sorin Colac 154mlu; Colin Palmer Photography 13mr; Neil Cooper 22mru; Luis Dafos 69um; Ian Dagnall 66 – 67o, 77ol; dbimages / Allen Brown 206ul; Debu55y 192ul; dleiva 232 – 233o; downunder 50 – 51o; EFE News Agency / Raul Caro 44 – 45o; Greg Balfour Evans 207ul; Peter van Evert 86ur, 113mr; Juan Manuel Pelegrín Franco 190 –191u; Brian Gadsby 171mru; Maria Galan 128m, 132 –133; Saturnino Perez Garrido 168 –169o; geogphotos 88mr, 184ur; hemis.fr / René Mattes 124mro; Heritage Image Partnership Ltd 51or, Index 49mu, Index / Image 50um; Kate Hockenhull 146or; Peter Horree 85ul; HP Canada 124o; IanDagnall Computing 139mr; imageBROKER / Thomas Dressler 47ol, Moritz Wolf 16ul, 22mlu, 29o, 89or, 138 –189u; itdarbs 42 – 43u; Jam World Images 164 –165o, 171mro, 224 – 225o; Kiko Jimenez 46mlu; Jon Arnold Images Ltd 196o; John Kellerman 91o; Chris Knapton 226 – 227u; Juanca Lagares 123ol; Lanmas 48mru, 50mlo, 113ul; Lebrecht Music & Arts 51ul; Jose Lucas 49ol, 122 –113u, 140ul, 158ur, 191ol; mauritius images GmbH / Walter Bibikow 71or, Perry Van Munster 35mlo, 187or; The Natural History Museum, London 48ul; Nature Photographers Ltd / Lee Morgan 171mr; Nature Picture Library / Jose B. Ruiz 137mr; North Wind Picture Archives 50ol; Sean Pavone 18o, 152o; carlos sanchez pereyra 170ul; Will Perrett 91ur; peterforsberg 111mro; Pictorial Press Ltd 52ul; The Picture Art Collection 121ur; M Ramírez 46ml; Right Perspective Images 101ol; robertharding 2 – 3, Stuart Black 24 – 25mo, Neil Farrin 206 – 207o, Melissa Kuhnell 67mlu; Felipe Rodriguez 26or; Anders Ryman 46mru; Miguel Ángel Fernández Sáinz 171ur; Maurice Savage 114um; Alfredo Garcia Saz 139ol; SCFotos – Stuart Crump Photography 46mlo; Alex Segre 105ur; Stefan Lange on Alamy 231u; travelib europe 183or; Lucas Vallecillos 44 – 45u, 162u; VWPics / Felipe Rodriguez 101or; Ross Warner 114ol; Sebastian Wasek 202o; Monica Wells 188u; Ken Welsh 205or; Hugh Williamson 233ul; Wim Wiskerke 80ol; Xinhua / Xie Haining 53mru.

Barro Azul Cultural Management: 27mlu.

Depositphotos Inc: mmedp 208ul.

Dreamstime.com: Christian Bertrand 45mru; Christine Bird 142 –143; Artur Bogacki 115u; Rimma Bondarenko 35ur; Brasilnut 29ur, 54 – 55; Boris Breytman 10mo; Ryhor Bruyeu 40 – 41o, 40 – 41u; Francisco Jose Martín Cabrera 230ol; Carpaumar 146ul; Ramon Carretero 12mlu; Sorin Colac 10 –11u, 214o; Felipe Caparros Cruz 28ur, 129o, 148 –149; Tomasz Czajkowski 219o; Dwnld777 29mlu; Sergey Dzyuba 158o; Fosterss 33mlo; Antonio Francisco Alvarez Gimenez 222 – 223o; Nataliia Gr 20mr; Olivier Guiberteau 154ul; Csaba Henriksen 231mlu; Silvia Blaszczyszyn Jakiello 47mro; Joserpizarro 8mlo, 49or, 88mro; García Juan 172ul; Rami Katzav 13o; Karol Kozlowski 100ol; Lachris77 203u; Leonovo 18mr; Lifestyle27 10mlu; Nikolai Link 49mro; Lunamarina 58m, 62 – 63; Marazem 26 – 27u; Minnystock

20ul; Mistervlad 31mlo; Juan Moyano 47mlu; Aitor Muñoz Muñoz 145ur; Irina Paley 28ol; Sean Pavone 8 – 9u, 82 – 83, 186o, 236 – 237; Lamberto Jesus Luque Perez 30 – 31o; William Perry 50mlu; Photogolfer 60o, 67mru, 68o, 94 – 95, 102ol; Radiokafka 22ur; Rui Santos 31mru, 218ul; Sborisov 16mr; Sjors737 22o; Opreanu Roberto Sorin 20mru; Ivan Soto 12o; Alena Stalmashonak 18ul; Steveheap 235ol; Aleksandar Todorovic 156ul; Typhoonski 13ur; Stefano Valeri 11mru; Cezary Wojtkowski 217mro.

Elio Studio: Emilio Simon 16mru.

EME Catedral Mercer Hotel: 37or.

Festival de Jerez: Javier Fergo 37mr, 37mu.

Foodie & Experiences, Córdoba: Luis Muñoz Photography 24ol.

Getty Images: 500Px Plus / Jgarciad 25ol; AFP / Jose Luis Roca 46mr; age fotostock / Eduardo Grund 147u; Corbis Documentary / Laurie Chamberlain 93mru; De Agostini Picture Library / G. Dagli Orti 51mru; Hulton Archive / Michael Putland 53ul; The Image Bank / Silvestre Garcia – IntuitivoFilms 200 – 201o; Lonely Planet Images / Dan Herrick 81u; Moment / Luis Dafos 216 – 227o, fhm 184 – 185o, John Harper 41mlo, Angel Villalba 197ur; Moment Unreleased / Ventura Carmona 84u; Redferns / Jordi Vidal 47mlo; Sygma / Christine Spengler 52 – 53o; Universal Images Group / VW Pics / Pascal Saez 46mro.

Isla Mágica: 38om, 38 – 39o.

iStockphoto.com: benedek 126 –127; Lux Blue 140 – 141o; Chalffy 60ul, 106 –107; Javier Conejero 144mro; Costamundo 228 – 229; E+ / Imgorthand 42ol, Saro17 25or, 43ur, WillSelarep 131o, 210 –211; Elijah-Lovkoff 88u; FrankCornfield 53or; Jiann Ho 32ul; horstgerlach 183mr; jacquesvandinteren 144o; JohnnyGreig 33mru; juanorihuela 24mro; Marcus Lindstrom 36 – 37o; m-martinez 43mlu; Jon Chica Parada 92ul; Ruhey 111o; SeanPavonePhoto 102 –103u; Sloot 11o, 38ul, 204 – 205u; stefanopolitimarkovina 180 –181o; titoslack 77or; Worledit 43or.

Museo Parque de las Ciencias: 39u.

Museo Picasso Málaga: Eduardo Grund 27or.

naturepl.com: Wild Wonders of Europe / Oxford 137mlu, 137ur.

Ocio Aventura Cerro Gordo: 24or.

Planta Baja: Javier Martin Ruiz 36ul.

Río Azul Beers: Diego Gallego 34 – 35o.

Robert Harding Picture Library: Kav Dadfar 20o; Luis Davilla 6 –7; Eduardo Grund 47mru; Roberto Moiola 79o; Ramon Navarro 136 –137o; Lucas Vallecillos 217ur.

Shutterstock: José Ignacio Soto 198 –199.

SuperStock: age fotostock / George Munday 225ur.

Torre Sevilla: 125ur.

Unsplash: Akshay Nanavati / @anphotos 12 –13u; Joan Oger / @joanoger 59o, 72 –73; Okwaeze Otusi / @oo7ab 8ml; Mateusz Plinta / @matplinta 4.

We Love Granada Market: 27ur.

Sheet map:
Vorderseite **Dreamstime.com:** José I. Soto.

Umschlag:
Vorderseite und Buchrücken **Dreamstime.com:** José I. Soto.
Rückseite **Alamy Stock Photo:** M. Ramírez m, Lucas Vallecillos mlo; **Dreamstime.com:** Sorin Colac or, Ionut David u.

Alle anderen Bilder © Dorling Kindersley

Weitere Informationen: **www.dkimages.com**

Andalusien